本书获国家社科基金青年项目（10CFX025）资助及中央高校科研基本业务费（15JNQM005）资助

法治化营商环境文库

尖端医疗领域刑法理论及立法对策研究

杨丹 著

法律出版社
LAW PRESS·CHINA

Contents

目录

下编　具体尖端医疗技术研究和应用的刑法规制及立法对策

导 论

“……在我们这个时代，即使是专业知识，也不再容许仅由圈内人来定义或是赋予其意义，这不仅是医疗伦理发展的新趋势，更是划时代的专业认同与知识生产模式的变革，知识是分享的，权力是参与的……”

——《生命伦理与医疗政策》①

德国医疗刑法一百多年来的发展脉络清晰地显示，医疗刑法的研究核心从传统的医师义务、医疗侵袭、医疗过失等问题，不断扩大延伸到新兴治疗技术的刑法规制。例如，器官移植、辅助生殖、基因工程等。医疗技术的发展对刑法产生了重大影响，不断为刑法理论提出新的课题，“医疗和刑法的结合愈来愈紧密”。② 因此，笔者在博士学位论文《医疗刑法研究》阶段性地完成了对医疗刑法传统问题的探讨后，将研究视野投向了尖端医疗领域的刑法问题，继续推

---

① 台湾医师公会联合会：《生命伦理与医疗政策》，2005 年，第 21 页。尖端医疗技术与宗教学、伦理学、法学、社会学等诸多学科具有紧密的联系，立法者必须从各个学科和不同领域的视角展开综合分析。本书的研究立场：秉持专业知识分享并推动公众参与立法的进路，在适应尖端医疗技术发展的同时，促进医疗领域的人文社科研究。本书的研究中心：基于刑法学的理论和方法，提出规制尖端医疗的立法对策。

② 杨丹著：《医疗刑法研究》，中国人民大学出版社 2010 年版，第 15 页。

进和挖掘医疗刑法学这一“等待开采的富矿”。①

人类辅助生殖、克隆人、器官移植、基因工程、变性手术等医疗技术，标志着一国临床实践和医学研究的最高水平，不但构成了医疗体系的重要组成部分，而且引发了社会、伦理和法律等领域的思考和变革。医疗刑法在尖端医疗领域的基本态度，影响尖端医疗技术的走向和未来。

一、研究概况

(一)德国

在德国，医事刑法研究迄今已经经历了110余年的发展历程，依其研究重点分为三个阶段。

第一个阶段是初始期，自19世纪末到20世纪60年代末期，研究的重点是传统医疗行为中的医师义务问题。1899年，刑法学家海姆贝尔格(Heimberge)发表了《刑法和医学》一文，首次提出了在医疗行为中医师侵害患者权利的问题，开启了医疗刑法的研究之门。1939年，被誉为“医事刑法先驱”的埃伯哈德·施密特(Eberhard Schmidt)出版了《刑法中的医师》，阐明了了医师的诊疗义务、守密义务、救助义务及其界限，论证了医疗行为的正当化根据，提出了医疗过失的刑事责任问题，该书在被誉为刑法的经典著作之一的同时，也被认为具有现代意义。1957年，施密特在《法医学教科书》第2版上发表了《刑法中的医师》(与1939年单行本同名)，其研究范围广于1939年的单行本，首次针对尖端医疗技术提出了医学研究中的医师义务，主要涉及尸体解剖、活体解剖和人体实验等问题。② 自此以后，医疗刑法的研究领域逐渐从传统的医疗问题扩大至新兴的医疗领域。

第二个阶段是发展期，自20世纪60年代末至80年代中期，本阶段延续了上一阶段研究，同时将研究视角拓展到新型医疗技术。1968年，被誉为“古典医事法之父”的保罗·博克尔曼(Paul Bockelmann)出版了《医师刑法》一书，提出了刑法上的器官移植问题，该书对医学和刑法学都产生了巨大的影响，时至今日仍被作为医事法的基本书献之一。1986年，特奥多尔·伦克纳(Theodor Lenckner)在《针对医学家和法学家的法医学实际》上发表了《医师和刑法》的论文，其研究关注的是新兴医疗问题，涵盖了积极安乐死、消极安

① 杨丹著:《医疗刑法研究》,中国人民大学出版社2010年版,第324页。

② 齊藤诚二:『医事刑法の基礎理論』、多賀出版株式会社、1997、頁7—8。

乐死、器官移植、与生育有关的如不妊、妊娠中绝等特殊的医师侵袭问题。[1] 1988 年,克劳斯・乌尔森海姆(Klaus Ulsenheimer)出版了《实务医事刑法》,除了此前已有研究的器官移植、妊娠中绝等问题,还论及了现代生殖技术和遗传基因工程学领域的可罚性行为等;[2] 1989 年,阿图尔・考夫曼(Arthur Kaufmann)将其在慕尼黑大学法学院课堂上参加者报告结集为《现代医学与刑法》,涵盖了 5 个大问题 27 个小问题:第一,基础研究:历史发展,医师的说明义务与专断的治疗行为。第二,人体试验与治疗行为的边界:医学研究与人体试验,治疗性试验和允许的危险,器官移植的法律维度,死亡时间及其判定,心脏起搏器的摘出和再利用,出生前的伤害。第三,生死之际的医师义务:紧急医疗与撤除人工呼吸装置,尊严死与帮助自杀,受嘱托的杀人,医师受嘱托不介入患者死亡,最严重障碍新生儿的生存权。第四,生殖技术和人类遗传学:非配偶者间的人工授精,体外受精和胚胎移植,受精卵和初期胚胎的处置,代孕母亲,生殖性克隆人,人类遗传基因操作等。第五,具体问题:患者的指示,医院内的职务分工,医师的治疗义务和强制措施,尸体检验和解剖;切除生殖器官的容许性,动物试验。[3] 从内容上看,该书的重心不再是医疗刑法的传统论题,并且,有意识地将艾滋病和妊娠中绝的问题排除于外。尽管仍然存在必须进一步整理的问题点,但是该书已经提出了现代医事刑法涉及的大部分问题,展现了德国医疗刑法研究的全貌。

第三个阶段是成熟期,自 20 世纪 90 年代延续至今。阿尔宾・艾扎教授(Albin Eser)围绕人工流产、人类胚胎干细胞发表了数量庞大的论文,成为德国医疗刑法研究的中心。1996 年艾扎博士的论文结集为《尖端医疗和刑法》在日本翻译出版,该书从法益保护的视角审视了医疗和刑法的关系,梳理了德国生命保护的法制发展史,具体研究了辅助生殖、人类胚胎干细胞等技术的刑事规制。[4] 2010 年,克劳斯・罗克辛(Claus Roxin)和乌尔里希・施罗特(Ulrich Schorth)主编的《医疗刑法手册》一书发行了最新第 4 版,重点研究了尖端医疗领域的刑法问题,包括死后器官移植、活体器官移植和骨髓移植、器

---

① 齊藤诚二:『医事刑法の基礎理論』、多賀出版株式会社、1997、頁 8—9。

② 齊藤诚二:『医事刑法の基礎理論』、多賀出版株式会社、1997、頁 9—10。

③ A Kaufmann, R Merkel, MA Bay, *Moderne Medizin und Strafrecht: Ein Vademecum für Ärzte und Juristen über strafrechtliche Grundfragen ärztlicher Tätigkeitsbereiche*, C. F. Müller Juristischer, 1989.

④ Albin Eser:『先端医療と刑法』、上田健二、浅田和茂編訳、成文堂、1996。

官交易、干细胞研究和胚胎植入前诊断、连体婴儿外科分离手术、性别转换等。① 以艾扎博士的庞大研究为中心，结合罗克辛教授等的讨论，德国对尖端医疗技术领域的具体问题的探讨已非常深入。

德国医疗刑法的研究适应了医疗技术日新月异的发展，其重点从传统医疗行为全面转向了尖端医疗领域，随着研究者逐渐发现和重视伴随医疗技术进步产生的新型法益，相应地产生了增设新罪名的立法冲动。尽管研究者希望通过《德国刑法典》中已有的伤害罪、侵害秘密罪等罪名来规制尖端医疗技术，但是由于现有罪名的解释空间有限，无法容纳新型的法益。因而，多数研究者认为，对于非法利用基因信息，非法人体器官交易，异种间胚胎移植等行为，应当通过增设专门的罪名予以杜绝滥用的可能性，实现刑法的引导功能。

(二) 日本

在日本，医疗刑法学是一个深受研究者关注的领域，甲斐克则教授回顾了日本医疗刑法的研究历程，将其划分为四个阶段。②

第一个阶段是黎明期，自《日本刑法典》颁布(1906 年)至第二次世界大战结束(1945 年)。这一阶段有学者开始研究医师的职责、义务、医疗过失等问题，但日本刑法学在此阶段总体上还处于围绕围绕学派之争的体系建构阶段，还没有开始真正意义上的医疗刑法研究。

第二个阶段是构筑基盘期，自第二次世界大战结束以后延续至 1976 年。研究者深化了对安乐死问题的关注，并且，以 1968 年札幌医科大学和田心脏移植案为契机，讨论脑死亡与器官移植的关系，此外，人体试验、尊严死等开始成为研究的热点。

第三个阶段是发展期，自 1977 年开始至 20 世纪末期。1977 年日本刑法学会第五十三届大会将“医疗和刑法”列为共同研究议题。一方面，医疗刑法传统问题的研究向纵深发展，自我决定权理论对医疗行为的正当化根据、安乐死、尊严死等问题形成了重要的影响。另一方面，人工辅助生殖、代孕、胚胎保护、人体克隆技术等尖端医疗技术开始受到研究者的关注，代表性著作有大谷实教授《脑死亡 · 器官移植 · 体外受精》，中山敬一教授的《日本器官移植的刑法问题》，中谷瑾子教授的《21 世纪的生命与法和伦理》及其续篇。

---

① Claus Roxin, Ulrich Schroth. *Handbuch des Medizinstrafrechts*, Richard Bookberg Verlag, 4. Aufl, 2010.

② 甲斐克则:「医疗与刑法——医事刑法的回顾与展望」、『ジュリスト』第 1348 号。

第四个阶段是成熟期，由21世纪初期延续至今。本阶段的研究从生命伦理、人类尊严的角度，以"宽容原理""法律上自由领域理论"为根据，对早期安乐死、尊严死、器官移植、人体胚胎、克隆人技术、心肺复苏手术、重度障害新生儿救助等问题展开深度论证，尖端医疗成为本阶段的研究焦点。例如，中山研一教授的著作《器官移植与脑死亡》早已译介我国。甲斐克则教授在尖端医疗领域进行了孜孜不倦的深耕，出版了"医事刑法研究系列文集"，第1卷是《安乐死和刑法》；第2卷是《尊严死和刑法》；第3卷是《被试验者保护和刑法》；第4卷是《生殖医疗和刑法》；第5卷是《医疗事故和刑法》，并且，主编了论文集《后基因社会与医事法》等。日本综合研究开发机构（綜合研究開發機構）和川井健教授共同尝试起草了生命《生命科学的发展和法（生命伦理法草案）》，专章规定了胚胎犯罪的刑事责任，从多学科视域和比较法立场系统地研究了生命科学领域的刑事规制。在本阶段，2000年通过的《克隆技术规制法》引起了学界广泛关注，人体克隆技术、人类胚胎干细胞研究等是否应当进行刑事规制引发了激烈的争论。

日本的医疗刑法研究在初期主要受到德国的影响，但是，自20世纪60年代以后，开始接受肇始于美国的"知情同意"（Informed Consent）理论，病人的自我决定权成为医疗刑法的核心根据。同时，面对医疗技术的疾速发展，日本的医疗刑法研究相应地拓展至尖端医疗，并成为当前的研究重点，关于安乐死、克隆人技术规制等的立法和理论研究处于世界前沿。

（三）美国

美国被认为是"对医疗纠纷研究得最为广泛和深入的国家"，①美国的医疗法对英国产生了重大影响，进而影响到加拿大等英美法系国家，并且，传播至欧洲的大陆法系国家以及日本，等等。② 美国医疗法传统上的研究重点是知情同意理论、医疗过失、损害赔偿等，尤其是知情同意理论深刻地影响了医疗法的根据。同时，伴随尖端医疗技术的发展，研究者多从伦理学入手，以构建尖端医疗的制度体系为着眼点，系统讨论了辅助生殖、器官移植、基因工程等领域的问题。其中，有部分文献检讨了尖端医疗领域个别问题的犯罪化。《法律和医疗伦理》（J. K. Mason，R. A. McCall Smith，G. T. Laurie），分析了故

---

① 杨秀仪："医疗纠纷与医疗无过失制度——美国经验四十年之探讨"，载《政大法学评论》第68期。

② Dieter Giesen，*International Medical Malpractice Law*，Tubingen：j. c. b. mohr，p. xiii.

意传播人类免疫缺陷病毒(HIV,即艾滋病毒)行为的刑事责任,评述了变性手术、代孕母亲的刑事判例。《医疗法和伦理:文本案例文献》(Marc Stauch,Kay Wheat,John Tingle)讨论了器官买卖、安乐死的刑事责任。《医疗法和道德权利》(Carl Wellman),讨论了精神病与刑事责任、器官买卖等犯罪。

美国尚未形成体系化的医疗刑法研究,由其判例法的传统和联邦制的国家体制所决定,对尖端医疗技术引起的犯罪问题展开的是个案式和散在式的讨论。但是,美国在生命伦理和医疗纠纷实证研究中积累的丰富研究经验,能够为尖端医疗刑法的研究提供有力的借鉴。

(四)中国台湾地区

在中国台湾地区,医疗刑法中对于医疗义务、医疗过失、因果关系等传统问题的研究已经取得了较为丰硕的成果。① 在尖端医疗领域,对于器官移植、人类胚胎干细胞研究、变性手术等具体问题,更注重从比较法、法理学、宪法学、民法学、刑法学等学科开展综合研究。其中,刑法学领域的研究成果主要有《刑法上的生命、死亡与医疗》(王皇玉),《从人工生殖法草案探讨生命科技对刑法之冲击与影响》(付馨仪)等。从总体上看,基于刑法学理论的研究相较于其他学科——法理学和宪法学——显得比较薄弱。

从上述四个主要国家(地区)的研究历程来看,德国和日本的医疗刑法研究已经具有了相当长的历史,因为刑法一直保持着对医疗领域的关注和审视,所以随着新兴技术的发展,医疗刑法的研究视野自然而然地扩展至尖端医疗领域,人工辅助生殖和器官移植成为研究热点。美国的医疗法研究相当发达,但其研究重心是医疗行为的民事责任,医疗刑法研究则因刑事判例过少而被忽视。美国研究者对于尖端医疗技术的研究,通常从伦理视角深度切入,构建医疗法的整体制度体系,刑事法规制在其中仅是零散而片段化的存在。但是,美国对生命伦理的深入探讨,为尖端医疗刑事规制的必要性提供了本质和深层根据。台湾地区因医生被以“业务过失罪”追究刑事责任的案件非常多,所以研究者非常关注医疗过失、因果关系等传统问题。相形之下,对于尖端医疗的研究就显得较为薄弱,尚未形成系统的代表性研究成果。

(五)中国大陆

在我国,医疗领域曾经长期未得到刑法学者的重视,然而,自20世纪90年代中期以来,医患关系严重恶化,医疗纠纷呈爆炸性增长态势,对医疗行为

---

① 杨丹著:《医疗刑法研究》,中国人民大学出版社2010年版,第18页。

的刑事规制吸引了越来越多研究者的视线。我国医疗刑法研究的进路大致可以归纳为三个方向,第一个方向是个罪研究,代表论著有《医疗事故罪研究》(臧冬斌著,武汉大学 2002 年博士学位论文)、《医疗事故罪的认定与处理》(冯卫国著,人民法院出版社 2003 年版);第二个方向是站在沟通医疗和刑法的高度,以“医疗刑法”为命题对医疗领域的基本问题作全方位的探索,代表论著有《医事刑法初论》(刘维新著,中国人民公安大学出版社 2009 年版),《医疗刑法研究》(杨丹著,中国人民大学出版社 2010 年版);第三个方向是因应医疗技术的最新发展,侧重于对尖端医疗技术所带来的刑法效应作集中审视。最早提出这一研究方向的是刘明祥教授,其申报的《医学进步带来的刑法学新问题》获得 2002 年国家社会科学基金立项,论文《器官移植涉及的刑法问题》(《中国法学》2001 年第 6 期)是本领域研究的重要文献,该课题的结项成果《医学进步带来的刑法问题思考》于 2015 年出版,其中讨论了安乐死、器官移植等尖端医疗技术带来的刑法问题。其他的代表论著主要有《人类生死与刑事法律改革》(康均心主编,中国人民公安大学出版社 2005 年版),《生命科技犯罪及其刑法应对策略研究》(刘长秋著,法律出版社 2006 年版),《生命科技犯罪及现代刑事责任理论与制度研究》(刘长秋著,上海世纪出版集团 2011 年版),《现代生命科技犯罪及其刑法规制》(熊永明著,法律出版社 2012 年版)。

尽管我国对尖端医疗领域的刑法研究起步较晚,但是研究成果集中涌现,研究者以敏锐的问题意识和体系化的理论思维,将生命科技犯罪作为一个独立的犯罪类型展开研究,极大地推进了医疗刑法的研究进程。当然,现有研究还存在相当的不足,从整体上看,描述性和介绍性的研究较多,分析性和论证性的基础研究较少,理论研究和立法对策不能有机地结合;就具体内容而言,对某一具体医疗技术的研究相对深入,对整体尖端医疗领域的基础理论的研究则相当薄弱,研究者囿于研究视角的限制,仅就刑法谈刑法,忽略了从伦理学的视角、宪法学及其他部门法学的论证中探究“人”、“人的尊严”等核心问题,导致研究缺乏伦理的正当性基础和宪法学及其他部门法学的支撑,使得论证欠缺应有的深度。

本书将在我国医疗刑法研究的第三个方向上延伸,以“尖端医疗”为研究对象,从刑事规制的角度展开集中研究。本书将充分参考美国关于生命伦理学的研究成果,借鉴德日尖端医疗刑法重点研究的技术类型,追踪我国台湾地区发生的最新案例,结合我国尖端医疗技术的发展实况,考虑我国社会的关注焦点,从基础理论和具体尖端医疗技术应用的刑法规制两个层面展开系统的研究,实现理论研究和立法对策的有机结合。

二、研究框架

本书以刑法应当如何积极且适当地介入尖端医疗领域作为研究起点,在整体尖端医疗领域和具体尖端医疗技术两个层面上,分别展开基础理论的一般探索和各类技术的个别分析。

首先,基础理论是尖端医疗刑法的总论,为刑法介入尖端医疗领域提供一般根据和标准。第一,尖端医疗领域刑法研究的基本立场,应当是直面尖端医疗为社会、伦理和法律带来的挑战,在整合学科的高度沟通刑法学和医学;第二,以整体医疗法为视角,梳理尖端医疗的伦理、宪法、民法以及行政法规制,建立生命伦理和医疗法律之间的沟通和连接,厘清宪法、民法、行政法对尖端医疗规制的不同层次和各有侧重;第三,从立法理念层面论证刑法介入尖端医疗的正当性、必要性和谦抑性,注重将医疗的特殊性与刑法的谦抑性有机协调,调和医疗的社会性与法益保护原则,确立尖端医疗领域犯罪化的一般标准;第四,从立法技术的层面,论证尖端医疗犯罪的立法原则、立法模式、犯罪分类及法定刑配置。从而为尖端医疗领域相关行为的犯罪化提供了可供操作的一般标准。

其次,对具体的尖端医疗技术应用的刑事规制是尖端医疗刑法的分论。本书参考德国、日本刑法在尖端医疗领域重点关注的对象,结合我国尖端医疗技术本身的发展状况和对社会生活带来的影响,选取了人类辅助生殖、克隆人、人类基因技术、人体器官移植、变性手术等最为重要和典型的技术类型,结合其研究和应用过程中的事实特征、相关滥用和不当应用行为的本质、比较法考察等逐一展开具体研究,在剖析其他规范不足以规制相关行为、但所涉法益重大的基础上,充分论证了刑法介入的正当性和必要性,设计相应的罪刑规范,实现理论研究和立法对策的有机衔接。

因此,本书分为两编,即上编“尖端医疗领域的刑法基础理论”和下编“具体尖端医疗技术研究和应用的刑法规制及立法对策”,二者是总论与分论、抽象与具体、一般和特殊的关系。总论部分建构了“生命伦理——整体医疗刑法——刑法规制(解释论基础上的空白立法填补)”的研究路径,探讨一切尖端医疗技术所涉及的共同的、普遍的刑法理论问题,基础理论的研究不能脱离具体类型的尖端医疗技术。虽然以具体尖端医疗技术的研究和应用作为素材和支撑，但是研究最终超脱于具体的技术类型形成其基础性价值，基础理论的研究不仅对现有尖端医疗技术具有指导意义，其普适性更是为未来在面对全新的医疗技术时，提供研究逻辑、方法论、理念、原则和技术的指导，这正是基础研究的前瞻性之所在。分论部分则对各种类型的尖端医疗技术展开个别的研究，侧重于不同类型尖端医疗技术的特点，其具体的不当应用形式及所侵犯的特定法益，从刑法解释论和刑法立法论的维度展开研究，并根据需要提出具体的立法对策。

上编　尖端医疗领域的刑法基础理论

第一章　尖端医疗的界定及其伦理、法律和社会意蕴

医学是一种历史实践，它的发展可以是渐进的，也可以是急剧的。21世纪以来，医学进入了疾速发展期，人类辅助生殖、克隆人、人体基因技术、器官移植、变性手术等新兴技术不断激发关于“人”和“生命”的重新思考。这种历史变化影响到医学实践的一切方面：伦理的、法律的、社会的、技术的。本章首先探讨纳入刑法研究视野的“尖端医疗”的范畴；其次阐明尖端医疗对伦理、法律和社会的冲击及互动。

第一节　尖端医疗的界定

各国医疗刑法的研究轨迹，大致可以勾勒为从一切医疗行为的共性问题延伸至特定医疗技术的个性问题。前者主要包括医疗过失、医疗损害的因果关系、知情同意、医疗犯罪的刑事责任等传统问题，后者则是因应人体器官移植、人类辅助生殖等新兴医疗技术的出现而做出的刑法回应。本节首先整理刑法学界如何界定相关医疗技术的上位概念；其次阐明本书选择“尖端医疗”作为研究主题的理由。

一、术语解析

人体试验、基因工程、人类辅助生殖、美容整形、

器官移植、变性手术等医疗技术，都是刑法学研究关注的对象。但是，若将上述医疗技术作为一个整体领域，就其涉及的刑法一般理论展开研究时，学界对该领域的称谓并不一致。在我国，代表性的称谓主要有“生物医学”①、“生命科技”②、“现代生命科技”③、“现代医事行为”④等。

在德国，艾扎博士（Albin Eser）的庞大研究构成当代医疗刑法的中心。⑤早在20世纪80年代，以“尖端医疗”为主题将艾扎博士的论文集结集出版，命名为《尖端医疗和刑法》，该书被译介日本，⑥并于2010年再版，对日本医疗刑法产生了重大的影响。⑦ 在日本尽管也有以“生命和刑法”为题展开的系列研究，⑧或者以“生命科学”为题所作的立法尝试，⑨但是更多研究采用的是“尖端医疗”这一术语。例如，日本医事法学会创立30周年的纪念文集是《尖端医疗领域的知情同意的政府指引》，⑩在日本重要的学术文献数据库CiNii⑪以“先端医療法”为关键词进行检索，代表性研究成果有论文集《围绕尖端医疗技术的生命伦理·法和“人类尊严”——以生命源起的相关问题为中心（生

① 郭自力著：《生物医学的法律和伦理问题》，北京大学出版社2002年版。

② 刘长秋著：《生命科技犯罪及其刑法应对策略研究》，法律出版社2006年版；刘长秋著：《生命科技犯罪及现代刑事责任理论与制度研究》，上海世纪出版集团2011年版。

③ 熊永明著：《现代生命科技犯罪及其刑法规制》，法律出版社2012年版。

④ 刘维新著：《医事刑事法初论》，中国人民公安大学出版社2009年版。

⑤ ［日］甲斐克则：“医疗刑法的基础理论”，刘建利译，载《法律科学》2012年第2期。

⑥ Albin Eser:『先端医療と刑法』、上田健二、浅田和茂編訳、成文堂、1996。

⑦ Albin Eser:『医事刑法から統合的医事法へ』、上田健二、浅田和茂編訳、成文堂、2010。本书再版时除了保留第1章“医学和刑法——基于法益保护相关问题概述”和第2章“生命的保护——从法制史的角度看当今德国法”以外，其余各章作了较大的修改并将重新命名为《从医疗刑法到统一医事法》（Von Medizinstrafrecht zu Integrativem Medizinrecht），原名《尖端医疗和刑法》则作为副标题。标题的修改反映出作者的研究视角发生了转变。

⑧ 甲斐克则教授的“生命和刑法”研究系列论文集，前四卷分别研究了安乐死、尊严死、人体试验、生殖医疗和刑法的关系。

⑨ 綜合研究開發機構、川井健共編:『生命科學の發展と法（生命倫理法試案）』、有斐阁、2001。

⑩ 丸山英二:「先端医療技術に関する最近の政府指針におけるインフォームド・コンセント（日本医事法学会創立30周年記念号日本医事法学会の30年と未来への展望）——（第30回医事法学会総会研究大会記録シンポジウム1/インフォームド・コンセント——実情、理念、法原則）」,Journal of medical law（16）,64—74,2001。

⑪ CiNii是日本国立情报研究所（National Institute of Informatics,NII）运营的日本最大的学术论文数据库，网址为http://ci.nii.ac.jp。

命伦理特集)》①、《尖端医疗技术交叉应用所引发伦理问题的讨论》②、《尖端医疗技术法问题的现状和未来》③、《尖端医疗技术的研究开发和正确规则的确立——医事法・生命伦理的观点》④、《从比较法的视角看尖端医疗・医学研究的规制方法》⑤,等等。

对于"生命医学"、"生物科技"、"生物医学"等术语,有刑法学者从学科的角度进行了分析,指出其既有重叠也有错位,但同时也承认,无法明确把握上述学科所包含的具体内容。⑥ 因此,从外延上看,尽管刑法学研究通常涉及器官移植、基因技术、人类辅助生殖、性别转换等技术,但是具体内容也存在相当差异。例如,有的研究还包括美容整形、人体试验、脑死亡、安乐死。⑦ 有的研究则认为"人体试验和安乐死应当属于传统医事行为的领域。"⑧笔者认为,将"生命(物)医学"或者"生命科技"作为以上技术的上位概念必定导致研究范畴失之过宽:其一,对象过于宽泛。上述技术的实施对象是"人",而"生命(物)"包括人及其他一切生物;其二,领域过于宽泛。上述技术属于医学的范畴,而"生命科技"还涵盖了农业科学、环境科学、海洋科学、军事科学、信息科学等学科。

因此,为了突出人的主体性、体现研究领域的限定性,更是凸显刑法学因应医疗技术发展所做出的积极应对,本书以"尖端医疗"作为研究主题,在展开刑法学基础理论研究的前提下,尝试拟定刑事立法对策的框架及罪刑规范。

---

① 島次郎、光石忠敬、栗原千絵子:「先端医療技術をめぐる生命倫理・法と「人間の尊厳」——生命の発生の周辺を中心として(特集生命倫理)」、『法学セミナ』、2005年9月。

② 白井泰子:「先端医療技術のクロス・オーバーによって惹起される倫理的問題の検討1、2」、*The Annual of legal philosophy*、1993。

③ 許功:「先端医療技術の法的問題の現状と将来」、*Law and Technology*、2014年4月。

④ 甲斐克則:「先端医療技術の研究開発と適正ルールの確立——医事法・生命倫理の観点から」、*Law and Technology*、2011年7月。

⑤ 甲斐克則:「比較法的観点からみた先端医療・医学研究の規制のあり方」、『ポストゲノム社会と医事法』、信山社、2009。

⑥ 熊永明著:《现代生命科技犯罪及其刑法规制》,法律出版社2012年版,第3页。

⑦ 刘长秋著:《生命科技犯罪及现代刑事责任理论与制度研究》,上海世纪出版集团2011年版,第251页以下;熊永明著:《现代生命科技犯罪及其刑法规制》,法律出版社2012年版,第8章、第10章、第12章。

⑧ 刘维新著:《医事刑事法初论》,中国人民公安大学出版社2009年版,第125页以下。

二、本书的研究主题

上文通过文献分析和概念比较,确定以"尖端医疗"作为研究主题。下面将进一步论证本书使用该术语的意义,然后,依据一定的标准明确"尖端医疗"的外延,说明本研究涉及的具体医疗技术。

(一)"尖端医疗领域"的刑法研究

将医疗刑法的研究进一步拓展和深化至"尖端医疗领域",体现了研究的承继性、开放性和前瞻性。

1. 研究的承继性

以"尖端医疗"作为医疗刑法的研究主题之一,不但符合各国医疗刑法研究的发展历程,更是承继了笔者个人探索医疗刑法学的研究轨迹。笔者的博士论文《医疗刑法研究》分为导论、本论和余论三部分。第一部分"导论"说明了应当如何沟通医疗和刑法,整理了医疗问题刑事立法和刑事司法的状况,界定了医疗刑法的研究范畴。在最广义的层次上,医疗犯罪是指医疗及相关过程中实施的,侵犯生命、健康、财产等法益以及危害社会公共卫生秩序的行为。但是,发生在医疗过程中的诈骗、强奸、猥亵等行为,与普通社会生活领域发生的诈骗、强奸、猥亵行为,并没有本质的差异,故不是"医疗刑法"关注的对象。第二部分"本论"是研究的重心,围绕医疗刑法的传统问题展开体系化的思考,系统研究了医疗作为义务和不作为犯罪、医疗注意义务与医疗过失、医疗行为的正当化、医疗犯罪刑事责任的分配,以及医疗犯罪的刑罚配置,其核心的医疗过失犯罪正是医患纠纷最强烈和最极端的体现。第三部分"余论:尖端医疗与医疗刑法的未来发展"首次提出了"尖端医疗"这一概念,初步论证了医疗刑法的发展动向,正是在于积极面对和规范尖端医疗技术。[①] 笔者在完成博士学位论文的写作以后,继续关注和深化对医疗刑法的思考,本书延伸了《医疗刑法研究》的思路,以"余论"的展望作为基点,对"尖端医疗领域"展开了更深入、更细致的探讨。坦率地说,笔者在博士学位论文中使用"尖端医疗"这一概念,主要是受甲斐克则教授系列研究的影响,彼时并未仔细地思考"尖端医疗"的确切内涵。在本书写作的过程中,通过对相关概念的分析和比较,确信以"尖端医疗"作为上位概念,更能准确且全面地涵盖在医疗上和法律上存在共性的各类医疗技术。因而,本研究坚持继续使用"尖端医疗"这一术语。

---

① 杨丹著:《医疗刑法研究》,中国人民大学出版社2010年版,第273页。

2. 研究的开放性

以"尖端医疗"作为本书的研究主题,能够对新兴医疗技术保持开放且谨慎的刑法审视。医疗技术在21世纪经历着前所未有的迅速发展,昨天的尖端技术可能今天已经属于寻常医疗活动,今天的人们难以想象明天又会发明何种新的医疗技术。因此,"尖端医疗"是一个动态的领域,各类医疗技术会不断进入或者退出,相应地,医疗刑法的研究范围也是开放的,必须将可能引起重要伦理和法律争议的新兴技术纳入研究的视野,为其正当与否划定清晰的界限。

3. 研究的前瞻性

以"尖端医疗"作为本书的研究主题,能够为医疗技术的正常应用提供有力的刑法理论支撑。本书立足于对现有尖端医疗技术的刑法学思考,探究其共通的刑法学问题。例如,"生命"、"人的尊严"、"自我决定权"、"人的商品化"的刑法保护或者刑法评价,这些问题共同指向"人"这一根本命题,而"人"始终是尖端医疗活动的参与者和承受者。因此,以现有医疗技术为根据的刑法学研究,能够前瞻性地为辨明未来医疗技术的正当性提供依据和借鉴。

(二)具体医疗技术的选择

"尖端医疗"本身是一个开放的概念,所涵盖的具体技术处于动态变化之中。本书选择的研究对象,以"尖端"和"医疗"为中心,并且,注重具体医疗技术之间具有内在的本质联系。

所谓"尖端",是指"末梢、顶点。引申为高级的、突出的"。① 本书所称"尖端"应当在医疗和法律两个维度并行展开,即纳入研究范畴的某一医疗技术既要在医学上是尖端的,代表医学发展的先进水平;其引起的问题也要在法学上是尖端的,对法学理论和法律实践形成了新的挑战。② 这两个维度应当同时实现,否则,暂不纳入本书的研究范围。例如,人体试验仅具有医学上的尖端性。进行人体试验的技术都是医学上相对先进的技术,但在法律的维度上,其核心问题是受试者的知情同意,属于传统医疗刑法的范畴;又如,安乐死仅属于刑法学上的尖端问题。实施安乐死(包括尊严死)在医疗层面并不复

① 阮智富、郭忠新编著:《现代汉语大词典》(上册),上海辞书出版社2009年版,第1097页。

② 例如,有学者从法的维度,研究最尖端法领域的刑法问题,亦将医疗纳入其中。(佐久間修:『最先端法領域の刑事規制:医療・経済・IT社会と刑法』、立花書房、2003。)

杂,但是,撤除濒临死亡的病人的维生设施是作为还是不作为、安乐死的除罪化等问题,始终未达成法律上的共识;再如,器官移植的问题在医学和法学上均属于尖端。器官获取、器官资源分配、新种类器官的移植等问题,不仅是医学上需要继续发展和精进的技术,而且引发了非法摘取器官、器官交易等严重损害法益的现象,需要刑法予以清晰的评价。

所谓“医疗”,本书采取广义的界定,包括“医学研究和临床医疗两个领域”。① 有的医疗技术尽管尚处于研究阶段,就急需法律介入和规范,甚至关系到是否允许研究进行的问题。例如,人的生殖性克隆。有的临床医疗技术正常应用是合法的,但在实施过程中可能附随引发与犯罪有关的问题。例如,在辅助生殖过程中,对于剩余胚胎的不当处置;在基因测序工程中,滥用或者泄露他人的基因信息。

依据上述两条标准界定的尖端医疗,所涉及的技术种类为数甚多,本书总论部分力图探求各类技术共通的、本质的刑法学问题,仅选取了具有本质联系的几类技术作为本书的研究对象,即人类辅助生殖、人的克隆、人体基因技术、器官移植、性别转换。前三类技术以“人”和“生命”为中心,强调“人”的主体地位;后两类技术以“健康”为重心,关注“人”的自我决定,它们都共同指向了“人的尊严”这一根本命题。② 同时,与这些技术关联的侵害法益的各类行为也存在内在的关联。例如,有偿代孕和器官交易都直接产生人体的商品化问题,而对克隆人的禁止,也是考量到其有将人类彻底工具化和商品化的可能;从对克隆人的思考过渡到了对人的商品化追问是那样的自然,因为,前者是对“未来”的理解,后者则是对金钱这一“现实”的命题的讨论。③

---

① 日本弁護士連合会:「先端医療・医科学研究に伴う生命倫理上の諸問題とルール策定の必要性」、『人の誕生や受精卵・胚に関する先端医療・医科学研究のルール策定を求める決議』、2003 年 10 月 16 日,资料来源:http://www. nichibenren. or. jp/activity/document/civil_liberties/year/2003/2003_2. html,最后访问日期:2015 年 9 月 12 日。

② 美国著名哲学家、哈佛大学政治哲学教授迈克尔·桑德尔的系列丛书《公正:该如何是好?》(朱慧玲译,中信出版社 2012 年第 2 版),《金钱不能买什么:金钱与公正的正面交锋》(邓正来译,中信出版社 2012 年版),(《反对完美:科技与人性的正义之战》(黄慧慧译,中信出版社 2013 年版),秉持一致的理论进路,重点关注了基因技术、克隆人、器官交易、代孕合同等问题。

③ 我国著名哲学家赵汀阳原本是要与桑德尔教授讨论《反对完美》一书,他们却“顺其自然”地更多讨论了《金钱不能买什么》,因为“现实似乎显得比未来更迫切”,这些问题的核心“涉及整个现代性的精神实质”。赵汀阳:“导论:完美是最好的吗?”,载[美]迈克尔·桑德尔著:《反对完美:科技与人性的正义之战》,中信出版社 2012 年版,第 viii ~ ix 页。

第二节 尖端医疗的伦理、法律和社会意蕴

医疗技术的发展导致了人类和社会发生全方位的变化,成为沟通科学和人文的“独特桥梁”。① 尖端医疗深度介入了人的身体和生命,直至直接干预到生命创制的过程,从而形成了对人类伦理价值、规范体系、社会秩序等领域的重大挑战。在尖端医疗技术的研究和应用中,只有同步伴随伦理反思、法律应对和社会评估,才能让人类在享受医学进步带来的福祉的同时,避免新兴技术造成的风险和伤害,于是,ELSI(Ethical,Legal,Social Implication,伦理、法律和社会意蕴)②运动蓬勃兴起。本节首先考察了 ELSI 的含义及其在各国的研究状况;其次,分别阐述了尖端医疗的伦理、法律和社会意蕴;最后,站在法学研究的立场,着重探讨了 ELSI 的整体化研究对我国尖端医疗立法的启示。

一、ELSI 的含义和研究状况

ELSI 这一术语源自人类基因组计划(Human Gene Project,HGP),但是,ELSI 研究已经超越了基因测序技术的范围。因为人工辅助生殖、人体器官移植等尖端医疗技术均同样面临伦理、法律和社会领域的议题,所以 ELSI 研究的整体视角和交叉学科方法被延伸适用于一切尖端医疗技术。以日本为例,日本 ELSI 委员会实施的重要研究项目之一是“尖端医疗研究的伦理、法律和社会意蕴”,即以“尖端医疗”为整体对象展开的系统的 ELSI 研究。③

美国首开 ELSI 研究的先河,并且发展成为其他国家 ELSI 运动的模板。自 1990 年开始,美国能源部(Department of Energy,DOE)和国家卫生研究院(National Institutes of Health,NIH)合作开展了为期 13 年的人类基因组计划。该计划首次清晰地提出其目标之一是“研究伦理、法律和社会意蕴”,将之纳入整个计划作为其中一个重要的子项目,从而正式形成了 ELSI 这一术语。在

---

① 埃德蒙·D. 佩莱格林诺语,转引自黄丁全著:《医疗、法律与生命伦理》(修订版),法律出版社 2007 年版,第 3 页。

② ELSI,有时又被视作“Ethical,Legal andSocial Issues”的缩写,即伦理、法律和社会“议题”。意蕴(Implication)和议题(Issue)在 ELSI 研究中具有相同的含义,本书混同使用。

③ 個人の遺伝情報に応じた医療の実現プロジェクトELSI 委員会:『平成 16 年度—平成 24 年度個人の遺伝情報に応じた医療の実現プロジェクトELSI 委員會活動報告書はじめに』、2013 年 5 月。

早期,HGP 每年预算资金总额的 3% 被投入 ELSI 研究中,此后随着研究推进日益发现该子项目的重要性和复杂性,投入的经费比例上升至 5%,成为当时世界上最大的生命伦理研究计划。①

在人类基因组计划中,ELSI 研究的内容包括界定并明确基因技术的伦理、法律和社会意蕴,预测并审视人类基因组测序对个体与社会的影响,关注其引发的伦理、法律和社会后果,激发公众对此类问题的关注,推动确保符合个体和社会利益的信息使用政策出台。ELSI 研究的焦点覆盖了人的尊严和人权、非歧视、隐私保护、信息使用、产业化等,具体实施途径有个人研究、基金资助以及设立专门咨询机构。2001 年,美国设立了总统生命伦理委员会(President's Council on Bioethics),该机构由科学家、哲学家、神学家、法学家、医师、公共政策专家组成,深入调查探讨尖端医疗发展中的道德意义,讨论与此有关的伦理和政策问题,从而为总统提供咨询建议。② 2003 年人类基因组计划完成以后,美国政府继续保持对 ELSI 研究的重视,国家人类基因研究院(The National Human Genome Research Institute,NHGRI)负责推动相关研究并提供资助,与 DOE、儿童健康与人类发展国家研究院(the National Institute of Child Health and Human Development,NICHD)共同成立了跨学科的卓越 ELSI 研究中心(Centers of Excellence in ELSI Research,CEER),以促进跨学科的研究者对 ELSI 的新兴或者永恒议题展开探索。ELSI 研究至今方兴未艾,2011 年《自然》杂志发布了 NHGRI 的人类基因研究未来战略,该战略的内容包括"基因分子学和社会",提出了 4 个优先发展的领域,其中之一是"法律、规范和公共政策问题",涵盖了基因分子学研究的伦理、法律和社会影响,公共健康政策和规范的研究与发展,等等。③

在欧盟,人文社会科学对于基因科技领域的研究被称为伦理、法律和社会方面(Ethical,Legal and Social Aspects,ELSA),基因科技研究预算资金的 2%

---

① 关于 ELSI 的详情,参见 *HGP Research Area: Ethical, Legal, and Social Issues Research*, http://web.ornl.gov/sci/techresources/Human_Genome/research/elsi.shtml, Last visited 2015-12-18。

② [美]迈克尔·桑德尔著:《反对完美:科技与人性的正义之战》,黄慧慧译,中信出版社 2012 年版,第 121 页。

③ Eric D. Green, Mark S., "Guyer& National Human Genome Research Institute. Charting a Course for Genomic Medicine from Base Pairs to Bedside", *Nature*, Vol. 470, Feb. 2011, pp. 204-213.

(300万欧元)投入ELSA研究中,设立了直属于欧盟委员会的伦理咨询小组(European Group on Ethics,EGE)。伦理咨询小组是由多元化和多学科人士组成的独立机构,主要研究包括尖端医疗在内的所有高新科技的伦理影响,负责审查相关研究计划的合伦理性,为欧盟委员会制定公共政策和法律提供伦理咨询。欧洲议会于1996年通过了《生物学及医学应用的人权条约》,确立了关于生命伦理问题的基本看法,构建了欧盟在尖端医疗领域基本的法律原则和规范框架。

日本于1997年设置了科学技术会议生命伦理委员会,根据其属下的具体专业委员会(克隆分委员会、人体胚胎研究分委员会)的建议制定相关指导方针,并以所属管理大臣告示的方式予以公布。2001年,日本设立了综合科学技术会议生命伦理专门调查会,扩大了研究范围,探讨与尖端医疗技术的研究和实施相伴而生的所有生命伦理问题以及应有的限制状态。① 2003年,文部省委托实施了"个人遗传信息的针对性医疗研究",其内容之一就是设立ELSI委员会。经过两个5年期的研究,该项目已经于2013年完成,这是日本首次在国家层面设立专门的ELSI研究机构。②

中国台湾地区于1997年开始实施基因医药卫生科技尖端研究计划,已经对ELSI有所涉及,2002年该计划获批转型为"基因医学'国家'型计划",ELSI被正式吸收为其中的一个子计划,研究者在哲学、伦理学和法理学等领域展开了深入的探索。③

在上述国家和地区,以研究计划为引导,搭建了跨学科的研究平台和团队,成立了专门负责的官方机构,均表明了ELSI研究的重要性和国家介入的必要性。比较而言,我国当前的ELSI研究在理论构建和研究成果的社会影响

① 日本弁護士連合会:"先端医療・医科学研究に伴う生命倫理上の諸問題とルール策定の必要性"、『人の誕生や受精卵・胚に関する先端医療・医科学研究のルール策定を求める決議』、2003年10月16日,资料来源:http://www.nichibenren.or.jp/activity/document/civil_liberties/year/2003/2003_2.html,最后访问日期:2015年12月10日。

② 個人の遺伝情報に応じた医療の実現プロジェクトELSI委員会:『平成16年度—平成24年度個人の遺伝情報に応じた医療の実現プロジェクトELSI委員會活動報告書』、2013年5月、頁1—3。

③ 例如,台湾大学哲学系教授孙效智的研究项目"生殖性人类复制在21世纪的伦理和法律意蕴",其研究成果有:孙效智:"生殖性人类复制的安全风险与个体独特性问题",载《台大哲学评论》第30期。再如,颜厥安著:《鼠肝与虫臂的管制——法理学与生命伦理研究》,北京大学出版社2006年版。

方面,都还相当滞后。[①] 在尖端医疗领域,尽管已经有学者各自从伦理、法律和社会的角度展开讨论,但是这些研究均未能明确提出 ELSI 的整体理念,也未能进行体系化的思考,导致研究视野狭窄化、研究层次浅表化、研究对策技术化。因此,本部分梳理了各国在尖端医疗领域 ELSI 的研究进展,其目的在于将尖端医疗领域的刑法问题置于更广阔的 ELSI 研究背景之中,标示其所属的位置并发现其存在的意义。第一,刑法问题属于法律范畴的一部分。医疗领域的法律规制即构成了医疗法,医疗法是一个涉及法理学、宪法、部门法在内的整合体系,刑法学的研究应当以法理学为基础,宪法学为前提,与其他部门法保持协调。第二,刑法问题与伦理问题具有相当紧密的联系。伦理性是刑法的重要特征,通过阐明尖端医疗的伦理意蕴,有助于把握尖端医疗技术的"合理使用"和"滥用"之间的"度",奠定刑法禁止"滥用"行为的正当性基础。第三,刑法是最有力的防卫社会的手段。尖端医疗可能引发相当的社会风险,通过风险评估来确定刑法介入的限度,对严重危害社会的医疗技术进行刑法规制,通过最严厉也是最有效的手段来实现社会安全。

二、尖端医疗的伦理、法律和社会意蕴

ELSI 研究的基本思路和路径是,理解尖端医疗技术本身的自然科学事实,在此基础上促进自然科学与人文社科的对话,引导尖端医疗的实施者(医生和医学家)形塑与社会发展契合的伦理意识,达成尖端医疗领域的专业人士与社会公众之间的沟通和妥协,借力社会教育以推动达成公众共识,提升国家的整体决策能力和社会大众的理性沟通环境。[②]

尖端医疗技术对人类和社会的冲击所引发的诸多议题,可以区分为本质性议题和风险性议题,[③]这些议题在伦理、法律和社会的维度分别展开又彼此连接。本质性议题指尖端医疗的手段及其产物本身引发的,对于人与物的分野、人的尊严、生命的本质、科研自由、自我决定权等的思考;风险性议题指尖端医疗技术在应用层面引发的社会风险、科技风险和产业风险等。本质性议题涉及尖端医疗的伦理意蕴,风险性议题直指其社会意蕴,法律则是沟通二者

---

① 黄晓茹:"ELSI 的研究进展及趋势",载《科学与社会》2012 年第 1 期。

② 范建得、洪子洵:"生物科技发展之法律问题",载《月旦法学杂志》第 199 期(2011 年 12 月)。

③ 牛惠之:"生物科技之风险性议题之省思——兼论 GMO 与基因治疗之科技风险管理与规范体系",载《东吴大学法律学报》第 15 卷第 1 期(2003 年 8 月)。

的桥梁，即法律以伦理反思为基础，以管控风险为目的。尖端医疗引发的伦理、法律和社会议题是连锁式的，各议题之间具有内在的联系，从其中任何一个侧面展开的思考既不能忽略其他侧面，也不能相互取代。

（一）伦理意蕴

尖端医疗的伦理意蕴，是指尖端医疗带来的伦理价值的反思、伦理规范的再造和伦理秩序的重构，围绕作为目的的"人"来展开，涵盖了如下广泛的伦理议题：第一，前置的伦理议题是尖端医疗技术在伦理上是允许的抑或是禁止的。技术上的可能不等于伦理上的允许，生命伦理学首先应当确定尖端医疗研究和应用的伦理边界。第二，关键的伦理议题是人与物的伦理价值分野。伦理研究需要讨论人类胚胎以及人体的组成部分（器官、组织）所享有的伦理地位，即其在本质上是物还是人，抑或具有不同于人和物的独特地位。第三，核心的伦理议题是尖端医疗与人的尊严。尖端医疗涉及人的生死以及生命质量等重大命题，从不同侧面丰富和体现了人的尊严的具体内涵，尖端医疗的研究和应用是否侵犯人的尊严，必须借助于一系列具体的伦理原则和规则来做出判断。例如，在传统医疗行为中，科研自由、自我决定是基本的伦理准则，但是，尖端医疗对于身体和生命的深度介入，对于人类尊严造成的巨大冲击，要求更加深入地探讨科研自由、自我决定与人的尊严的关系。第四，规范性的伦理议题是生命伦理规范的制定和实施。在日常领域，伦理规范以不成文的形式内化于人们的意识和行动中；在尖端医疗领域，国家或者国际社会大多会制定成文的生命伦理规范。医学家和医生必须以职业伦理和生命伦理规范为依据，对其医疗行为进行自律。第五，程序性的伦理议题是尖端医疗的伦理审查。通过国家设置的外部伦理委员会或者医疗机构内设的伦理审查委员会对医疗行为的合伦理性进行审查已经成为必需环节和普遍趋势，伦理审查的具体制度设计包括伦理委员会的组成、步骤、依据、后果等。

（二）法律意蕴

尖端医疗的法律意蕴，是指尖端医疗对法律规范、法律体系和法律秩序的冲击，以及立法应当做出的回应。尖端医疗领域的法律问题既是法学研究的前沿，也是医疗法发展的重心和焦点，主要包括如下具体内容：第一，法哲学上的根本议题是尖端医疗和法律的关系。医疗和法律的关系必须溯源自法哲学展开基础性研究，立法之前必须就国家如何对生命科技展开管制进行深入的法理学反思。第二，宪法上需要证立尖端医疗与人权保障的关系。维护人的尊严是宪法的首要价值，具体表现为保障基本人权，宪法解释学需要论证尖端医疗的研究和应用是否侵犯人的基本权利,具体涉及哪些基本权利。第三,民法规范调整尖端医疗领域的人身关系和财产关系。尖端医疗分别在人身和财产的维度上改变了主体之间、主体与客体之间的关系,民法需要对上述改变做出确证抑或否证。第四,行政法规范着力于对尖端医疗的管理和控制。行政法规范能够设定尖端医疗许可和管制的边界,授权特定的机构实施管理并规定管理的条件和程序,通过程序正当原则在尖端医疗的合理使用和滥用之间标定清晰的界限。第五,刑法规范施以最严格的禁止和最严厉的惩罚。尖端医疗技术的不当使用若严重侵犯人的尊严,严重损害社会秩序,则有必要适时引入刑罚的制裁,国家通过明确的罪刑条文实现对法益最有力的保护。

(三)社会意蕴

尖端医疗的社会意蕴,是指尖端医疗带来的社会风险、社会评估和公众认知。尖端医疗引发的社会问题具有广泛的涵摄面,是当代医疗社会学研究不可或缺的部分,[①]主要包括如下方面:第一,直接的社会议题是尖端医疗产生的社会风险。尖端医疗的研究和应用可能导致当代社会出现诸多不确定性,包括社会秩序失范、社会结构错位、社会观念混乱、社会心理失衡等。第二,核心的社会议题是对尖端医疗的社会评估。评估是对尖端医疗的社会风险和社会影响做出认知和评价,需要综合研究者、医生、患者、器官提供者、精卵提供者等相关人士的立场,广泛考虑涉及的一切社会、文化、历史、宗教、国民法律意识等因素。社会评估一方面直接为出台公共政策提供依据,另一方面也间接为制定伦理和法律规范提供参考。第三,重要的社会议题是公众对尖端医疗的认知。公众在面对以人类、人体为研究对象的新型医疗技术时,出现质疑、不安乃至恐慌均是正常的,应当对尖端医疗做出恰当的社会定位并引导公众做出正确认识。从正面探讨并澄清这些与公众息息相关且无法回避的问题,是研究者的社会责任。若研究者和医生既不做出详细说明,也不公开相关信息,从医疗行为适度、医疗机会均等的观点来看,广大国民无法信任尖端医疗技术,遑论支持与提携。[②] 因此,公众认知可能会成为影响尖端医疗技术能否顺

---

① William C. Cockerham. *Medical Sociology*, Boston: Prentice Hall, 12th ed., 2011, pp. 204 - 206.

② 日本弁護士連合会:「先端医療・医科学研究に伴う生命倫理上の諸問題とルール策定の必要性」、『人の誕生や受精卵・胚に関する先端医療・医科学研究のルール策定を求める決議』、2003 年 10 月 16 日,资料来源:http://www.nichibenren.or.jp/activity/document/civil_liberties/year/2003/2003_2.html,最后访问日期:2015 年 12 月 10 日。

利施行的重要因素，拓展信息沟通渠道推动达成共识成为 ELSI 的重要目标。

综上所述，ELSI 研究建立了跨学科的平台，在此平台上医学家提供基础的自然事实，伦理学家完成价值观的导入，社会学家评估社会影响，法学家则基于衡平的利益分析制定法律。首先，法律在尖端医疗领域的介入是有限的。尖端医疗技术处于快速积累、变迁和跃升的进程中，法的内在安定性很难紧随复杂的医学事实，社会大众也难以同步达成共识，更多的规范空间应当保留予伦理自律。其次，法律的介入又是必要的。尖端医疗风险的不可预见性、基本人权的社会保障、公平正义观念的大众塑造，均需要透过明确的法律予以规范和引导。法规范的有限性和必要性，在与伦理、社会议题的链接中证立，伦理上的讨论和判断是立法的前提，立法后的社会影响评估作为立法程序的重要环节也应获得足够重视。

第二章　生命伦理和医疗法

德国当代法哲学家阿图尔·考夫曼(Arthur Kaufmann)曾经指出:“科学问的是:什么是能够做的?伦理学和法学要问的却是:什么是允许做的”。① 显然,技术上的“可能”不同于规范上的“允许”,伦理和法律都是在人类可能行为的领域内划出规范所允许的范围。尖端医疗引发的相关议题实质上是各种伦理观点的体现,不同伦理观的论争推动了医疗法的产生,立法者必须思考法律应当怎样介入。只有深入探索医疗实践的伦理基础及其法律规制,才能合理界定“允许”的范畴。② 本章首先概述了生命伦理学的理论源流、哲学基础、具体原则及相关规范;其次,基于整合医疗法的立场,总结了尖端医疗所涉及的法理学、宪法学和部门法学问题,梳理了国际和国内外相关规范,着重提出了尖端医疗的刑法规制问题。

---

① Arthur Kaufmann. Rechtsphilosophische Reflexionen über Biotechnologie und Bioethik am der Schwelle zum Dritten Jahrtausend, in derselbe: Über Gerechtigkeit, Köln u. a, 1993, pp. 383 – 409. 转引自颜厥安著:《鼠肝与虫臂的管制——法理学与生命伦理探究》,北京大学出版社2002年版,第4页。

② J. K. Mason, R. A. McCall Smith, G. T. Laurie. *Law and Medical Ethics*, Butterworth: LexisNexis, 2002, 6th ed., p. 4.

第一节 生命伦理

生命伦理学的目的,是帮助人们决定在影响出生、死亡、生命质量等生命医学领域应当如何做出合乎伦理的行动,进而影响到社会政策和国家立法。因此,生命伦理学是"涉及人类生命领域的决策的理论基础。"①

一、生命伦理学的源流

生命伦理(Bioethics)由希腊词"bio"(生命)和"ēthikē"(伦理)组成,"即根据道德价值和原则,对生命科学和卫生保健领域内的人类行为进行的系统研究"。②

现代医疗技术的迅速发展,使医学面临了许多前所未有的新难题,对传统伦理观念提出了新的挑战。"自希波克拉底以来,医学伦理具有相当的延续性,直至21世纪中期,生物医学的快速发展使得人们开始怀疑传统伦理原则的适切性。"③生命伦理学应运而生,并且,成为应用伦理学中发展最为迅速、争议最为激烈的分支学科之一。

生命伦理学兴起于21世纪70年代以后,在此之前,探讨医学领域的伦理问题,通常被称为"医学伦理学"(Medical Ethics)。有学者认为,生命伦理学是传统医学伦理学的扩展,生命伦理学可以等同于现代医学伦理学。④ 但是,从发展趋势上看,越来越多的学者和研究机构倾向于采用"生命伦理学"或者"生物医学伦理学"一词。⑤

笔者认为,考虑到本书的研究对象和研究视角,探讨尖端医疗的伦理议题,采用生命伦理一词更为妥当。第一,尖端医疗技术主要产生于现代生命科学领域。例如,人类辅助生殖、生殖性克隆人、人体基因技术都属于生命医学的核心课题;第二,更重要的是,"生命伦理学"这一概念更能反映出各方对本

---

① 邱仁宗著:《生命伦理学》,中国人民大学出版社2010年版,第17页。

② K. Clauser, "Bioethics". In: W. Reich, ed. *Encyclopedia of Bioethics*, Vol. I, NY: The Free Press, 1978.

③ Tom L. Beauchamp, James F. Childress, *Principles of Biomedical Ethics*, NY: Oxford University Press, 7th ed., 2013, p. 1.

④ 邱仁宗著:《生命伦理学》,中国人民大学出版社2010年版,第17页。

⑤ 陈聪富等著:《医疗法律》,台湾元照出版公司2012年版,第47页。

问题的广泛参与。受传统的影响，医学伦理学容易使人误解为医方的伦理义务，从而被纳入了职业伦理的范畴。① 但是，尖端医疗颠覆了传统的伦理观念，因而导致的伦理价值冲突已经远远超越了传统医患关系的范畴，已然成为“萦绕在每个人身边的困惑”。② 尖端医疗的话题吸引了大众的视线。例如，各种场合对于克隆人的激烈讨论，甚至是“卖肾买 iphone”。③ 除了医生、患者以及伦理学家以外，科学家、法学家、公众、社会都在关注和讨论这些与人、生命、健康等密切关注的伦理议题。本书基于法学研究的视角，对尖端医疗相关伦理议题进行探讨的目的在于寻求刑罚规制的正当性依据，因而以采用生命伦理学这一术语为宜。

对于如何解决生命伦理的争议问题，有学者从研究方法的角度，将其划分为三类：第一类是应用道德哲学类，即将抽象的道德理论（功利主义、康德主义，自由个人主义）直接应用于解决伦理争议；第二类是中阶原则类，又称为原则主义，即归纳了专门适用于医疗伦理领域的基本原则，作为解决伦理争议的依据；第三类是个案细节类，即伦理学家采用案例式的研究方法，关注个案的细节，比较案例之间的异同，通过聚焦于实际情境的分析来进行论证，采取的是“自下而上”的归纳思维，该类方法又可以进一步细分为实证生命伦理学、叙事生命伦理学和决疑论三个方向。④

笔者认为，上述从研究方法的角度所做的类型划分固然有其价值，但是，一定程度上忽视了各类方法处于不同的理论层次。因此，下文将从抽象理论和具体原则两个层次，分别讨论生命伦理的哲学根基及其原则。

二、生命伦理的哲学基础

生命伦理学最核心的课题，也是伦理学乃至于哲学的根本议题——人的基本价值。生与死是生命的核心，加上伦理，就涉及“生命的价值与品质。”⑤

---

① 关于现代应用伦理学和职业伦理的关系，甘绍平著：《应用伦理学前沿问题研究》，江西人民出版社 2002 年版，第 11～13 页。

② 黄丁全著：《医疗法律与生命伦理》，法律出版社 2007 年修订版，代序第 3 页。

③ 孟焕良、辛成：“卖肾买 iPhone：年轻人的糊涂账——杭州地下卖肾团伙案始末”，载《人民法院报》2013 年 5 月 20 日第 003 版。

④ 陈聪富等著：《医疗法律》，台湾元照出版公司 2012 年版，第 70 页以下。

⑤ 李震山：“法律与生命伦理——以基本权利保障为中心”，载《法官协会杂志》第 6 卷第 2 期（2004 年 12 月）。

几乎在所有关于生与死的问题的伦理讨论中,都包含了关于人的生命价值的某些想法。[①] 要解决尖端医疗引起的伦理问题,必须回到生命伦理思维的根本之处,从人的主体性,去建立对生命的基本认识和了解,维护人的生命的价值与尊严。[②]

所谓生命伦理的哲学根基,是指从各种关于"人"的哲学理论中确立解决生命伦理争议的基本立场,从而提供一个系统、清晰、可用的生命伦理理论体系来解决伦理困境。在抽象的意义上,当代生命伦理学被视作一系列哲学理论彼此交织而成的一幅织锦,"功利主义和道义论则是其中最明显的两股"。[③] 在我国,独特的历史和文化传统形成了以儒家学说为核心的生命伦理学。

(一)功利主义(Utilitarian)

功利主义,"又译为效用主义或者效益主义",[④]由杰里米·边沁(Jeremy Bentham)创立。传统功利主义(Classical Utilitarian)学说认为,功利原理意味,"按照看来势必增大或减小利益有关者之幸福的倾向,亦即促进或妨碍此种幸福的倾向,来赞成或非难任何一项行动"。[⑤] 亦即,对于行为的道德性的检验就是其所促成的是好的结果(快乐)还是坏的结果(痛苦)。所谓"功利",是指客体具有的一种性质,"倾向于给利益有关者带来实惠、好处、快乐、利益或幸福(所有这些在此含义相同),或者倾向于防止利益有关者遭受损害、痛苦、祸患或不幸(这些含义也相同);如果利益有关者是一般的共同体,那就是共同体的幸福,如果是一个具体的个人,那就是这个人的幸福"。[⑥] 因此,正当的行为就是使功利最大化的行为。这不仅适用于"私人的每项行动,而且是政府的每项措施",[⑦]成为道德和政治生活的基础。现代功利主义(Modern Utilitarian)学说则认为,虽然人都是喜欢快乐而厌恶痛苦的,但是这不会必然导致不受限制的快乐主义,必须承认界定道德目标时规则的重要性,

---

① P. Singer:"生命:生命的价值",狄原明译,载邱仁宗编:《对医学的本质和价值的探索》,知识出版社1986年版,第208页。

② 黄丁全著:《医疗法律与生命伦理·代序》,法律出版社2007年修订版,第3页。

③ J. K. Mason, R. A. McCall Smith, G. T. Laurie, *Law and Medical Ethics*, Butterworth: LexisNexis, 6th ed., 2002, p. 7.

④ 林火旺著:《伦理学入门》,上海古籍出版社2005年版,第72页。

⑤ [英]边沁著:《道德与立法原理导论》,时殷弘译,商务印书馆2002年版,第58页。

⑥ 同上。

⑦ 同上。

通过这种方式预防为了多数人的快乐而忽视少数人的权利。① 意愿功利主义(Preference Utilitarian)进一步修正了传统理论,辛格认为,每位个体都拥有兴趣与需求构成了原则的道义基础,允许根据个体自身价值判断其幸福,最大化所有相关人员意愿或偏好的行为才是伦理上可以被接受的行为,其将此观点运用于生命伦理中,讨论了人的生命的概念、堕胎与安乐死等核心议题。②

边沁是一个谨慎的改革者,他运用功利主义原理"提出了确切的改革建议"。③ 其中之一就是指出了伦理和立法的界限。他将伦理定义为:指导人们的行为,以产生利益相关者最大可能量的幸福的艺术。在指导个人自身行动的限度内,又可以称作私人伦理。④ 私人伦理和立法艺术都以幸福为本身的目的,二者的目的具有相同的性质;二者关注的行为在很大程度上一样,但又不是彻底相同;二者的界限则是,存在伦理应当干预、而立法不应当(至少是直接地)干预的情况。⑤ 因此,私人伦理教导的是每一个人如何可以依凭自发的动机,使自己倾向于按照最有利于自身幸福的方式行事;而立法艺术教导的是,组成一个共同体的人群如何可以依凭立法者提供的动机,被驱使按照总体上说最有利于整个共同体幸福的方式行事。⑥

功利主义遭到了来自各方的质疑,⑦其中,最严厉的批判是,功利主义不尊重个体权利,仅仅考虑社会满意度的总和,可能会践踏个体公民的权利;个体的偏好只有与他人的偏好统计在一起时才被重视,这意味,若始终坚持功利主义的逻辑,则可能纵容许多无视人类基本尊严的行为。⑧

(二)道义论(Deontological)

道义论关注行为自身的正当性/不正当性,注重界定行为的属性并将其标

---

① J. K. Mason, R. A. McCall Smith, G. T. Laurie, *Law and Medical Ethics*, Butterworth: LexisNexis, 6th ed., 2002, p. 7.

② 辛格著:《实践伦理学》,斯图加特1994年第2版,第128页。转引自甘绍平著:《应用伦理学前沿问题研究》,江西人民出版社2002年版,第72~75页。

③ [美]阿拉斯代尔·麦金泰尔著:《伦理学简史》,龚群译,商务印书馆2004年版,第303页。

④ [英]边沁著:《道德与立法原理导论》,时殷弘译,商务印书馆2002年版,第348页。

⑤ 同上,第351~352页。

⑥ 同上,第351~352页。

⑦ 林火旺著:《伦理学入门》,上海古籍出版社2005年版,第87~95页。

⑧ [美]迈克尔·桑德尔著:《公正:该如何是好?》,朱慧玲译,中信出版社2012年第2版,第40~41页。

示为道德上可接受/不可接受。与功利主义相反，义务论并不关注行为所具有的结果。

康德是道义论的典型代表，其关于义务和权利的论证，被誉为是"迄今为止哲学家给出的最强有力、最有影响力的论证之一"。①

康德认为，自由地行动就是自律地行动，就是根据人给自己确立的法则而行动——而不是听从本性或者社会传统的指令，做某事就是为了这件事本身，这就是目的。人不再是那些外在于自身所给定的各种目的的工具。"自律地行动"的能力，赋予了人类特殊的尊严，显示了人和物之间的区别。尊重人的尊严，就是将人当作目的本身来对待。

在康德哲学体系中，定言命令构成了义务的基础，即"要只按照你同时认为也能成为普遍规律的准则去行动"。② 据此，得出如下实践命令："你的行动，要把你自己人身中的人性，和其他人身中的人性，在任何时候都同样看作是目的，永远不能只看作是手段。"③康德式的尊敬是尊敬一种内在于所有人当中的、毫无差别的理性能力。仅仅因为他们是人类，具有理性能力，就因此而值得尊重。

人作为目的本身有一种绝对的价值："我认为：人，一般来说，每个有理性的东西，都自在地作为目的而实存着，他不单纯是这个或那个意志所随意使用的工具。在他的一切行为中，不论对于自己还是对其他有理性的东西，任何时候都必须被当作目的。"④这是人和物之间根本性的区别，人是理性的存在，不仅具有相对的价值，还具有一种绝对的价值、一种本质性的价值。"一个有价值的东西能被其他东西所代替，这是等价；与此相反，超越于一切价值之上，没有等价物可以替代，才是尊严。"⑤"人类的尊严正在于他具有这样的普遍立法能力，虽然同时他也要服从同一规律。"⑥人的尊严赋予其主体性，人们能够自由地行动，能够为自己的行为承担道德责任，能够主张他人在道德上对自己的

---

① [美]迈克尔·桑德尔著：《公正：该如何是好?》，朱慧玲译，中信出版社 2012 年第 2 版，第 115 页。

② [德]伊曼努尔·康德著：《道德形而上学原理》，苗力田译，上海世纪出版集团 2012 年版，第 30 页。

③ 同上，第 37 页。

④ 同上，第 36 页。

⑤ 同上，第 41 页。

⑥ 同上，第 46 页。

行为负责。因此,要求人们从主体的角度,而不仅仅是从客体的角度来看待自身。①

对道义论(尤其是康德模式下的道义论)的批判强调,这看起来是一种僵化的研究方法。"严格"的康德论并没有对人类关于何为正当的直觉进行充分评价,也没有对德性进行充分的评价。②

康德对人类尊严的论证影响了当今的普遍人权观念,他强调每一个人自身都应当被视为目的,而不是达成目的的手段。认可、尊重每个人的主体存在,认可、尊重他的自我决定的能力,是一切伦理讨论的前提、基础和出发点。③ 康德伦理教义学在尖端医疗领域的核心启示是,我们不应当利用他人,而应当尊重其作为个体的自主性和完整性,这是验证一项尖端医疗技术正当与否时必须坚持的根本哲学立场。

功利主义和道义论是关于生命伦理的哲学根基中最重要的两种理论,此外,社群主义(Communitarianism)、自由个人主义(Liberal Individualism)、女性主义(Feminism),儒家思想等也从各自的理论出发形成了对于生命伦理的哲学思考。

综上所述,不同哲学理论对于"人"的理解形成了各自关于生命伦理的哲学根基。运用这些抽象的理论来解决尖端医疗领域的具体伦理争议,采取的是"自上而下"的演绎模式。因此,可能形式上是不同的,但解决问题的方式却是相似的;并且,不同理论彼此交织在一起:现代自治理论的基础根植于康德哲学背景之中,自由个人主义倾向于功利主义或者结果主义研究方法,二者具有紧密的联系,"后者对于二十世纪之交的哲学氛围产生了巨大的影响"。④

(三)儒家生命伦理学

源远流长的医学伦理是生命伦理学的重要源流,隋唐孙思邈撰写的《备

---

① [美]迈克尔·桑德尔著:《公正:该如何是好?》,朱慧玲译,中信出版社 2012 年第 2 版,第 142 页。

② J. K. Mason, R. A. McCall Smith, G. T. Laurie, *Law and Medical Ethics*, Butterworth: LexisNexis, 6th ed. 2002, p. 7.

③ [德]维兰德(Georg Wieland):"人的尊严与对共同体主义的批评",载克罗克(Eduard J. M. Kroker)、德灿姆普斯(Bruno Dechamps)主编:《道德上的冷漠——我们社会中静悄悄的革命》,美因河畔法兰克福 1999 年版,第 34 页。转引自甘绍平著:《应用伦理学前沿问题研究》,江西人民出版社 2002 年版,第 247 页。

④ J. K. Mason, R. A. McCall Smith, G. T. Laurie, *Law and Medical Ethics*, Butterworth: LexisNexis, 6th ed., 2002, p. 7.

急千金药方》被誉为我国传统医学伦理之集大成者，主张“人命至重，有贵千金，一方济之，德逾于此”。该书第1卷《大医精诚》要求医生应当具备“精”和“诚”，“精”指精湛的医术，“诚”指高尚的医德，医生应当有“大慈恻隐之心”“好生之德”。

现代生命伦理学发端于美国，迄今仅有50余年的历史。生命伦理学在中国的发展，一方面，与其他国家同处于生命医学迅速发展的技术背景之下；另一方面，形成了吸收自身历史传统和道德资源的生命伦理学思想。人的生命的道德性和生死是生命伦理学的议题，中国传统的儒道佛哲学思想在实践中显示了人类的智慧，均论述了人的生命问题，各自丰富的义理可以发展出各具特色的生命伦理学的理论或取向。但是，除了儒家之外，佛道两家尚未构建系统的生命伦理学。① 孔子奠定了儒家伦理学的根基，形成的是一种自律形态的伦理学，孔子直接由人的道德表现以建立人的道德主体性，“仁”或者“仁心”成为生命伦理学的中心。“忍人”、“不忍之心”乃是人的内在的道德主体性，也是一切道德价值与行为的动力根源。孟子将其拓展为“仁”、“义”、“礼”、“智”四端。孔孟伦理学是内在于中国传统的道德根源，形成的由各种道德原则和规则组成的系统。这个系统同时直接贯注和表现在人们的日常道德经验之中，构成共同的道德性。“仁”、“义”、“礼”、“智”四种模式与西方生命伦理学的“自主”、“不伤害”、“行善”、“公正”四个主要原则及其规则具有道德的“可通约性”。除此之外，儒家伦理学中还有一些道德经验的洞见，构建出相应而且有助于道德分析或者判断的基本原则。

儒家伦理学蕴含的重要且可适用的道德原则和理据，构成了一种完整的生命伦理学理论。儒家生命伦理学从不忍人之心直接引出了不得伤害人与物的核心理念，形成了理论范式的转换，“不伤害原则”成为首要原则。范式的转换显示出，中国哲学、伦理学的观念对于现代诸多生命伦理争议具有一种特别且强劲的解决力，儒家回归常理常道的指向，提倡从家庭的观念、而不是从西方通常构建在自由主义基础上的个人主义来解决尖端医疗领域的伦理困境。

---

① “儒家生命伦理学”最早由台湾地区李瑞全教授提出，以儒家的仁爱之心、忠恕之道等作为创建儒家生命伦理思想体系的理论基础，其代表作是《儒家生命伦理学》(台湾鹅湖出版社1999年版)。香港城市大学范瑞平教授亦是重要的代表人物，其著作有《当代儒家生命伦理学》(北京大学出版社2011年版)。

三、生命伦理原则

所谓生命伦理原则,是指在确定医学研究和应用的正当性时应当遵守的核心准则。生命伦理原则依托于一定的哲学背景,但是,其专属于生命医学领域,解决的是尖端医疗领域的伦理争议。因此,相较于抽象的哲学理论,其又被称为"中阶原则"(Mid-Level Principles)。[①]

伦理讨论重在探寻行为的正当性,以期解决尖端医疗技术所带来的伦理困境。伦理通过道德上的讨论和辩论为人们所知悉,通常是在一个已经构建的价值体系内运作,该体系正是人们讨论行为正当与否的参考。比彻姆(Tom L. Beauchamp)和奇尔德雷斯(James F. Childress)在审视了功利主义和义务论的优缺点以后,经过长期研究,提出了生命伦理的核心四原则,将之作为解决伦理争议、突破伦理困境的手段。[②] 这四条基本的道德原则构成其理论的核心,因而又被称为原则主义(Principlism)。原则主义被奉为生命伦理学的经典,产生了广泛而深远的影响,其著作最新已出至第7版。

比彻姆和奇尔德雷斯将"共同道德"(common morality)作为其理论的基础,即判断行为正确与否的规范(norms)。这些规范被人们广泛接受从而形成了稳定的社会影响,作为一种社会制度,道德是一种行为标准,包括道德原则、规则、理念、权利和美德。人们在成长的过程中领会这些道德,学会区分适用于所有人的道德与适用于特定群体的道德。共同道德的核心原理在于,其是被普遍接受的,与文化、集体或者个人无关。[③] 以此为理论出发点,比彻姆和奇尔德雷斯提出了,伦理上恰当的行为可以通过如下四个核心原则得以确定。中国儒家伦理学不但形成了与西方生命伦理学核心四原则具有道德共同性的"仁"、"义"、"礼"、"智"模式,还形成了自身特有的生命伦理原则。

(一)尊重自主(Respect for Autonomy)原则

尊重自主原则,是指将个体作为独立的道德行动者予以尊重,尊重其享有

---

① 陈聪富等著:《医疗法律》,台湾元照出版公司2012年版,第79页。

② J. K. Mason, R. A. McCall Smith, G. T. Laurie, *Law and Medical Ethics*, Butterworth: LexisNexis, 6th ed., 2002, p. 6.

③ Tom L. Beauchamp, James F. Childress, *Principles of Biomedical Ethics*, NY: Oxford University Press, 7th ed., 2013, pp. 2-3.

选择如何生活的权利。① 认可、尊重每个人的主体存在,认可、尊重其自我决定的能力,是一切伦理讨论的起点和基础。自主的本质,是指思想、言论以及行为都能够遵从个人的意愿而不受他人外在的限制和胁迫,即反对将他人工具化。体现出康德"人是目的"的定言命令——"你的行动,要把你自己人身中的人性,和其他人身中的人性,在任何时候都同样看作是目的,永远不能只看作是手段。"②

当代医学伦理学认为,自主是最重要的价值。在过去的半个世纪,超越其他观念而占据统治地位的观念是,个体应当能够控制其身体,应当自我决定关于其自身的医疗措施,不应当阻止自我实现。在一定意义上,自治的哲学回复带来了自由,提升了人们的自由。但是,从另一个角度看,接受自治作为善的基准将引导人们忽略其他价值,而生命的社会维度也是潜在同等丰富的。因此,自治必须符合其他人合法的利益和期待,也要受到经济条件的约束。

自主性意味着人拥有做出选择的能力,在医疗活动中,具体化为知情同意(Informed Consent)准则:医方做出充分的说明,患方在理解的前提下基于自愿做出同意。个体自治必须与社会整体的需求进行权衡,在理想的社会中,病人应当能够要求其所选择的任何治疗措施,然而,这显然是一个不可能的目标。社会自身要求资源的公平分配,这在未受限制"权利"的含混含义中难以实现,只能在现实社会提供的框架内实现自治。③

(二)不伤害(Nonmaleficence)原则

不伤害原则,是指人们应当尽量避免实施对他人有害的行为。与西方传统的医学伦理格言"最首要的是不伤害"(*Primum non nocere*)相呼应,任何个人虽然没有义务造福他人,但是绝对有责任不伤害他人。履行不伤害义务,并非意味不采取任何治疗措施,同时,还要区分可以选择的治疗和强制治疗。既要避免有意的(直接的)伤害,也要防止伤害的风险,即应当平衡医疗活动带

---

① Tom L. Beauchamp, James F. Childress, *Principles of Biomedical Ethics*, NY: Oxford University Press,7th ed. ,2013,p. 106.

② [德]伊曼努尔·康德著:《道德形而上学原理》,苗力田译,上海世纪出版集团 2012 年版,第 37 页。

③ J. K. Mason, R. A. McCall Smith, G. T. Laurie, *Law and Medical Ethics*, Butterworth: LexisNexis,6th ed. ,2002,p. 8.

来的利益和伤害,从而创造患者的最佳利益。[①] 具体而言,要求医方(包括临床医生和医学研究者):"(1)培养为病人(受试者)的健康和福利服务的动机和意向;(2)提供疾病要求的医疗护理;(3)做出风险或伤害/受益评价。"[②]

(三)行善(Beneficence)原则

行善原则,是指人们应当尽可能地做出有益的行为。一般而言,人们并不承担广泛的行善义务,但是,在特定的医患关系的范畴内,医方不但不要造成伤害,还应当有助于改善。[③] 显然,行善的要求高于不伤害,医方遵守行善原则属于特定的义务。行善被解释为人性中驱动造福他人的力量,也被视为道德本身的目标。[④] 行善意味增进病人的幸福,涵盖于一切医疗职业和医疗机构的目标、理性和正当性。但是,行善和医疗伦理中的自治原则可能产生冲突,集中表现为家长主义,即单纯为了他人的利益而损害其自治权。行善原则包括两个方面:一方面是积极的行善,及要求行动者为他人提供利益;另一方面是有效性,即行动者需要平衡利益、成本和风险从而实现最佳的整体效果。

(四)公正(Justice)原则

公正原则,是指人们应当被公平地对待,但这并不必然等同于每个人应当获得完全一样的对待。[⑤] 公正包括形式公正、实质公正和程序公正。公正原则和善的理念共同构成了"社会机制的灵魂"。[⑥] 医疗领域在微观层面和宏观层面上均存在与公正相关的广泛议题,前者如可供移植器官资源的分配,后者如国家(乃至于世界)的健康政策与公民健康权保障等。国家需要建立一个综合且一致的医疗体系,在保证公正的同时提高效率。然而,公正和效率又常常存在冲突,公正意味共同善,通过共同推理良善生活的意义,创造一种能够包容不可避免的分歧的公共文化,从而形成一个公正的社会。[⑦] 因此,公正原

---

① Tom L. Beauchamp, James F. Childress, *Principles of Biomedical Ethics*, NY: Oxford University Press, 7th ed., 2013, p. 150.

② 邱仁宗著:《生命伦理学》,中国人民大学出版社2010年版,第240页。

③ Tom L. Beauchamp, James F. Childress, *Principles of Biomedical Ethics*, NY: Oxford University Press, 7th ed., 2013, p. 202.

④ 黄丁全著:《医疗法律与生命伦理》,法律出版社2007年修订版,第33页。

⑤ Tom L. Beauchamp, James F. Childress, *Principles of Biomedical Ethics*, NY: Oxford University Press, 7th ed., 2013, p. 249.

⑥ 甘绍平著:《应用伦理学前沿问题研究》,江西人民出版社2002年版,第62页。

⑦ [美]迈克尔·桑德尔著:《公正:该如何是好?》,朱慧玲译,中信出版社2012年第2版,第248页。

则能够为各种相互冲突的主张提供解决分歧的方法，基于相互的尊重来引导伦理和法律，从而对各种资源、利益和负担实现公平的分配。

除了上述四个道德原则之外，原则主义在结构上另外辅之以更低一层次的道德规则。例如，知情同意、保护主义、诚实、守密、隐私、忠诚等，共同组合为一个原则体系，用以分析和判断生命伦理的议题和案例。有学者评价了，该伦理原则体系的优点体现在如下两方面：其一，这些道德原则和规则获得了各种伦理学的共同认可，从而能够避免争议；其二，多重原则可以避免单一原则的片面性，能够响应道德争议中的多元现象。①

综上所述，原则主义在生命伦理领域建构了较为明确的理论框架，但是，在面对某个具体的伦理问题时，该框架仍显薄弱。② 因此，学者们将其作了进一步的延伸：其一，"特定化"（specification）。伦理原则具有相当的抽象性和不确定性，通过缩小伦理原则的范围，关注争议的每个细节，将其运用于特定的伦理情境，以使其得到更妥帖的运用。其二，"衡量与平衡"（weighing and balancing）。不同原则在面对同一伦理争议时存在冲突，对原则逐一进行审议和评价，能够令人信服地说明某一原则在解决伦理争议时相较其他原则具有优先性。③ 通过上述两个步骤，能够更有针对性地解决不同伦理原则的冲突，提出更明确地解决伦理争议的指引。

（五）儒家生命伦理学原则

儒家生命伦理学在结构上吸收和转化了原则主义的基本内容，此外，还发展出"参赞天道"和"各尽其性分"这两个彼此贯通的伦理原则。

所谓"天道"，是指具有普遍规范意义的道德原理，也就是指道德的普遍性和绝对性。普遍性一是表现为人的内在本有的道德意识，二是表现为自然界的繁衍变化、生成发展。人类自觉的参赞天道的行为，不但充实了道德的意蕴，而且视天地万物同为一体，超越了人类中心的自我要求。为了保障自然界生生不息，每一个人和物都应当得到爱护，不受伤害，也应当得到公平对待。人人得到应有的尊重，其自由自律的决定即是天道之所在。所谓"性分"，包括了人或者物的天赋或使命、人与物的自然安详生活、生生不息的成长发展

---

① 李瑞全："生命伦理学五十年"，资料来源：http://in.ncu.edu.tw/phi/teachers/lee_shui_chuen/course_onnet/life.html，最后访问日期：2015 年 8 月 10 日。

② Tom L. Beauchamp, James F. Childress, *Principles of Biomedical Ethics*, NY: Oxford University Press, 7th ed., 2013, pp. 249 - 250.

③ Ibid, pp. 17 - 23.

等。“各尽其性分原则”，即尽己性、尽人性和尽物性，使一切人和物都得到充分发挥，不要压抑任何人或物的生长发展。

“各尽其性分原则”与“参赞天道原则”相互贯通和补充：“尽己性人性物性即是让天地万物各遂其性，各适其情，即是参赞天道，反之，参赞天道即在于能使自己、他人和天地万物都得到充分的生长发展，得以各尽其性分。”①这两个原则更具有根本性和包容性，内在于儒家的义理系统之内，为解决西方生命伦理四个基本原则的内在冲突提供了平衡考量的界限。因此，恩格尔哈特高度评价了儒家生命伦理思想，认为“中国必将影响全球对道德和生命伦理学的反思”。②

四、生命伦理规范

生命伦理学的核心，关乎对生命、身体和健康等规范问题的证立。③ 生命伦理学的理论和原则提供了解决生命伦理困境的指引，根据选定的生命伦理学理论和原则来论证和制定应该做、允许做和禁止做的准则，形成了生命伦理规范。

对尖端医疗活动的规制包括四种方式：第一，研究者自律；第二，研究团体自律；第三，由公权力介入制订指导方针和执行纲领；第四，以法律进行规范。其中，前两者属于职业伦理的范畴，是自律性规范，第四者是他律性规范，第三者则为自律规范和他律规范的折中。④ 因为研究者个人自律更多存在于意识层面，所以本书所指生命伦理规范，主要指研究团体制定的自律性规范、相关机构发布的指导方针和执行纲领，⑤虽然其不具有法律上的强制力，但是对于

---

① 李瑞全：“生命伦理学五十年”，资料来源：http://in.ncu.edu.tw/phi/teachers/lee_shui_chuen/course_onnet/life.html，最后访问日期：2015年8月10日。

② 李瑞全著：《儒家生命伦理学》，台湾鹅湖出版社1999年版，第27页。

③ 颜厥安著：《鼠肝与虫臂的管制——法理学与生命伦理探究》，北京大学出版社2002年版，第52页。

④ 李震山：“‘复制人’科技之发展对既有法律思维与制度之冲击——以基本权利保障为例”，载《中外法学》2002年第5期。

⑤ 相关公权力机构（如卫生部）颁布的指引文件，介于行业自律规范和狭义的法律之间，准确地说，其性质上属于“公共政策”。但是，在法的渊源上，其中某些文件是“部门规章”，也属于广义的法律。本书认为，需要根据文件的名称和内容（伦理指引、伦理纲领等）作具体判断，某些指引不具备强制性特征，只具有宣示性的价值，本书将其纳入伦理规范的范畴，从而区分于法律规范。类似地，国外研究者倾向于将医学团体的专业伦理指引和公权力介入制定的政府指引归为同类规范，命名为“公共政策”，研究其与法律在规制范围、强制力、制定程序和制定成本上差异。Sosuke IWAE, Motomu SHIMODA, “Public Policy and Regulation System Concerning Genetic Medicine in Japan”, *Formosan Journal of Medical Humanities*, Vol. 9, No. 1&2, May 2008.

尖端医疗的实施和发展具有重要的指导和指引作用。

以生命伦理规范的制定主体和实施范围为标准,可以划分为国际生命伦理规范和国内生命伦理规范;以生命伦理规范涉及的医疗领域为标准,可以划分为生命伦理一般规范和生命伦理特定规范。本章采取第一种分类,概略介绍国际和国内生命伦理规范体系;下编则采取第二种分类,在研究具体尖端医疗技术的刑法规制问题时,对所涉领域的生命伦理规范做详细的展开。

(一)国际生命伦理规范

当代国际生命伦理规范,最早可以追溯至1947年《纽伦堡法典》(Nuremberg Code)。第二次世界大战以后,战中纳粹医师对犹太人和战俘实施人体试验的行为受到了纽伦堡大审判,最终确立了《纽伦堡规则》,首次明确规定了人体试验的十条伦理规范。1949年世界医学大会(The World Medical Association,WMA)制定了《国际医学伦理守则》(International Code of Medical Ethics),1964年WMA通过了《关于以人为对象的生物医学研究国际伦理指导准则》(Ethical Principles for Medical Research Involving Human Subjects),通常称为《赫尔辛基宣言》,该宣言于1975年、1983年、1989年、1996年和2000年分别作出修订,成为人体试验的基本伦理规范。

医学研究国际组织理事会(The Council for International Organizations of Medical Science, CIMOS)于1982年公布了《生命医学研究伦理指引》(Biomedical Research Ethical Guidelines)。1993年,CIMOS与世界卫生组织(World Health Organization,WHO)共同制定了《涉及人的生物医学研究国际伦理指引》(International Ethical Guidelines for Biomedical Research Involving Human Subjects),取代了CIMOS于1982年制定的指引。该指引于2002年再次作出修订。

国际人类基因组组织(The Human Genome Organization,HUGO)伦理委员会于1997年发布了《关于DNA取样:控制和获得的声明》,1999年发布了《关于克隆的声明》,2000年发布了《关于利益共享的声明》,2001年发布了《关于基因治疗研究的声明》,2002年发布了《遗传研究的正当行为声明》。

WHO于1997年发布了《医学遗传学与遗传服务伦理问题的建议性国际准则》(Proposed International Guidelines on Ethical Issues in Medical Genetics and Genetic Services),于2010年发布了《人体细胞、组织和器官移植指导原则》(Guiding Principles on Human Cell,Tissue and Organ Transplantation)。

联合国教科文组织大会于1997年通过了《世界人类基因组与人权宣言》

(Universal Declaration on the Human Genome and Human Rights)禁止任何侵犯人类尊严的行为;[①]于2003年通过了《国际人类基因数据宣言》(International Declaration on Human Genetic Data);于2005年通过了《世界生命伦理与人权宣言》(Universal Declaration on Bioethics and Human Rights),各会员国承诺本国及整个国际社会尊重和执行在一项文书内阐述的生命伦理基本原则,这在生物伦理史上尚属首次。

2005年3月8日,联合国大会以84票赞成、34票反对、37票弃权的表决结果,批准了联大法律委员会于2005年2月通过的《联合国关于人的克隆宣言》。宣言要求各国考虑禁止违背人类尊严的各种形式的克隆人。中国、英国、比利时、法国、印度等赞成治疗性克隆的国家对该宣言投了反对票。[②]

(二)各国生命伦理规范

各个国家和地区针对生命伦理的一般问题或者特定的尖端医疗领域,制定了浩如烟海的伦理规范,本书择其要者予以列举。

1. 德国

德国于2006年颁布了《人工辅助生殖(模范)准则》([Muster-] Richtlinie Zur Assistierten Reproduktion)。

2. 澳大利亚

澳大利亚卫生部健康和医学研究咨询委员会于1996年发布了《辅助生殖技术伦理指引》(Ethical Guidelines on Assisted Reproductive Technology)。

3. 美国

美国医师协会于1847年发布了第一版《医学伦理守则》(The Code of Medical Ethics of the American Medical Association),该守则历经多次修改,成为规范美国医师行为的基本伦理准则。

4. 加拿大

加拿大三个主要分配医学研究预算的理事会(健康研究学会、自然和工

---

① WMA、CIMOS等医学专门组织制定的宣言、指南等,属于研究团体的自律性伦理规范。但是,对于联合国及其专门机构(如WHO)发布的宣示性文件,其是否具有国际强制法的地位则受到了质疑。(满洪杰著:《人体试验法律问题研究》,中国法制出版社2013年版,第47~49页)本书认为,若是联合国及其专门机构发布并且生效文件(通常以"公约""条约"命名),应当纳入法律的范畴;若某些文件(通常以"宣言"命名)明确说明不具有法律强制力的,仅具有宣示作用的,因其对法律制定具有伦理上的指导作用,则纳入伦理规范的范畴。

② 我国明确表示不受该宣言约束。

程科学研究委员会、社会与人文科学研究委员会)于1998年共同发布了《理事会政策宣言:涉及人体研究的伦理行为规范》(The Council Policy Statement:Ethical Conduct for Research Involving Human)。加拿大医师协会于2014年年发布了最新版的《伦理守则》(CMA Code of Ethics),作为规范医师行为的基本伦理规范。

5. 日本①

日本于1997年设置了文部省科学技术会议生命伦理委员会,发布了《人体胚胎干细胞为中心的人体胚胎研究的基本想法》(2000年3月),《处理特定胚胎的指导方针》(2001年11月)、《人体胚胎干细胞的提取及使用的指导方针》(2001年9月)、《遗传基因治疗·临床研究的指导方针》(2002年3月)、《免疫学的指导方针》(2002年6月),等等;文部省还与厚生劳动省、经济产业省联合发布了《人类基因分析研究伦理指针》(2001年3月制定,2004年修正);厚生省发布了《临床研究伦理指引》(2003年7月制定,2004年修正),这些规范均作为所管理的大臣告示的方式制定出来。②

6. 中国

(1)大陆

卫生部于1998年发布了《涉及人体的生物医学研究伦理审查办法》,于2007年颁布了《涉及人体的生物医学研究伦理审查办法(试行)》,于2003年颁布了《人类辅助生殖技术和人类精子库伦理原则》。

2001年,中国国家人类基因组南方研究中心伦理委员会,发布了《人类胚胎干细胞研究的伦理准则(建议稿)》,相关准则根据生命伦理学原则设定,广泛运用了当代伦理学的研究成果和方法,将道义论和结果论作为评价胚胎干细胞研究伦理问题的框架。2004年,卫生部和科技部联合发布了《人胚胎干细胞研究伦理指导原则》。

(2)台湾地区

台湾地区医师公会联合会于2005年发布了《生命伦理与医疗政策》;"卫生署"于1985年发布了《人工生殖技术伦理指导纲领》,2002年发布了《胚胎

① 对于官方发布正式指引规范生命医学领域行为的模式,日本学者谓之"软法模式"(Soft Law Style)。Katsunori Kai:"Model of Regulation on Medical Innovation/Medical Research from the Perspective of Comparative Law",载《早法》86卷4号(2011)。

② 具体内容,可以查阅日本文部科学省生命伦理安全对策室主页http://www.mext.go.jp。

干细胞研究伦理规范》,2007 年发布了《人类胚胎及胚胎干细胞研究伦理政策指引》。

第二节　医　疗　法[①]

尖端医疗引起的议题具有多元面向,上节所述伦理学的探讨只是其中的路径之一。医疗的一般规则在伦理框架内发展并被当代社会不断重构,随着医疗技术的进步和社会的演变,医生(医学研究者)发现其行为越来越多地具有法律上的不确定性,因而要求并且推动了法律更深入地介入其中。[②] 如果没有法律的积极介入,医生的行为可能处于法律的空白地带,法律上的不确定会使其面临民事诉讼、行政处罚乃至于刑事指控的风险。正如日本医疗法奠基人唄孝一先生所提出的,医疗法的基本理念在于,"自然事实和自然科学的发展存在法律空白,法律在其中应当扮演协调利益的角色,法律调整的正面意义在于保障和确立基本权利"。[③]

本节以整合的医疗法为研究基点,首先,探究了规制尖端医疗的法理学基础,围绕生命伦理和医疗法的关系来展开;其次,梳理了尖端医疗涉及的具体部门法问题,在简述尖端医疗行为的民法意义和行政管制以后,重点提出了该领域的刑事规制论题。

---

① 与生命伦理相对应,学界也使用"生命法"(Biolaw)一词(例如,Deryck Beyleveld, Roger Brownword, *Human Dignity in Bioethics and Biolaw*. NY: Oxford University Press. 2001);我国亦有学者论证了生命法学是一个独立学科范畴(刘长秋:"中国生命法学研究的现状与问题",载《政治与法律》2008 年第 6 期)。但是,本书采用的是"医疗法"一词,主要基于如下几点理由:第一,契合了研究视角。本书着眼于探讨尖端医疗行为的刑事妥当性,如何对违反禁止性规范的行为处以刑罚制裁。因此,其规制的对象主要是医方,不同于伦理议题涉及社会各方的广泛参与。第二,限定了研究范围。生命法是涉及一切与生命现象有关的法律规范,其范围过于宽泛,医疗法则能有效地将研究对象限定于与医疗有关的范围内。第三,遵循了研究的传统。相对于生命法而言,"医疗法"这一术语获得了广泛的接受和更普遍的运用,涉及医疗犯罪的则称为医疗刑法,因而本书继续沿用之。

② J. K. Mason, R. A. McCall Smith, G. T. Laurie, *Law and Medical Ethics*, Butterworth: LexisNexis, 6th ed., 2002, p. 21.

③ 唄孝一:「科学と法と生命」、松尾孝嶺主編:『生命科学ノート』、東京大學出版會、1974、頁 200—201。

一、尖端医疗的法理学探究

论证法律介入尖端医疗领域的必要性是进行医疗法研究的前提，需要在法理学的层面展开深入的探究。其核心在于正确认识生命伦理和医疗法的关系，这是法理学中一对重要的命题——伦理和法律——在尖端医疗领域的凸显。

（一）生命伦理为医疗法提供正当性根据

基于对法律和道德关系的不同认识，法哲学上主要形成了自然法学和实证主义法学的对立。自然法学主张，法律存在的根据是道德，道德使法律成为可能；[①]实证主义法学则认为，法律与道德绝对分离，法律中不应当具有丝毫的道德含义；[②]两个学派的观点不断融合，形成了新分析实证主义法学，主张道德和法律控制的领域存在部分重叠。但是，道德的某些领域处于法律管辖的范围之外，法律的某些部分在很大程度上也不受道德判断的影响。[③] 各派观点的形成有其自身独特的社会条件、历史背景、价值判断和理论意义。但是，具体到医疗领域而言，一方面，医疗行为本身具有天然内在的伦理属性；另一方面，尖端医疗所指向人的生命和健康等重大价值必需法律的确证和保护。因此，生命伦理和医疗法之间存在本质联系成为伦理学界和法学界的共识。

伦理学界主张，生命伦理为医疗法提供根据和框架，从而避免其陷入历史的偶然性。我国著名伦理学家邱仁宗教授认为，“在生物医学领域中应当如何行动，许多方面会涉及国家的政策，生命伦理学成为国家在人的生命领域做出决策的理论基础”。[④] 伦理原则提供了解决问题的框架，法律根据该框架作出是否介入、如何介入医疗领域的决断。[⑤] 翟振明教授围绕克隆人的尊严问题提出，技术、社会规范、流行观念等等都是可以发生变化的东西，而克隆人的伦理问题，涉及人类文明最基本的原则，必定要超越历史的偶然性，只有认识

---

① ［美］富勒著：《法律的道德性》，郑戈译，商务印书馆 2005 年版，第 113 页。

② ［奥］凯尔森著：《法与国家的一般理论》，沈宗灵译，商务印书馆 2013 年版，第 3 页。

③ ［美］E. 博登海默著：《法理学：法律哲学与法律方法》，邓正来译，中国政法大学出版社 1999 年版，第 379 页。

④ 邱仁宗著：《生命伦理学》，中国人民大学出版社 2010 年版，第 17 页。笔者认为，此处所称国家政策，正是以法律为主要表现形式。

⑤ 邱仁宗著：《生命伦理学》，中国人民大学出版社 2010 年版，第 233 页。

到这一点,才能使法律的制定在很大程度上避免陷入盲目性。①

法学界的观点认为,法律天然具有一种道德理性,在其形式的外壳之下,流动着伦理的血液。② 法律的最终目的是实现人类的美好生活,法律的正当性必须依赖于伦理上的善来说明。③ 克隆人提供了“树立人类共同伦理的机会”,为在世界范围内由伦理过渡到法律做出了一些准备。④

因此,在尖端医疗领域,生命伦理是医疗法内容的重要渊源,医疗法能够对伦理争议做出决断并确定尖端医疗的清晰界限。

首先,生命伦理的研究证立了法律规范的正当性。康德道德哲学强调人的主体性,任何时候人都应当作为目的而非工具,人的尊严被宪法化并成为其核心价值之后,既是医疗法正当性的宪政根据,也是尖端医疗领域立法的价值追求。在设计具体医疗法律条文时,尊重自主、不伤害、行善和公正等伦理原则提供了条文制定的框架,成为检验条文正当性与否的标准。

其次,医疗法具有决断性和明确性。现代生命科技的进步本身带来了诸多伦理争议,很多问题本身在伦理上是悬而未决的,这种未决性必然影响医生的选择,导致医生行为的不确定性。与此相反,法律的制定要求必须在特定时点做出一个决断。⑤ 法律作为秩序和正义的综合体,必须具有决断性和正当性。⑥ 立法者必须在对各种伦理观点进行衡量和平衡以后,选择有理性根据的道德原则并将之纳入法律规范,从而划定了尖端医疗行为可否实施的清晰界限和具体程序。同时,立法上的伦理选择反过来又能影响人们的伦理观念,通过法律的指引和评价功能引导最大多数人接受相应的伦理立场,法律实际上起到了协调伦理争议的作用。

(二)生命伦理和医疗法的分离

尽管生命伦理和医疗法具有上述内在的联系,但是同样不可忽视二者在

---

① 翟振明、刘慧:“论克隆人的尊严问题”,载《哲学研究》2007 年第 11 期。

② 胡旭晟:“论法律源于道德”,载《法制与社会发展》1997 年第 4 期。

③ 刘爱龙著:《立法的伦理分析》,法律出版社 2008 年版,第 206 页。

④ 张乃根、[法]戴尔玛斯·玛尔蒂主编:《克隆人:法律与社会》(第 3 卷建议),复旦大学出版社 2006 年版,第 12 页。

⑤ 颜厥安著:《鼠肝与虫臂的管制——法理学与生命伦理探究》,北京大学出版社 2002 年版,第 6 页。

⑥ [美]E. 博登海默著:《法理学:法律哲学与法律方法》,邓正来译,中国政法大学出版社 1999 年版,第 318 ~320 页。

属性上的差异，根本区别正是康德所称的约束力之“外在性与内在性的差异”，①即法律依赖自己所规定的外部强制来实施，道德基于道德主体的内心信念来践行。②

详言之，法律在国家强制力的保障下，限定权利和义务，划定国家公权力干预自由的界限，彰显一定的价值和目的。据此，法律介入尖端医疗的广度和力度，显示了与生命伦理规范的分离。首先，从广度上讲，医疗法的范围应当窄于生命伦理。生命科学技术的进步本身带来了“道德关注、道德疑难和道德争端”，③个体或者社群自发的伦理反思可以涉及尖端医疗的任何环节和层面；相反，法律介入尖端医疗的哪些问题则是有所选择的。只有当尖端医疗影响到人的尊严和社会的存续，导致了相当紧张的伦理冲突，波及至较大范围的公众，必须依赖于国家强制力才能妥善解决时，才需要制定法律。例如，对于克隆人的法律管制和国际规范合作，既是出于对管制效果的考量，也包含了效率与策略的考量。④ 其次，从力度上讲，医疗法律的强制程度远远大于生命伦理。生命伦理规范仅具有宣示和指引作用，倚赖于医生（医学研究者）自律，违反者至多受到伦理上的否定评价，而缺少实质性的制裁。相反，法律规范以国家强制力为后盾，对尖端医疗行为形成了有力的约束。医疗法界定了尖端医疗涉及的民事权利义务关系（如代孕合同），行政上的实体和程序管制（如器官移植工作规范），以及刑事上的禁止（如组织器官交易的犯罪成立要件），对违反者可以追究的法律责任涵盖了损害赔偿、行政处罚和刑事制裁。

此外，有学者研究了日本的伦理规范和医疗法律的实态，从运作和技术上探讨了二者的优劣。⑤ 首先，在运作上，生命伦理规范占主导地位，医疗法律则相对较少。生命伦理规范包括研究团体指引和政府指引，医生和医学家更

---

① ［德］康德著：《法的形而上学原理——权利的科学》，沈叔平译，商务印书馆1991年版，第18页。

② 冯军：“道德与法律的分离和融合”，载冯军著：《刑法问题的规范理解》，北京大学出版社2009年版，第9页。

③ ［美］H. T. 恩格尔哈特著：《生命伦理学基础》，范瑞平译，北京大学出版社2006年版，第viii页。

④ 颜厥安著：《鼠肝与虫臂的管制——法理学与生命伦理探究》，北京大学出版社2002年版，第5页。

⑤ Sosuke IWAE, Motomu SHIMODA, "Public Policy and Regulation System Concerning Genetic Medicine in Japan", *Formosan Journal of Medical Humanities*, Vol. 9, No. 1&2, May 2008, pp. 27 - 39.

愿意遵守指引而忽视了医疗法律,一方面是因为临床医疗和医学研究都必须接受伦理委员会的审查才能得以实施;另一方面是因为只有符合行政指引才能获得政府的研究资助。其次,在制定技术上,生命科技迅速发展,生命伦理规范最大的优势在于制定所花费的时间少,程序简单,能够更容易和更灵活地根据客观实践的变化作出修订。制定法律则需要支付巨大的决策成本,历经繁琐的立法程序,难以因应医疗技术的发展及时做出灵活的回应。因此,政府和医学界均倾向于认为制定法律不是最好的选择。但是,医疗法也具有伦理规范不可比拟的优势,其中最明显的是,只有在法律中才能确立刑罚制裁,从而有力地保障尖端医疗得以正确实施。

综上,医疗法能够覆盖重要医疗行为、反映基本伦理价值、增加刑罚制裁,成为规制尖端医疗领域不可或缺的重要手段,与生命伦理共同完成对尖端医疗行为的规范。

二、尖端医疗法的部门法考察

从调整对象上看,医疗法已经发展为一个独立的部门法,尖端医疗法是其中重要的构成部分,各国在尖端医疗领域构建了不同的立法模式;从规范性质上看,调整尖端医疗的法律规范在根本上归属于民事规范、行政规范和刑事规范。下文首先总结各国尖端医疗法的立法模式,其次逐一分析民事、行政和刑事对尖端医疗行为的规制。

(一)尖端医疗法的立法模式

从外部表现形式看,各国在尖端医疗领域的立法主要有三类模式。

第一类是统一立法模式,即对尖端医疗领域的共性普遍问题进行统一立法,以法国《生命伦理法》(Loi Bioéthique)为代表。法国是世界上最早针对尖端医疗统一立法的国家。1988 年,法国的医生、药剂师、议员针对生命科学领域没有任何法律保护个人、医生和研究者的利益,从而使医生和研究者的行为处于非法的状况,联合提出了《生命伦理法》草案,该草案于同年 12 月 20 日获得议会通过并公布。

《生命伦理法》分为六个部分,即知情同意、伦理委员会的建设和管理、个体非直接受益试验研究、违反本法的民事和刑事处罚、特殊情况下的法律规定、一般情况下的法律规定等。该法于 1997 年 7 月 1 日、1997 年 7 月 29 日、2001 年 1 月 20 日分别作了三次修订,增加了个人信息数据的管理和使用、基因研究、人体(器官、组织)合理使用等内容,2004 年 8 月 9 日发布的 2004 -

809 号修正案，将《生命伦理法》正式并入了《公共健康法系统》。[①] 法国的统一立法模式被韩国所效仿，于 2005 年 1 月 1 日正式公布了《生命伦理安全法》。日本也有研究机构和学者联合提议，在生命科学领域制定一部统一的基本法律。[②] 德国著名医疗法学者阿尔宾·艾扎（Albin Eser）教授认为，统一立法模式是医疗法的未来方向，其提出的“整体理论”主张将传统的“部门医疗法”改变为涵盖生命伦理规范的“统合医疗法”模式。[③]

第二类是分别立法模式，即对各类尖端医疗技术逐一立法，世界上大多数国家采用这种模式。例如，英国早在 1985 年就颁布了《代孕协议法》，瑞典于 1985 年颁布了《人工授精法》，澳大利亚于 2000 年颁布了《禁止克隆人法案》，我国于 2007 年颁布了《人体器官移植条例》，等等。

第三类是增补立法模式，即在原有法律中增加与尖端医疗有关的条款，这是一种分散的、以专门解决特定问题为取向的立法模式。例如，德国于 1989 年修改了《收养介绍法》，禁止居间介绍代孕母；我国《刑法修正案（八）》增设了“组织出卖人体器官罪”，作为第 234 条之一纳入了刑法典。

（二）尖端医疗法的规范属性

尖端医疗领域无论在形式上采取哪种立法模式，其具体条文在性质上最终都可以归结为民法规范、行政法规范或者刑法规范。下文总结了不同性质的规范从各自的立场所涉及的尖端医疗的主要问题。

1. 民法规范

民法规范主要调整尖端医疗的平等参与者之间的法律关系、尖端医疗行为的产物（结果）的法律地位、尖端医疗所生损害赔偿等基本问题。

例如，代孕协议的民事效力，代孕所生子女的法律地位，器官捐赠法律关系，人体胚胎的法律性质和权益归属，人类基因信息的法律性质和隐私保护，人类器官和组织的法律属性，变性人的婚姻关系，等等。并且，民法规范还要规定尖端医疗造成损害的民事责任。例如，对于侵犯人的尊严和人格权，侵犯

---

① 李久辉等：“法国《生命伦理法》立法之路及其伦理学思考”，载《中国医学伦理学》2013 年第 4 期。

② 日本有关机构和学者已经尝试制定《生命伦理法（草案）》。總合研究開発機構、川井健共編：『生命科學の発展と法（生命倫理法試案）』、有斐阁、2001、頁 9。

③ AlbinEser. Perspektiven des Medizin（straf）rechts. Wolfgang Frisch（Hrsg.）: *Gegenwartsfragen des Medizinstrafrechts: portugiesisch-deutsches Symposium zu Ehren von Albin Eser in Coimbra*. Baden-Baden: Nomos, 2006, SS. 9 – 31.

隐私权,损害人的生命和健康的行为追究其损害赔偿责任。

2. 行政法规范

行政法规范主要是调整尖端医疗的主管机关和医疗机构、医生、医学研究人员之间的关系。主管机关基于行政监管的立场,为了防止尖端医疗技术被滥用,保障其合理使用并促进医疗技术发展,对于尖端医疗领域予以必要的行政管制。还有学者提出了"医疗正当程序法律原理"(Due Process of Law),[①]即医疗创新和医学研究必须经过正当程序,否则为非法。行政法规范的主要内容之一正是确立尖端医疗研究和应用的正当程序。

例如,尖端医疗技术的应用实行许可审批制,医疗机构必须符合相关条件和程序,经审批取得相应资质后才能开展医疗活动;医疗机构应当按照规定建立伦理审查委员会,对个案实行伦理审查,等等,违反的医疗机构和人员必须承担相应的行政法律责任。

3. 刑法规范

刑法规范是对某些严重侵犯人的尊严的尖端医疗行为予以严格的刑事禁止,对违反者处以最严厉的刑事制裁。尖端医疗领域的刑事规范的核心在于,是否允许实施某一尖端医疗行为,此外,尖端医疗的上游行为可能引发的犯罪也是医疗法关注的问题(如与器官移植有关的器官交易)。但是,尖端医疗产生的结果不是医疗刑法调整的对象或者关注的问题。例如,刑法当然不会对克隆方式诞生的孩子进行规范;又如,男性实施性别转换手术后,对其实施的强奸行为是否构成中国刑法中的犯罪,这是传统刑法学中强奸罪需要解决的问题,医疗刑法无须过多关注。[②]

刑法规范具有最有力的强制性和最严重的惩罚性,这是伦理规范、民法规范和行政法规范所不可比拟的,但也正是基于这一特性,刑法规范只能在必要的限度内方才介入尖端医疗。

尖端医疗领域的刑法规范正是本书研究的中心,笔者立足于刑法学研究的立场,取景于刑事规制的视角,围绕刑法能否、如何介入尖端医疗领域,对刑法规制的根据、原则、界限、方式等问题展开讨论,逐一论证具体尖端医疗技术

---

① Katsunori Kai:"Model of Regulation on Medical Innovation/Medical Research from the Perspective of Comparative Law",载《早法》86 卷 4 号(2011)。

② 有学者认为这类问题是尖端医疗技术对刑法适用产生的影响,当然是正确的。(熊永明著:《现代生命科技犯罪及其刑法规制》,法律出版社 2012 年版,第 208 页以下。)但是,这类问题不是尖端医疗本身的刑法问题,因而不是医疗刑法关注的重点,故不纳入本书研究的范畴。

是否需要做出犯罪化的选择，对需要犯罪化的尖端医疗技术设计相应的罪刑条文。

三、尖端医疗法规范概略

国际社会和各个国家规制尖端医疗的法律文件卷帙浩繁，本书在尽可能获取的资料范围内，选取主要国家的重要法律规范择要做出索引。因为目前尚无专门规定尖端医疗犯罪的单行刑法，罪刑规范散见于医疗法律和刑法典中，所以在此不作一一列举，后文将结合具体问题的论述展开深入的介绍。

（一）国际法律规范

国际法中与尖端医疗有关的法律文件主要是国际人权法律文件。例如，《联合国宪章》、《公民权利与政治权利国际公约》等。

（二）区域法律规范

2009 年 1 月 1 日《欧洲联盟基本权利宪章》（Charter of Fundamental Rights of the European Union）生效，具有拘束欧盟成员国的效力。① 第 1 章"人性尊严"第 3 条第 2 款专门规定了，对人类进行医学和生物学处理时，强调知情同意，禁止优生学的操作，禁止为了营利目的而培育人体的全部或一部，禁止克隆人。

欧盟还在尖端医疗领域制定了专门公约。欧洲理事会于 1996 年 11 月 19 日经过部长会议表决通过，于 1997 年 4 月 4 日正式公布了《生物暨医学应用之人权与人性尊严保护公约》（Convention for the Protection of Human Right and Dignity of the Human Being with Regard to the Application of Biology and Medicine），并于 1998 年通过了《禁止复制人的附加议定书》（European Protocol on Banning Human Cloning）。

（三）各国（地区）法律规范

1. 法国

法国于 1994 年制定了与体外受精、人体胚胎、器官移植等尖端医疗技术相关的、作为本领域一般法的《生命伦理法》（Loi Bioéthique），该法历经三次修改，最终于 2004 年正式并入了《公共健康法典》（Code de la santé publique）体系。

---

① 《里斯本条约》赋予了英国、波兰行使所赋予的退出选择权（Opt-out），使基本权利宪章在该国境内无拘束力。

2. 德国

德国于1980年颁布了《特殊情况下,关于姓名和性别变更法》(Gesetz über Änderung der Vornamen und die Feststellung der Geschlechtszugehörigkeit in Besonderen Fallen),于1990年颁布了《胚胎保护法》(Gesetz zum Schutz von Embryonen-EschG),同年颁布了《基因科技管制法》(Verordnung über Anhörungsverfahren nach dem Gentechnikgesetz, GentechnikAnhörungsverordnung-GenTAnhV),于2002年颁布了《进口与应用胚胎干细胞时之进口与应用胚胎干细胞之胚胎保护法》(Gesetz zur Sicherstellung des Embryonenschutzes im Zusammenhang mit Einfuhr und Verwendung menschlicher embryonaler Stammzellen),简称为《干细胞法》(Stammzellgesetz-StZG),于2009年颁布了《人体基因研究法》(Gesetz über Genetische Untersuchung Beim Menschen)。

3. 英国[①]

英国于1985年颁布了《代孕安排法案》(Surrogacy Arrangement Act 1985),于1989年颁布了《器官移植法案》(Human Organ Transplant 1989),于1990年颁布了《人类授精和胚胎法案》(Human Fertilization and Embryology Act 1990),于2001年颁布了《人类生殖性克隆法案》(Human Reproductive Cloning Act 2001),于2004年颁布了《人体组织法案》(Human Tissue Act 2004),于2012年颁布了《移植器官质量及安全条例》(The Quality and Safety of Organs Intended for Transplantation Regulations 2012),等等。

4. 澳大利亚

澳大利亚于1992年颁布了《复制医疗法案》(Reproductive Medicine Act 1992),于2000年颁布了《基因科技法案》(Gene Technology Act 2000),于2002年颁布了《禁止克隆人法案》(Prohibition of Human Cloning for Reproduction Act 2002),同年颁布了《人类复制及胚胎研究法》(Research Involving Human Embryos Act 2002)。

5. 美国

美国国会于1984年通过了《器官移植法案》(National Organ Transpl-

---

① 本书主要选取了法国、德国、英国作为欧盟国家的代表,具体介绍了尖端医疗的相关法案。欧盟其他国家关于胚胎研究的立法详情,Brigitte Gratton, *Survey on the National Regulations in the European Union regarding Research on Human Embryos*, July, 2002。

anation Act)，于1988年公布了《人工生殖子女法律地位统一法》(Uniform Status of Children of Assisted Conception Act)，于2000年公布了《禁止基于基因信息的就业歧视》，于2006年修订了《统一遗体捐赠法》(Uniform Anatomical Gift Act)，于2008年公布了《基因信息反歧视法》(Genetic Information Nondiscrimination)。由其联邦制的国家架构所决定，是否采纳这些法律由各州自行决定，因此，某一新型医疗技术是否允许也是因州而异，由各州通过制定规制尖端医疗的成文法或者判例予以确认。例如，商业化代孕，在有的州确认其为合法(加利福尼亚州)，有的州则明确作出禁止(密歇根州)。

6. 日本①

日本于1997年颁布了《器官移植法》，于2000年颁布了《人类克隆技术规制法》，同年颁布了《规范有关人类基因技术法》，于2003年颁布了《性同一性障碍者性别特例法》等法律。

7. 韩国

韩国于1999年颁布了《器官移植法》，于2005年颁布了《生物伦理安全法》。

8. 中国

(1)大陆

卫生部于2001年颁布了《人类辅助生殖技术管理办法》、《人类精子库管理办法》，于2007年颁布了《人体器官移植条例》，于2009年发布了《变性手术技术管理规范(试行)》，于2009年颁布了《关于规范活体器官移植的若干规定》。国家卫计委于2010年颁布了《医疗机构临床基因扩增检验实验室管理办法》。

(2)台湾地区

台湾地区于1987年颁布了“人体器官移植条例”，此后颁布了“人体器官移植条例施行细则”“人体细胞组织输入输出管理办法”，于1994年颁布了“人工挟制生殖技术管理办法”，于2007年颁布了“人工生殖法”。

(3)香港地区

香港于1968年颁布了《医学(治疗、教育及研究)条例》，于1995年颁布

---

① 日本规制尖端医疗技术的特色之一是，很多领域(如人体试验、辅助生殖)依赖指引(Guideline)作为行政指导的基础，因而导致法律的数量较少。

了《人体器官移植条例》,于1995年颁布了《生物武器条例》、于2000年颁布了《人类生殖科技条例》。此外,《父母子女条例》、《生死登记条例》、《侵害人身罪条例》、《个人隐私条例》等法律中也有部分条文涉及了尖端医疗的相关问题。

(4)澳门地区

澳门立法机构制定的专门的尖端医疗法律主要包括,1995年颁布的第59/95/M号法律,以该专有法例来规范《澳门刑法典》第136条第3款规定的"怀孕自愿之中断",1996年颁布的第2/96/M号法律《规范人体器官及组织之捐赠、摘取及移植》,同年颁布了第4/96/M号法律《尸体解剖》,1999年颁布了第111/99/M号法律《设立在生物学及医学应用方面保障人权及人类尊严之法律制度》。

第三章　尖端医疗的刑法介入

医疗法律的首要问题是，如何认识和对待尖端医疗的研究和应用，即社会对尖端医疗的容许程度。对于不同类型的尖端医疗技术所持的态度，由宽至严通常表现为促进、有条件许可以及刑事禁止。其中，刑事禁止是“最高等级的法律保护”，[①]必须由刑法予以明确规定并且会带来最严厉的制裁。因此，应当回归医疗的本质和刑法的特性，从基础理念的层面充分地论证刑法能否以及如何介入尖端医疗。本章首先通过发现刑事规制的基础来论证刑法介入的必要性，其次，通过阐述刑事规制的特性来论证刑法介入的谦抑性，从而为尖端医疗划出清晰的刑事界限。

第一节　人格尊严是刑法规制尖端医疗的根据

尖端医疗关乎人的出生、死亡和生命质量，随之带来了生命伦理的思考，人格尊严成为其根本议题；宪法确认了人格尊严将并其延展和实证化，成为宪法上的最高价值；只有投射于部门法，人格尊严才能体现为具体法益，从而获得实定法规范的切实保护。然而，人格尊严概念本身是抽象的，尖端医疗可以从不

---

① 王世洲：“主译者序”，载［德］克劳斯·罗克辛著：《德国刑法学总论》（第2卷），王世洲等译，法律出版社2013年版，第1页。

同角度丰富并反映人格尊严的具体内涵,刑法的介入使其成为值得刑法保护的重要法益。

一、人格尊严的发展背景

(一)哲学演进

人格尊严理念发端于古希腊,历经中世纪基督教神学思想的改造、文艺复兴运动时期人文主义学者的变革,最终由康德于哲学层面将其完成。[①]

康德是人格尊严理论的集大成者。他认为,理性行动者正是因为拥有了"自律地行动"的能力,才被赋予了尊严。人是理性的存在,不仅具有相对的价值,还具有一种绝对的价值、一种本质性的价值。"一个有价值的东西能被其他东西所代替,这是等价;与此相反,超越于一切价值之上,没有等价物可以替代,才是尊严。"[②]尊重人格尊严,就是将人本身当作目的来看待,康德将古罗马法学家乌尔比安所称的"正直地生活"阐述为,法律上的严正或者荣誉,在于与别人的关系中维护自己作为一个人的价值。这项义务可以用下面的命题来表示,"不能把你自己仅仅成为供别人使用的手段,对他们来说,你自己同样是一个目的"。[③] 这是黑格尔阐述的"成为一个人,并尊重他人为人"的当然要求。[④]

"人是目的"可以从肯定和否定两个方向进行思考:在肯定的方向上,要求把一个人作为自主者来尊重,就是把他作为具有内在自我价值的人来对待;在否定的方向上,则是任何一个人都不得将他人视为达到目的的手段。[⑤] 宪法和法律既需要在肯定的方向上保护人格尊严,也需要在否定的方向上惩治忽视人的主体地位、将人作为手段来对待的行为。

(二)宪法确认

康德对人格尊严所作的哲学与法学论证,直接影响了宪法和法律关于人

---

① 刘志刚:"人格尊严的宪法意义",载《中国法学》2007年第1期。

② [德]伊曼努尔·康德著:《道德形而上学原理》,苗力田译,上海世纪出版集团2012年版,第41页。

③ [德]康德著:《法的形而上学原理——权利的科学》,沈叔平译,商务印书馆1991年版,第48页。

④ [德]黑格尔著:《法哲学原理》,范扬、张企泰译,商务印书馆1982年版,第46页。

⑤ [英]A. J. M. 米尔恩:《人的权利与人的多样性——人权哲学》,夏勇、张志铭译,中国大百科全书出版社1995年版,第102~104页。

格尊严的制定。尊严是先验于法而存在的人类社会的最高价值,处于元宪法的地位。[①] 因此,宪法不是制造而是确认了人格尊严。随着尊严条款普遍进入国际人权公约和各国宪法,人格尊严不再只是一种空洞无物的理论概括,而是化为法律的具体内容,成为评判法律良善的最高标准。[②]

第二次世界大战以后,根据《联合国宪章》和《世界人权宣言》的精神,德国率先在宪法上设立了人格尊严条款,1949 年的《德国基本法》第 1 条第 1 款规定:“人格尊严不可侵犯,尊重和保障人格尊严是一切国家权力的义务”。随着德国联邦宪法法院通过宪法判例对该款予以实证化并进一步发展,人格尊严具有了全面的、框架性含义。[③] 此后,很多国家借鉴国际社会的立法成例,结合本国具体实践,在宪法中确认并沿用了人格尊严条款。[④] 可以说,自 20 世纪以来,作为人权的核心,人格尊严已经逐渐成为各国宪法秩序的根本原则,是宪法价值体系的基础。[⑤]

由于历史、社会和时代的不同,各国宪法中人的尊严条款的法理基础,除了“人是目的”这一核心哲学根据以外,还发展出了自然权利、人格发展、价值共识等理论。立足于不同的法理基础,结合各国宪法文本和宪法解释实践,有学者细致地梳理了人的尊严条款在各国宪法中的规范地位,大致可以分为四类:基本原则、价值基础、功能概念和具体权利。[⑥] 也有学者作了稍显粗疏但更简明的分类,即人的尊严的宪法地位主要分为两类:其一为基本原则,是各项具体基本权利的概括条款;其二为具体权利,即与其他基本权利并列的一项具体的基本权利。[⑦]

宪法学者已经认识到现代生物技术的发展已经严重触及了人类尊严的价值底线,科技的发展应当符合宪法的基本理念。[⑧] 在民法领域,围绕当前正在制定的人格权法,民法学者就提出了“人格尊严转化为民法上的人格权的必

---

① 王晖:“论人的尊严之理念与制度化”,载《中国法学》2014 年第 4 期。

② 胡玉鸿:“人的尊严的法理疏释”,载《法学评论》2007 年第 6 期。

③ 刘志刚:“人格尊严的宪法意义”,载《中国法学》2007 年第 1 期。

④ 关于人格尊严在西方法律体系中的详细进程,Christopher McCrudden,“Human Dignity and Judicial Interpretation of Human Rights”, *European Journal of International Law*, No. 4, Vol. 19 (2008), pp. 655 – 657。

⑤ 李震山著:《人性尊严与人权保障》,台湾元照出版公司 2002 年版,第 8 页。

⑥ 郑贤君:“宪法人格尊严条款的规范地位之辨”,载《中国法学》2012 年第 2 期。

⑦ 上官丕亮:“论宪法上的人格尊严”,载《江苏社会科学》2008 年第 2 期。

⑧ 韩大元著:《生命权的宪法逻辑》,译林出版社 2012 年版。

要性”的命题。[①] 人格尊严的内涵是抽象的,尖端医疗无疑是一个妥适的切入点和突破口,通过概括的推理、个案的论证和医疗立法赋予其具体的内容。

首先,基于对尖端医疗技术本体的考察,推论出人的尊严在该领域主要体现为尊重人的主体性、独特性,保障人的自我决定权、生命权、健康权、隐私权,以及任何时候都不能将人作为工具予以商品化。

其次,通过典型案例的论证,具体化人的尊严。例如,法国宪法委员会关于人的尊严的第一个判例,就是人工辅助生殖技术诞生的胎儿的尊严问题。应否完整保持人类基因遗传的完整性,应否让孩子知道父母的身份,是人的尊严这一宪法原则涵摄的问题。[②] 再如,德国宪法法院针对“刑法第 5 次修改法”和“刑法第 15 次修改法”中规定的“堕胎罪”,作出了“第一次堕胎判决”和“第二次堕胎判决”。判决理由中说明,“国家针对每一个人的生命的保护义务不仅可以直接从第 2 条第 2 款第 1 句中导出,还可以从第 1 条第 1 款第 2 句这一明确规定中得出,因为孕育中的生命也受到第 1 条第 1 款人之尊严的保护”。[③] 可见,人的尊严是人的生命具有价值的根源,二者不可分割,正是基于对人的尊严的绝对尊重和保障,才能推导出应当同样保护孕育中的生命的结论。[④]

最后,部门立法对尖端医疗的确认、规制和惩处的实证规范使人的尊严体现为具体的权利义务。例如,民法学者提出,人格权法需要确认精子的法律地位、基因信息的法律地位等传统民法从未涉及的问题,要特别注重人类辅助生殖技术涉及的隐私保护;[⑤]代孕母改变了传统的婚姻家庭关系,婚姻家庭法要因应这一变化作出确认或者修订,实现民法终极的人文关怀价值。[⑥]

因此,宪法上的人格尊严规范奠定了医疗法律合宪性的根据,一方面,医疗法的规定不得侵犯人格尊严,否则违宪;另一方面,医疗法律通过具体规范

---

① 王利明:“人格权法中的人格尊严价值及其实现”,载《清华法学》2013 年第 5 期。

② 郑贤君:“宪法人格尊严条款的规范地位之辨”,载《中国法学》2012 年第 2 期。

③ 《德国基本法》第 2 条第 2 款第 1 句规定:“任何人都有生命和身体不受侵犯权。”第 1 条第 1 款规定:“人的尊严不受侵犯,尊重和保护人的尊严是一切国家权力的义务。”(张翔主编:《德国宪法法院案例选释 · 第 1 辑 · 基本权利总论》,法律出版社 2012 年版,第 146 页。)

④ 张翔主编:《德国宪法法院案例选释 · 第 1 辑 · 基本权利总论》,法律出版社 2012 年版,第 144 页以下。

⑤ 王利明:“人格权法的发展与完善——以人格尊严的保护为视角”,载《法律科学》2012 年第 4 期。

⑥ 王利明:“民法的人文关怀”,载《中国社会科学》2011 年第 4 期。

的规定保障人格尊严，从而在部门法的层次将人格尊严具体化。

二、人格尊严在刑法的投射

(一)我国宪法的价值基础

我国《宪法》第38条同样规定了人格尊严："中华人民共和国公民的人格尊严不受侵犯。禁止用任何方法对公民进行侮辱、诽谤和诬告陷害。"2004年的《宪法修正案》第24条规定，在《宪法》第33条增加1款，作为第3款，并规定："国家尊重和保障人权"。在我国宪法学界，有学者力图通过解释论的方法，将《宪法》第38条前段作为概括性条款，解释为我国宪法的价值基础。①但是，也有学者认为，根据"人格尊严"条款在现行宪法中的位置及其整体表述，无论如何牵强，也无法解释该条文具有我国宪法最高价值条款的地位，要想实现这一目的，唯一的途径是修宪。②

笔者认为，无论是从人权与和人格尊严的关系来看，还是从我国《宪法》第38条和第33条的规定来看，都表明人格尊严具有宪法最高价值，是我国宪法的价值基础。

首先，从人权与和人格尊严的关系来看，"人格尊严"是人类应当实现的目的，人权则只是为了实现、保护人格尊严而构建的一个手段。③ 因此，一切人权，公民的一切基本权利，④都源于人格尊严，人权的实质内容是人格尊严，人格尊严是人权保障的根据。

其次，从我国《宪法》第38条和第33条的规定来看，我国《宪法》第38条的"人格尊严条款"前段规定的"中华人民共和国公民的人格尊严不受侵犯"是一般性规定，后段"禁止用任何方法对公民进行侮辱、诽谤和诬告陷害"是对前段的例示性解释，并不表明人格尊严仅仅与侮辱、诽谤和诬告陷害相关联，事实上，"人格尊严不受侵犯"当然也意味人的生命、身体、财产等不受侵犯，倘若一个人的生命被践踏、身体被侮辱、财产被剥夺，就无疑侵犯了其人格

---

① 林来梵："人的尊严与人格尊严——兼论我国《宪法》第38条的解释方案"，载《浙江社会科学》2008年第3期。

② 谢立斌："中德比较宪法视野下的人格尊严——兼与林来梵教授商榷"，载《政法论坛》2010年第4期。

③ [日]真田芳宪："人的尊严与人权"，鲍荣振译，载《外国法译评》1993年第2期。

④ 关于人权和基本权利的关系，详见张龑："论人权与基本权利的关系——以德国法和一般法学理论为背景"，载《法学家》2010年第6期。

尊严。因此，2004年《宪法修正案》第24条才在“公民的基本权利和义务”一章的首条，即《宪法》第33条中规定了“国家尊重和保障人权”。可以说，2004年的《宪法修正案》第24条的规定，更加明确人格尊严的内涵和地位，是其他基本权利的价值基础和核心根据。①

宪法的价值基础决定了基本权利如何投射和渗透于部门法，与社会现实、法治国理念、宪法实践相结合，在部门法律中实现基本权利的具体化和规范化。“基本权利约束立法、行政与司法”，通过借鉴我国基本权利体系化研究的成果，为尖端医疗领域的刑事立法问题提供宪法前提。

人格尊严所蕴含的伦理意蕴天然地契合了医疗的本质，在面对尖端医疗技术带来的挑战时，能够为解决权利冲突和衡量风险利益提供终极标准，应然地成为指引医疗刑法立法的价值要求。这样的理解既符合宪法学者对我国宪法价值基础的愿景，②也符合全球宪政的发展趋势。因为自20世纪以来，作为人权的核心内容，人格尊严已逐渐成为宪法价值秩序的根本原则，甚至已成为价值体系的基础。③ 在另一个方向上，若以医疗法及其他部门法的立法为突破口，前瞻性地制定保障人格尊严的规范条款和具体制度，在司法和行政中得以实现，则有助于“倒逼式”地提高人的尊严在我国宪法中的地位。

（二）宪法与部门法的互动

宪法规定了“国家尊重和保障人权”，“尊重”意味着国家消极地不侵犯，“保障”意味着国家要积极采取一切可能的措施促进人权实现；宪法规定了“公民的人格尊严不受侵犯”，是指除了抵御国家公权力的侵犯以外，还不受任何其他平等私主体的侵犯，国家有义务追究侵犯行为的法律责任。作为基本权利的客观价值功能，国家的保障措施包括制度性保障、组织和程序保障、基本权利的第三人效力以及保护义务。④ 法治国要求首先通过制定法律来落实人格尊严的制度性保障（如确立人格权制度）和保护义务（如制定刑法和警察法惩罚侵犯人格尊严的行为）。通过特定法律制度来确证和阐明宪法上的禁止规定，尤其需要透过刑法来实现。因为刑法以最高的强度保护法益，并且

① 郑贤君：“宪法人格尊严条款的规范地位之辨”，载《中国法学》2012年第2期。

② 谢立斌：“中德比较宪法视野下的人格尊严——兼与林来梵教授商榷”，载《政法论坛》2010年第4期。

③ 李震山著：《人性尊严与人权保障》，台湾元照出版公司2002年版，第8页。

④ 张翔：“基本权利的体系思维”，载《清华法学》2012年第4期。

以最明确的方式划分了正义与非正义的界限。[①]

在德国，宪法中的人格尊严通过其放射性功能渗透于部门法中，民法、刑法、社会法领域随处可见人格尊严的影子。部门法打开了迎接人格尊严条款的天窗，宪法与部门法形成了完美的互动，二者的沟通连接共同维护了宪法秩序，发展了宪法法理，我国学者将之赞誉为“德国宪法对于世界的贡献”。[②]

在我国，根据宪法序言所宣示的宪法是国家的根本大法，结合基本权利需由法律具体化的命题，通过解释扩大《宪法》第 38 条的规范内涵，包括了基本权利向部门法渗透的可能，部门法的基本原则也提供了容纳宪法价值的可能空间，从而使人格尊严在宪法和部门法律两个层面得到保护。[③] 有学者充分地论证了人格尊严在民法中的投射，认为人格尊严是民法的价值基础，人格尊严直接转化为一般人格权，构成了具体人格权法体系的内在价值，要求人格权法应当独立成编。人格尊严需要通过人格权法来实定化，其理由主要有宪法的抽象性、不可司法性、宪法解释的局限性，以及国家承担的积极保护义务。[④]

（三）刑法对人格尊严的保障

人格尊严作为宪法的基础价值，其本身并不是法益，“而是法益赖以建立的基础”。[⑤] 因此，“人格尊严”不是刑法（乃至于一切部门法）直接保护的法益，它作为宪法的核心价值，只有投射于部门法之中，才能具体化为部门法所保护的法益。例如，为了充分全面维护人的“自在目的性”，在立法技术上，私法将人格尊严的内容化作“权利”加以保护，谓之“人格权”。人格进一步具体化为各项人格要素，例如，生命、健康、身体、名誉、姓名、隐私等，在各项要素上成立的权利，被称为具体人格权。[⑥]

在内容上，人格尊严主要体现为生命权、自我决定权、表现自由权与平等权。[⑦] 国家承担保护人格尊严的积极义务，其直接方式是通过设立并贯彻具体的刑法条款来确证和细化宪法上的禁止性规定，宣示并落实违反宪法禁止

---

① 陈征：“第二次堕胎判决”，载张翔主编：《德国宪法案例选释第 1 辑基本权利总论》，法律出版社 2012 年版。

② 郑贤君：“宪法人格尊严条款的规范地位之辨”，载《中国法学》2012 年第 2 期。

③ 同上。

④ 王利明：“人格权法中的人格尊严价值及其实现”，载《清华法学》2013 年第 5 期。

⑤ 王晖：“人之尊严的理念与制度化”，载《中国法学》2014 年第 4 期。

⑥ 朱庆育著：《民法总论》，北京大学出版社 2013 年版，第 391 页。

⑦ 郑贤君：“宪法人格尊严条款的规范地位之辨”，载《中国法学》2012 年第 2 期。

性规定的法律后果。刑法以其最高强度的保护和最明确的禁止,为人格尊严提供了最现实、最有效的保障。与此同时,国家基于比例原则,只有对人格尊严中最重要和最核心的部分,才能动用刑罚手段予以制裁。通过刑法立法确认了人格尊严的具体内容和不同侧面,使人格尊严从宪法的价值基础转化为刑法保护的法益。

在我国现行刑法中,对人格尊严的保护具体显现为以下三种进路:

第一,树立了"罪刑法定"的核心价值。我国《刑法》第3条规定了罪刑法定原则,即"法律明文规定为犯罪行为的,依照法律定罪处刑;法律没有明文规定为犯罪行为的,不得定罪处刑。"罪刑法定原则被各国刑法普遍规定为最高原则,在有的国家(如法国、德国等)甚至体现为宪法原则。自由是人格尊严的最高价值,公正是人格尊严的内在要求。罪刑法定主义的理论根基正是人权保障,其精髓在于通过确立行为法律效果的预测可能性,既保障了公民的行动自由,也保护了犯罪人受到公正的刑罚。

第二,确认了"被害人承诺"①等基本制度。在我国刑法总则中,通过确认"被害人承诺"等正当化事由,就从一般制度层面对自主和自我决定给予了最高强度的刑法尊重。自治是人格尊严的核心,自我决定权是人格尊严中与一般人格权联系最为密切的权利,若权利人基于自主决定允许他人实施损害本人权益的行为并愿意承担相应的后果,则排除该行为的犯罪性,这是各国刑法立法或者刑法理论普遍认可的正当化事由。被害人放弃自己的相关利益正是行使其人格自由权利的表现,因为与放弃的利益相比,人格自由权利本身才是最高的利益。② "被害人承诺"等事由的确认,从一般制度的层面对自主和自我决定给予了最高强度的刑法尊重。其效力虽然限于刑法的范围内,但"蕴含的价值判断对整个法秩序具有穿透力"。③

被害人承诺在医疗领域体现为"患者的同意",这是阻却医疗行为违法性

---

① 所谓"被害人承诺",是指法益主体允许他人实施损害其法益的行为并愿意承担后果。因为权利人是基于自我决定权做出了自由处分,在实质上并未"被害",所以"权利人同意"应当是更准确的表述。只是由于约定俗成的原因,"被害人承诺"这一概念被沿用至今(冯军:"被害人承诺的规范含义",载冯军著:《刑法问题的规范理解》,北京大学出版社2009年版,第151页)。

② 冯军:"被害人承诺的规范含义",载冯军著:《刑法问题的规范理解》,北京大学出版社2009年版,第152页。

③ 陈征:"第二次堕胎判决",载张翔主编:《德国宪法案例选释第1辑基本权利总论》,法律出版社2012年版,第171页。

的核心事由，是医疗行为正当化的根据，“患者的意思是最高的法”，凸显了患者自治和自我决定的自由意志原理，构建了医疗法中重要的“知情同意准则”。知情同意准则缘起于一般医疗活动，同样适用于尖端医疗领域，患者应当在主体、内容、方式、时间、自愿性方面具备相应的要件。同时，患者同意在尖端医疗领域具有如下特殊性：其一，由于尖端医疗技术的高风险性，医生需要对医疗行为的风险予以更为充分的说明，医生的充分说明义务在人体试验中尤其显得重要；其二，被说明的对象不限于获得医疗实益的患者，还包括参与尖端医疗的其他人。例如，在人体器官移植中，供体并非通常意义上的患者，他的健康反倒因器官移植手术的实施而受到某种程度的损害，对其告知健康受损的风险也是医生的义务；其三，未经患者同意实施尖端医疗技术，可能损害特定的、特殊的自主权。专断医疗侵犯的是患者的自我决定权，在尖端医疗中体现为特定的、特殊的自由。例如，生殖自由、基因信息自由等，这是有别于传统的身体权、自由权等的新型权利。

第三，设立了保护人格尊严的个罪规范。在我国刑法分则中，对于人格尊严的保护主要体现为规定了侵犯个人人身性和精神性法益的犯罪，①相关罪名集中在刑法分则第4章“侵犯公民人身权利、民主权利罪”中，其保护的人格尊严具体表现为生命权（由故意杀人罪、过失致人死亡罪所侵犯）、健康权（由故意伤害罪、过失致人重伤罪所侵犯），性自主权（由强奸罪所侵犯），婚姻自主权（由暴力干涉婚姻自由罪所侵犯），人身自由权（由非法拘禁罪、绑架罪所侵犯），人身不可买卖权（由拐卖妇女、儿童罪所侵犯）、名誉权（由侮辱罪、诽谤罪所侵犯），隐私权（由侵犯公民个人信息罪所侵犯）、宗教信仰自由权（由非法剥夺公民宗教信仰自由罪所侵犯）、通信自由权（由侵犯通信自由罪所侵犯）、选举权（由破坏选举罪所侵犯），等等。

三、尖端医疗直指人格尊严构成了刑法介入的基础

（一）观点述评

现代医学的新发展不仅为民事立法带来了人格权保护的新课题，②也给

---

① 对人格的尊重同样也意味着对他人财产的尊重，如耶林所言，“谁侵害了他人的财产，就侵害了他人人格”（[德]耶林著：《为权利而斗争》，郑永流译，法律出版社2007年版，第21页）。但是，现代民法更加关注人格权独立于财产权而存在的价值，因此，结合对人格尊严本质的理解和我国人格权法的规定，人格尊严的核心内容是个人的人身性权利和精神性权利。

② 王利明：“人格权法的发展与完善”，载《法律科学》2012年第4期。

刑事立法提供了新的保护领域。尖端医疗是现代医学的重要领域,从各个角度涉及和影响人格尊严,在相当范围内和很大程度上,产生了刑法介入尖端医疗领域的必要性。勾勒德国医疗刑法 100 多年来的发展脉络,可以清晰地看出,医疗刑法的核心从传统的医疗行为,不断延伸到尖端医疗领域,尖端医疗技术及其关联行为的刑法规制成为医疗刑法最为关注的部分。① 但是,关于刑法介入尖端医疗的实质根据,理论界仍然存在相当的争议。

有学者认为,“权益保障”是生命科技刑法的基本理念之一。但是,刑法保障的仅仅“人身权益”,并且是“基本生命权益”。生命科技刑事责任制度保护的对象包括三类,即生命健康权、人身完整性和人的自主权。例如,刑法所规制的是应用新型医疗手段实施的杀人、堕胎和强迫受孕等。② 笔者认为,该观点没有阐明“权益”的本质和范围,所列举的具体权利表现极为有限,未能反映出新兴生命科技的特性。因而,“权益说”无法解决新兴生命科技所引发的权利冲突和伦理困境。同时,该观点将禁止生殖性克隆、商业化人体构件等只是视作风险预防理念的产物,③没有深刻认识到此类行为的实质危害和法益侵害。

也有学者提出了“医事刑法法益”这一概念,认为现代医事刑法法益的核心指向是人格尊严和医事秩序。其中,人格尊严涵盖个体人格尊严和人类尊严,医事秩序是指对新型医疗技术进行刑事法规制所形成的秩序。④ 笔者赞同该观点对人格尊严的理解,但是,人格尊严应当是刑法介入尖端医疗的深层理由和实质根据,而不是刑法所直接保护的法益。因为人格尊严是抽象的价值理念,其本身不是法益,而是法益赖以建立的基础,必须转化为刑法中的具体权利,才能成为刑法所保护的法益。并且,医事秩序不能与人格尊严相提并论,因为人格尊严是构建医事秩序的基础,医事秩序的目的就是维护人格尊严。因此,尽管我国传统医疗犯罪将医事秩序作为首要法益,⑤但是在尖端医

---

① 杨丹著:《医疗刑法研究》,中国人民大学出版社 2010 年版,第 15 页。

② 刘长秋著:《生命科技犯罪与现代刑事责任理论与制度研究》,上海世纪出版集团 2011 年版,第 108~110 页。

③ 同上,第 111~112 页。

④ 刘维新著:《医事刑法初论》,中国人民公安大学出版社 2009 年版,第 48~53 页。

⑤ 我国现行刑法规定的医疗犯罪主要是《刑法》第 335 条规定的医疗事故罪和第 336 条第 1 款规定的非法行医罪,这两个罪名均置于刑法分则第 6 章第 6 节“危害公共卫生罪”中,因其而主要法益是公共卫生秩序。

疗领域,医事秩序不能作为立法论上论证刑法介入其中的正当性依据。

甲斐克则教授认为,医事刑法直接保护的法益,以国民的生命、身体以及健康为中心,但是,医事刑法还包含了很多超越了个人而成为人类共通的社会问题的内容,在根本上涉及"人类的尊严"这一本质问题。但是,"人类的尊严"不是与人格(权)尊重相提并论的同一层次的问题。① 笔者基本赞同这一观点,并将进一步论证:人类的尊严和人格(权)尊重(主要指生命权、身体权、健康权)具有何种关系?

首先,"人类尊严"和"人的尊严"各有侧重,构建于东西方不同伦理观的基础上,但二者在尖端医疗领域是一致和贯通的。第一,"人类尊严"属于集体的范畴,建构于人类整体的基础上,体现了人与他人、与自然、与社会的关系。在亚洲,儒释道具有决定性的影响,其信条和原则总体上是整体主义的,更重视对"自然、社会、团体的相互关系及帮助"。② 第二,"人的尊严"(包括人格尊严、人性尊严)在本体意义上是指"个体"的价值,根植于西方自由主义基础之上的个人主义,强调个体的自主和自律。第三,尽管二者各有侧重,但是,尊严对个人如此重要,拥有尊严是人之所以为人的要件,尊严被每个人广泛地共享,从而属于了全人类。因此,人的尊严"带有集体权利和价值属性"的意蕴。③ 具体尖端医疗技术虽然直接针对个人来实施,但最终超越了个人,涉及全人类共同的社会性问题。例如,生殖性克隆人,直接侵犯的是被设计出来的个体的"人"的独特性,但是,这一人类生殖方式的改变最终侵害的是人类全体的尊严。再如,在人体基因工程领域,由于基因信息的唯一性、遗传性和种族性,对基因信息的盗窃、泄露等行为,直接侵犯的是基因信息所属的个人,但最终影响到的是整个人类。

其次,人类尊严是人权、具体人格权的基础和上位概念。第一,尊严的概念是人权的"基础",每一个人天生都拥有同样的人类尊严,从而"保障"了人对人权的拥有。承认人类的尊严,就必须赋予他们人权。第二,人类尊严具有不同的内容和侧面,体现为不同的人格权利。例如,生命权、身体权、健康权等。在尖端医疗领域,除了私法的人格权体系列明了各项具体人格权以外,还

---

① [日]甲斐克则:"医事刑法的基础理论",刘建利译,载《法律科学》2012年第2期。

② [日]坂本百大:"迈向新的'全球的生命伦理学'",龙革译,载《世界哲学》2002年第5期。

③ 郑贤君:"宪法人格尊严条款的规范地位之辨",载《中国法学》2012年第2期。

可能存在侵犯了其他人格权利的行为。例如,侵犯自我决定、人的独特性、人的不可买卖性等,这些人格权利与生命权等传统的具体人格权利居于并列地位,作为医疗刑法的法益共同涵摄于人(类)的尊严这一抽象理念。第三,国际公约中的相关表述反映出关于人类尊严与人权关系的认识进路。1948 年,《世界人权宣言》第 1 条宣布“人人生而自由,在尊严和权利上一律平等”,首次将尊严和权利联系起来;1966 年,《经济、社会及文化权利国际公约》和《公民权利与政治权利国际公约》的前言分别规定了,“签署国认识到,这些权利是源于人的固有尊严”,清晰地表达了“尊严是人权的基础”这一核心关系。

随着人类尊严的概念在国际公约和各国宪法中获得了新的定义和地位,其取得了规范属性并被制度化。麦克鲁登(McCrudden)在分析国际人权文件时,总结了人类尊严方案的三个基本要素:第一个要素是“本体论”所要求的,即每个人都与生俱来拥有人类尊严;第二个要素是将人类尊严从“理性上”理解为“内在的价值”,要求他人的承认、尊重和支持,一些行为被法律禁止,另一些则得到支持;第三个要素是人格尊严与限制国家权力的要求联系在一起。[①] 在伦理学家构建人格尊严理论和原则的同时,国际社会在人权的框架中为人格尊严进行辩护和解释,体现了“在政治构架与被普遍讨论的哲学框架之间存在一定的张力”。[②] 在政治构架中,人权是对人与国家之间的关系的规制,规范的是个体对国家的权利。尖端医疗的发展所引发的伦理辩论,因关乎人格尊严而进入了公共政策的议程,国家制定公共政策,需要借助人格尊严观念使人权发挥规范作用,建立可以理解人权框架,以解决尖端医疗带来的伦理困境和伦理争议。

最后,除了生命权、身体权、健康权以外,还存在其他人格权利。私法的人格权体系包含了各项具体人格权,尖端医疗还可能侵犯具体人格权以外的其他人格权。[③] 例如,侵犯自我决定、人的独特性、人的不可买卖性,等等。这些

---

① McCrudden ChristoPher,“Human Dignity and Judicial Interpretation of Human Right”, *The European Journal of International Law*, 2008, Vol. 19, No. 4, p. 679.

② [荷]马库斯·杜威尔:“应用伦理学的发展及其面临的根本性挑战”,李建军译,载《山东科技大学学报》(社会科学版)2014 年第 2 期。

③ 在人格权体系中,除了明确列举的具体人格权以外,还有体现了人格尊严的其他侧面但未明确列举的人格权利,该类权利被称为“一般人格权”,在我国已经获得了司法解释的确认(朱庆育著:《民法总论》,北京大学出版社 2013 年版,第 391 页)。笔者认为,一般人格权理念对于理解尖端医疗刑法应当保护人的自主性、独特性、不可买卖性、性别的自我决定权等非传统法益具有非常重要的意义。

人格权利,随着尖端医疗技术的兴起而被人们发现和关注,与生命权等传统的具体人格权居于并列地位,作为医疗刑法的法益共同隶属于人格(类)尊严这一核心价值之下。

(二)尖端医疗中的人格尊严

尖端医疗存在与人格尊严相抵触的可能性,各类尖端医疗技术可能会从不同角度否定和贬损人格尊严。例如,生殖性克隆人技术将“人”设计出来,侵害了人固有的独特性、唯一性、偶然性;出售或者出租人体器官是将人作为手段和工具来利用,侵害了人的主体性;辅助生殖中对胚胎等人体组织的损害,侵害了生命的潜在可能性;滥用基因技术和基因信息,侵害了人类的物种完整性、生物多样性和基因多态性。显而易见,这些实质并且重大的损害,产生了刑法介入的必要性,否则,会形成刑法的保护不足,违背法治国的基本原理。

上述损害涉及人格尊严的多个侧面,影响了人的独特性、主体性、自我决定权、生命权、身体权、自由权、隐私权等具体法益。在这些法益中,独特性和偶然性是人格尊严的来源,生命是人格尊严的前提和基础,自由和自治是人格尊严的核心,身体是人格尊严的载体和依托。探讨刑法应当如何规制具体尖端医疗技术及其关联行为时,立法论上必须对损害的法益做出充分的论证。尤为需要注意的是,刑法对尖端医疗的规制实质上限制了医疗参与者的自由。因此,首先需要论证限制相关自由的正当性,与医学研究者的科研自由、出售(租)身体器官者的自我决定的关系,其正当性的证立必须回归将人的尊严作为医疗刑法的最高价值。人格尊严是证立新型法益的价值源泉,是解决法益冲突的终极理由,是将相关行为入罪化的最高标准。刑法以保护人格尊严作为介入尖端医疗的实质根据,人格尊严是医疗刑法保护的最高价值。

刑法为保护上述法益设立专门的犯罪,本身就是对这些法益具有值得刑法保护的重要价值的一种确认。在当今社会,尖端医疗技术的发展导致医疗伦理本身也在经历剧烈变革,在此种情形下,通过刑法的立法确认和保护能够提升公众尊重特定法益的普遍意识,刑法具有的规范确认机能是规定尖端医疗犯罪不可忽视的重要机能。

1. 生殖性克隆人的科学研究与科研自由

生殖性克隆人技术尚处于研究阶段,对该行为的禁止实质上涉及科研自由这一基本权利。一种观点认为,禁止生殖性克隆人的原因之一是不成熟的克隆人技术会产生具有根本缺陷的人,[1]另一种观点则认为,即使技术成熟也不能克隆人,因为这本质上违背了人格尊严。[2] 尽管同样持禁止态度,但这两种观点后面潜藏的深层动因和最终结论是不同的,前者着眼于技术层面,禁止应用的是不成熟的技术,易言之,技术成熟以后则是可以应用的,先期研究是技术得以成熟的必经之途,因而不应当禁止生殖性克隆人技术的科学研究;后者则着眼于克隆人的本质,认为生殖性克隆人技术违背了人格尊严,所以无论该技术成熟以否均不得应用,一开始就应当禁止实施这样的研究。因此,生殖性克隆人技术与其他尖端医疗技术最大的区别在于,对其他医疗技术的规制通常只及于应用阶段,而对生殖性克隆人技术的规制则可能需要前置于该技术的研究阶段,这就引发了科研自由与刑法禁止的关系问题。

笔者认为,在尊重科学研究自由的前提下,倘若科学研究与人格尊严发生了冲突,则产生了刑法规制科学研究的可能性。

第一,科学研究自由是一种表达自由,属于意志自由的一部分,在很多国家,科研自由已经被列为宪法上的一项基本权利。例如,《日本国宪法》第 23 条规定了“学问自由应予保障”,《意大利宪法》第 32 条规定了,“学术自由应予保障”。然而,克隆人的研究没有止步于单纯的意识层面的思考,不是仅存在于内在的精神领域,而是需要付诸实验等外在的行为,因为有了外部的行为而踏入了法的领域。

第二,科研自由不是无限制的绝对自由,应当符合自然法则和社会规范。一方面,科学研究必须遵循自然界的客观规律,这主要通过技术规范来加以要求;另一方面,科学研究也要遵守人类社会的基本规范,通常体现为科技伦理对科研人员的自律性要求,在必要时,法律也要做出有力的外部约束。例如,台湾地区“科学技术基本法”第 8 条规定“科学技术研究机构与人员,于推动或进行科学技术研究时,应善于应对环境生态、生命尊严及人性伦理之维护义务”。再如,日本立法者基于对研究自由的尊重,很少在法律中直接把研究自由作为规制本身,专业人士的良心与判断优先于政治和行政的判断与要求。但是,在重要的研究领域(克隆人),因为涉及宪法保障的人的尊严乃至人类的存亡,影响的层面和强度已经非一般研究可比拟,因此采取严格立法的方式

---

① 刘长秋:“刑法学视域下的克隆人及其立法”,载《现代法学》2010 年第 4 期。

② 张乃根、[法]戴尔玛斯·玛尔蒂主编:《克隆人:法律与社会》(第三卷建议),复旦大学出版社 2006 年版,第 110 页。

制定了《复制技术规制法》，划明科学研究的界限，抽象地禁止研究人员逾越该界限。

第三，克隆人技术是一种颠覆性的主体技术，人的产生方式被改变从而丧失了固有的偶然性和独特性，①对个人内心的“个体性”的剥夺，是贬损人的尊严的一种方式，②人沦为被操纵的客体。在康德哲学对于实践理性的探讨认为，人的尊严在于其具有超越一切价值之上的不可替代性。克尔凯郭尔认为，人的本性在于“有能力成为他自己”（being-able-to-be-oneself）。③ 在个体独特性的基础上，尊严还包括每个人作为人种的一员具有平等性，对等个体之间应当相互敬重。克隆人技术破坏了人作为一个自在目的的地位，破坏了对等性，导致人的尊严先天地被贬损。④ 伦理上对克隆人问题的论证，确立了立法的理论前提。“人降格为物”是根本上否定人的尊严，单纯靠自律性伦理禁止不足以约束，必须通过法律的强制力予以禁止。

第四，克隆人研究贬损了人的尊严，并且产生了脱逸人类可控范围的巨大风险，与此同时，该技术能够带来重大的科学利益和经济利益，成为各国科技竞争的重要筹码，对于科研人员乃至于国家无疑具有巨大的诱惑力。此时，其他规范的禁止均不足以阻止相关人员的冒险，只能通过严厉的刑事强制措施来威慑和预防此类行为。

综上，克隆人研究是一类科研行为，科研自由是人的自由的一部分，也是研究者尊严的体现；但是，若行使这种自由将贬损和否定了人之所以为人的地位，破坏了人与人之间主体的对等性，则科研自由必须受到限制，以让渡和保障人（人类）的尊严。正如《世界生命伦理和人权宣言》第 3 条（2）之规定，“在科学和社会利益方面，个人利益和个人健康享有优先权”，克隆人技术因其颠覆性、风险性和利益驱动性，必须通过刑事立法明确予以明确禁止，从而达到威慑和预防的目的。

---

① 关于人的独特状态，有伦理学家称为“人的度规”（Humanitude），即那些将人区别于非人的东西，而且只要我们还是人，它们就不能被改变。（翟振明、刘慧：“论克隆人的尊严问题”，载《哲学研究》2007 年第 11 期。）

② 周志宏：“学术自由与科技研究应用之法律规范”，载《李鸿禧教授六秩华诞祝寿论文集》，台湾月旦出版社股份有限公司 1997 年版，第 544 页。

③ J. regen Habemas, *The Future of Human Nature*, Polity Press in association with Blackwell Publishing Ltd., 2003, p. 3. 转引自刘俊香、邱仁宗：“哈贝马斯关于基因技术应用的人性论论证”，载《医学与哲学》2005 年第 11 期。

④ 翟振明、刘慧：“论克隆人的尊严问题”，载《哲学研究》2007 年第 11 期。

2. 商业化出售(出租)人体器官的禁止与自我决定

器官所有人基于本人的意愿,出售(租)本人的身体器官的行为,在国际公约和大多数国家均被视作非法,法律上的禁止是否构成了对权利人自我决定权的限制,对于这个问题通常有两条研究进路。

器官①所有人基于本人的所谓“意愿”而出售(租)自己身体器官的行为,一直被国际公约和大多数国家的法律规定为非法行为而加以禁止。关于禁止出售(租)身体器官的法律规定之所以正当的理由,通常有以下两条论证路径。

第一条论证路径是,所谓器官所有人出售(租)身体器官的“意愿”并非是自我决定权的体现。出售(租)者基于金钱的理由出售(租)本人身体器官,只是表面上的自愿,而不是真正的意志自由。如果认为人可以基于自愿出售(租)自己的身体,就是自由至上主义的自我所有权观点,即只要我拥有自己的身体,就能够自由地、如我所愿地出售我的身体器官。② 但是,若贯彻自由市场的逻辑,则居于弱势地位的贫困者在急需金钱时就只能出售(租)身体器官,且没有公平的议价能力,因而不能构成真正自由的选择,这样的市场是对贫困者的掠夺。③

第二条论证路径是,自愿出售(租)器官的行为在客观上贬损了人格尊严。该观点承认出售(租)器官的人是基于自愿做出的自我决定,但是,这种行为将人贬低为、客体化为器官的一种集合体。④ 出售(租)器官的行为,无论对于出卖(租)者还是购买(承租)者而言,都是将器官所有者视为工具。而人格尊严的本质在于,人在任何时候都是目的,不能作为手段。人的器官不能用金钱来购买,应当排除市场机制,不受商业规范和金钱观念的调整。因此,该自我决定权的行使是无效的,不能成为正当化的理由。

上述两条论证路径反映了不同的道德理想,前者强调市场的完全自由性

---

① 此处所称“器官”,原则上是指与人体健康具有重大关联的不可再生器官,具体包括内脏系统的肾脏、肝脏、胰脏、心脏、肺脏、骨骼、肢体,以及眼角膜、视网膜,等等,不包括血液、精子、卵子等可再生的组织和细胞。出售人体器官,主要是指器官交易;出租人体器官,主要是指以牟利为目的的商业性代孕。

② [美]迈克尔·桑德尔著:《公正:该如何是好?》,朱慧玲译,中信出版社 2012 年第 2 版,第 78 页。

③ [美]迈克尔·桑德尔著:《金钱不能买什么:金钱与公正的正面交锋》,邓正来译,中信出版社 2012 年版,第 120 页。

④ 同上。

和公平性,后者则关注相关物品的道德重要性。[①] 完全自由和公平的市场是自由主义者理想的外部宏观环境,人体器官的道德重要性则体现了人在任何时候都应当是目的,而不应当成为手段的尊严。伦理论证提供了多元的思考空间,在法学的视野内,对于具体出卖(租)器官的行为,运用刑法理论框架,能够做出更精准的规范解释。[②]

首先,器官的出售(租)者在出售(租)自己器官时,并没有真正行使自我决定权。一个理性的人不会在正常状况下出售(租)自己不可再生的器官,即使出售(租)者在出售(租)自己不可再生的器官时没有受到他人的强迫和欺骗。但是,由于出售(租)者出售(租)的是自己不可再生的器官,所以出售(租)自己不可再生的器官即使不是强迫和欺骗的结果,也会是贫困等外在环境压迫的结果。因此,不能认为这种出售(租)自己不可再生器官的行为真正符合器官拥有者的意愿,也因此不能认为这种出售(租)自己不可再生器官的行为是器官拥有者行使自我决定权的体现。

其次,出售(租)不可再生性器官的行为贬损了人格尊严。德国学者GünterDürig将人格尊严与意识、自决等概念一并加以探讨,并从反面界定了人性尊严:"当一具体的个人,被贬抑为物体、仅是手段或可替代之数值时,人性尊严已受伤害。"[③]权利人行使自我决定权体现了自由的意志,人的身体受到保护也是因为其中存在人格自由权利,但是,"只有在具有的积极的社会价值时,人格自由权利才能受到肯定,人格自由权利总是只存在于历史地形成的积极的现实社会价值中"。[④] 出售(租)器官的行为是将人体作为一种手段和工具来利用,侵犯了蕴含于身体之中的人格自由权利,根本上违背了人永远是目的这一尊严的内核,不具有积极的现实社会价值。

再次,出售(租)器官的决定已经超出了可处分事项的范围。自我决定权只适用于本人能够决定的事项,若对超出处分权范围的事项进行承诺,则构成

---

① [美]迈克尔·桑德尔著:《金钱不能买什么:金钱与公正的正面交锋》,邓正来译,中信出版社2012年版,第120~123页。

② 器官出卖(租)者在市场中不能做出自由选择,可以认为是决定论在市场领域的体现。

③ 李震山:"论资讯自决权",载《李鸿禧教授六秩华诞祝寿论文集》,台湾月旦出版社股份有限公司1997年版,第719~720页。

④ 冯军:"被害人承诺的规范含义",载冯军著:《刑法问题的规范理解》,北京大学出版社2009年版,第157页。

自我决定权的滥用。生命、重大健康等是人进行自我发展的基础,[①]是个人承诺不可放弃的法益,出卖(租)者不能进行有效的承诺,从而无法排除其可罚性。

最后,出售(租)器官的行为损害了公序良俗。除了把人当成手段、损害了人作为自在目的所呈现的主体性以外,器官交易还会破坏公序良俗。器官作为人格载体具有道德重要性,不应当进入市场,然而,器官交易却用金钱来标定原本"无价"的器官价格。一旦器官成为在市场上买卖的对象,商业化就会排挤重要的、非市场的道德规范,直接冲击伦理上鼓励的、善的无偿器官捐赠。因此,器官交易不再只是单纯的买卖双方的私人合意,交易行为的存在会侵蚀捐赠者的义务感,削减人们的利他精神,降低捐赠意愿,破坏互助、友爱的社会氛围。器官交易的市场化将导致器官捐献减少,不但不能缓解反倒会加重器官短缺危机,甚至影响到器官交易以外更广阔的生活领域,影响到他人和共同体的利益。[②] 因此,商业化出售(租)器官的行为已经不再纯然属于私的领域,国家权力应当介入和干涉。[③]

综上所述,出售(租)本人不可再生性身体器官的行为,并没有体现出售(租)者的真实意愿,不是自我决定权的体现,同时,这种出售(租)行为也贬损了人格尊严,损害了人自我发展的基础,破坏了公序良俗。国家应当根据该行为侵蚀人自我发展和破坏公序良俗的程度,决定是否动用刑法手段予以规制。我国《刑法修正案(八)》第37条增设了"组织出卖人体器官罪",作为刑法典第234条之一,明文规定:"组织他人出卖人体器官的,处五年以下有期徒刑,并处罚金;情节严重的,处五年以上有期徒刑,并处罚金或者没收财产。未经本人同意摘取其器官,或者摘取不满十八周岁的人的器官,或者强迫、欺骗他

---

① 冯军:"被害人承诺的规范含义",载冯军著:《刑法问题的规范理解》,北京大学出版社2009年版,第159页。

② 市场排挤非市场规范的经典实例,是英国社会学家理查德·蒂特马斯(Richard Titmuss)比较英国和美国的血液采集系统所做的一项研究。在20世纪70年代,英国的血液采集全部来自无偿献血,美国则部分来自无偿献血,部分是血液银行从愿意卖血的人那里买来的。大量数据表明,英国的血液采集系统比美国运转得好(Richard M. Titmuss, *The Gift Relationship: From Human Blood to Social Policy*, NY: Pantheon, 1971, pp. 233-255)。

③ 日本弁護士連合会:「先端医療・医科学研究に伴う生命倫理上の諸問題とルール策定の必要性」、『人の誕生や受精卵・胚に関する先端医療・医科学研究のルール策定を求める決議』、2003年10月16日,资料来源:http://www.nichibenren.or.jp/activity/document/civil_liberties/year/2003/2003_2.html,最后访问日期:2015年9月12日。

人捐献器官的，依照本法第二百三十四条、第二百三十二条的规定定罪处罚。违背本人生前意愿摘取其尸体器官，或者本人生前未表示同意，违反国家规定，违背其近亲属意愿摘取其尸体器官的，依照本法第三百零二条的规定定罪处罚。"该规定表明，非组织性的、"自愿"的器官买卖，目前在我国不构成犯罪。①

3. 尖端医疗领域的专断行为

自治和自我决定的自由意志原理是传统医疗刑法研究的重心，构成了医疗行为正当化的核心根据。在普通医疗领域，对于未经患者同意的医疗行为是否构成犯罪以及构成何罪，存在较大的分歧，涉及自我决定权和健康权、生命权的法益冲突，以及动用刑事手段保护患者的自我决定权的必要性。②

知情同意准则同样适用于尖端医疗领域，尊重自主是当代生命伦理公认的首要原则。③ 与知情同意紧密联系的尖端医疗及其相关行为，主要涉及人类辅助生殖技术的实施和人体基因信息的应用。与普通医疗的不同之处在于，尖端医疗领域通常不存在紧急医疗和法定医疗等无须同意的例外情形，往往也不直接影响生命安全和重大健康，但是，包含严重侵犯个人自由的危险。

第一，在人类辅助生殖领域，未经同意抽取精子、卵子、强制授精的行为，具有刑事处罚的必要性。为了实施辅助生殖，未经权利人同意抽取精子、卵子，或者强制授精的，通常不会严重侵犯健康权，但是，极大损害了权利人的自我决定权，是对生殖自治权和身体自主权的否定。④ 一方面，生殖自主完全属于个人自治的领域，不涉及他人和共同体的利益，权利人有选择是否提供卵

---

① 有学者认为，《刑法修正案(八)》仅规定了"组织出卖人体器官罪"，说明立法者克服了对供/受体直接交易行为的犯罪化冲动(董桂文："人体器官犯罪的刑法规制——对《刑法修正案(八)》第37条的分析解读"，载《法律科学》2013年第1期)。我国《刑法修正案(八)》第37条的规定表明，立法者有意识地不动用刑法手段来规制直接的器官买卖，该行为目前在我国仅构成行政违法。

② 关于知情同意在传统医疗行为中的地位和意义，杨丹："医疗行为的正当化研究"，载《社会科学》2009年第12期。

③ Tom L. Beauchamp, James F. Childress, *Principles of Biomedical Ethics*. 7th ed. NY: Oxford University Press, 2013, pp. 106–108.

④ 尽管《澳门刑法典》第162条"未经同意之人工生育罪"规定于第5章第1节"侵犯性自由罪"中，但是人类辅助生殖技术已经切断了性和生育的关系。因此，该罪侵犯的客体不是性自由权。

子、精子和是否接受授精的绝对自由，剥夺该自由就是对自我决定权的否定、对人格尊严的贬损，存在予以刑事处罚的基础。另一方面，在上述强制行为中，权利人未获得任何生命、健康的实益，却因生殖和繁衍后代的重要性招致精神上的重大损害，并且，医生通常在抽取精卵和授精时居于支配地位，应当承担全部或者主要的责任，不存在免于刑罚的抑制条件。[①] 我国刑法学界一直在呼吁增设"强制罪"，[②]建议将广泛的自我决定权纳入刑法保护的范围。[③]对尖端医疗领域中的强制行为，有必要作出专门的刑事处罚规定。

第二，未经同意获取、泄露、使用人体基因信息的行为，[④]可以成为我国《刑法》第253条之一的处罚对象。人体基因信息属于个人信息的一部分，并且，因其特殊敏感性而成为其中最重要的部分。《国际人类基因数据宣言》第4条阐明了人体基因信息的特殊性，即能够预示有关个人的基因因素；对家庭，包括后代乃至几代人，有时甚至是对当事人所属的整个群体都可能产生重大影响；可能含有某种在采集生物标本时尚不一定了解其意义的信息；可能对某些个人或群体具有文化方面的意义。未经权利人同意或者无法定理由，非法获取他人生物材料用于分析基因信息，以及泄露、使用基因信息的，侵犯了他人的基因隐私权，这是作为权利主体的人对其基因享有的首要权利。[⑤] 基因隐私权是个人对于其基因信息的保密、流通、应用等，享有信息的自我控制权。[⑥] 因此，究其实质，未经同意获取、分析、泄露他人基因信息的，侵犯了权利人对基因信息是否公开和如何使用的自我决定权。在我国现行刑法体系中，非法获取、泄露、使用个人基因信息的行为，可以构成《刑法》第253条之

---

① 关于专断性医疗行为的刑事处罚基础和抑制条件，详见冯军："专断性医疗行为的刑事处罚及其界限"，载刘明祥主编：《过失犯研究：以交通过失和医疗过失为中心》，北京大学出版社2010年版，第195～203页。

② 张明楷："日本刑法的发展及启示（代译序）"，载张明楷译：《日本刑法典》，法律出版社2006年版，第12页。

③ 现行刑法立法已经对极少数的自主权（如性自主权）予以保护，但是广泛的、一般的自主权尚未纳入保护的范围，这正是强制罪的法益。

④ 非法获取、泄露、使用基因信息的行为，通常又被统称为基因偷窃（DNA Theft）（Elizabeth E. Joh，"DNA Theft：Recognizing the Crime of Nonconsensual Genetic Collection and Testing"，*Boston University Law Review*，Vol. 91，2011.）

⑤ 颜厥安著：《鼠肝与虫臂的管制：法理学与生命伦理探究》，北京大学出版社2002年版，第125页。

⑥ ［日］甲斐克则："医疗信息保护与利用的刑事法问题——以精神鉴定医泄露秘密案最高裁决为契机"，刘建利译，载《法学论坛》2014年第2期。

一规定的“侵犯公民个人信息罪”。

四、风险刑法中的尖端医疗

“风险社会”概念由社会学界率先提出并且已经达成了相当的共识,①为了应对“风险”而产生的“风险刑法”理论成为我国近年来刑法学研究的“显学”。② 但是,在刑法理论界,对于何为“风险社会”之“风险”,“风险社会”如何转换到“风险刑法”的逻辑路径,“风险刑法”所构建的理论体系对于刑法的基础理念和基本原则将产生何种影响等问题,存在巨大的分歧和激烈的争论。③

本书仅以“尖端医疗”为视角,论证其属于现代生命科技进步带来的、与人格尊严密切关联的新型风险,并且,刑法既应当也能够规制这一具体领域。

首先,尖端医疗技术产生的风险(如生殖性克隆人导致的“婴儿工厂”、人体基因技术带来的基因风险等)均属于“风险社会”中的“风险”的范畴。由于现代性的断裂,人类从古典工业社会突变至风险社会,其“风险”应当超越传统“事故”的范畴具有特定的含义,贝克指出:“风险可以被界定为系统地处理现代化自身导致的危险和不安全感的方式,风险与早期的危险相对,是与现代化的威胁力量以及现代化引致的怀疑的全球化相关的一些后果。”④现代风险与古典工业社会风险的区别在于其“异质性”和“不可控性”。⑤ 无论如何界定风险的范围,核技术、基因技术、生态危机、金融危机、恐怖主义危机等都属于无争议的现代风险。可见,以基因技术为核心的尖端医疗正是风险的表现形式之一,具有现代风险的一切重要特征。

---

① [德]乌尔里希·贝克著:《世界风险社会》,吴英姿、孙淑敏译,南京大学出版社2004年版,第175页。

② 将风险刑法理论首次引入我国的,是德国刑法学者乌尔斯·金德霍伊泽尔的访谈录“安全刑法:风险社会的刑法危险”(刘国良编译,载《马克思主义与现实》2005年第3期);真正引起普遍关注的,则是由于劳冬燕在《中国社会科学》(2007年第3期)上发表了“公共政策与风险社会的刑法”一文。此后,国内关于风险刑法的论文、专著呈井喷态势。

③ 劳冬燕(“公共政策与风险社会的刑法”,载《中国社会科学》2007年第3期)、陈晓明(“风险社会之刑法应对”,载《法学研究》2009年第6期)等学者系统地论述了风险刑法理论,张明楷(“风险社会若干刑法理论问题反思”,载《法商研究》2011年第5期)、刘艳红(“风险刑法理论不能动摇刑法谦抑主义”,载《法商研究》2011年第4期)、于志刚(“风险刑法不可行”,载《法商研究》2011年第4期)等对这一理论本身则持反对态度。

④ [德]乌尔里希·贝克著:《风险社会》,何博闻译,译林出版社2004年版,第19页。

⑤ 南连伟:“风险刑法理论的批判与反思”,载《法学研究》2012年第4期。

其次,尖端医疗风险具有刑法规制的必要性和可能性。主张构建风险刑法理论体系的论者多从价值重心、保护法益、行为要素、主观要素、因果关系、归责原则等一般理论展开,[①]反对者则认为,风险的全球性、未知性、系统性和两面性均与古典工业社会的刑法存在对立,风险刑法理论无论如何颠覆传统,因为受制于古典工业社会的制度框架,所以无法化解风险社会的风险。因而,提出刑法应当反思,而且,在科学和政治层面的反思完成之前,刑法的反思无法转化为具体的立法或者司法主张。[②] 笔者既不同意"风险刑法理论"体系的一般构建,也不主张刑法只停留于意识层面的"反思"。

第一,"风险刑法理论"的倡导者围绕价值重心等一般要素建构所谓的"风险"刑法体系,不能成为与"传统"刑法并存的二元分析框架,即使作为原则的例外而存在也是不可能的。因为传统刑法理论体系内部即并存着原则和例外。例如,以处罚故意为原则、处罚过失为例外,以处罚个人为原则、处罚单位为例外。当然,在面对新型风险时,可以围绕其特点形成刑法学研究的专门议题,但是,产生的理论和立法对策仍然必须恪守刑法和法治国的基本理念,否则"刑法的干涉就必须停止"。[③]

第二,刑法已经超越了"反思"风险的阶段而开始采取积极的应对措施。现代社会的风险虽然与古典工业社会刑法存在对立,但是,这种对立已经有了相当的缓和。刑法具备的国际性、预防性、综合性和权衡性特征,一定程度上能够应对风险的全球性、未知性、系统性和两面性。实践证明,各国刑法和国际刑法对恐怖主义犯罪进行了有力的规制,很多国家将生殖性克隆人、滥用基因技术等规定为犯罪。因此,对风险规制的讨论不能泛泛而谈抽象的风险,而是应当就每个具体风险领域展开专门的研究。并且,刑法的反思并不必然以科学和政治的反思为前提,相反,不同学科、不同层面的反思在很多时候是同步的,彼此促进和相互启发。例如,伴随尖端医疗技术的研究和应用,科学家、生命伦理学家、法学家以及公众会从各自的立场展开思考,观点不断碰撞和融合。科学和政治的反思不是必然有一个鲜明的"完成"标志,科学和政治很多时候始终存在歧义,需要刑法以其"决断性"和"形式性"提供一条确定的规范

① 魏东、何为:"风险刑法理论研究综述",载《山东警察学院学报》2012 年第 5 期。

② 南连伟:"风险刑法理论的批判与反思",载《法学研究》2012 年第 4 期。

③ [德]克劳斯·罗克辛著:《德国刑法学总论》(第 1 卷),王世洲译,法律出版社 2005 年版,第 19 页。

标准。

以基因技术为核心的尖端医疗，带来了“异质化”和“不可控”的现代风险，这是不可否认的客观存在。尽管技术和风险是新型的，但是其所触及的“人格尊严”却是根本和永恒的，这是刑法必须应对的重要议题。刑法的任务不是化解风险，也无法化解风险，即使规定了刑事禁止规范，也必然继续存在“禁而不止”的行为。但是，刑法能够以最明确的姿态划定尖端医疗技术的边界，推动公众形成一致的价值判断；同时，刑法通过对尖端医疗犯罪处以最有力的刑罚，确认规范的效力，建立引导各医疗参与者行为的正确模式。

第二节　刑事规制的特性划定其介入尖端医疗的边界

尖端医疗关乎人格尊严证成了刑法介入的必要性，在此前提下，刑法如何介入尖端医疗，则由其本身的特性所决定，必须遵循刑法谦抑主义。本节首先说明刑法谦抑的价值蕴涵；其次，论证刑法只能是规制尖端医疗的最后手段；最后，阐述将滥用尖端医疗技术的行为犯罪化的标准。

一、谦抑主义的价值蕴含

（一）刑法谦抑概述

刑法在法律体系中的地位以及刑罚的严厉性，决定了刑法作为一种规制手段应当是谦抑的。在刑法中将谦抑作为“主义”来提倡，意味着刑事立法者和司法者主动把“限定犯罪的范围、限制刑罚的动用”作为立法和司法的基本倾向。[①] 谦抑主义是现代刑事法学的重要成果之一，澄清了“刑罚万能”的迷思，成为各国共同认可的刑事政策。

谦抑主义的要求是，刑法对社会生活的介入应当控制在维护理性共同体生存发展所必需的最低限度以内。刑法谦抑化的实践从两个方向同时展开，一个方向是“非犯罪化运动”。20 世纪 50 年代以后，英国对属于个人道德领域的行为如同性恋、卖淫等予以非犯罪化，该运动对欧洲大陆其他国家产生了重大影响；[②]另一个方向则是相反的“犯罪化运动”。自 20 世纪末以来，世界

---

① 冯军、肖中华主编：《刑法总论》，中国人民大学出版社 2011 年第 2 版，第 61 页。

② 梁根林著：《刑事法网：扩张与限缩》，法律出版社 2005 年版，第 22 页。

上不少国家出现了新的刑事立法动向，为了应对社会和科技的风险，采取了犯罪化、处罚早期化、严厉化等措施。① 我国近年来的刑事立法体现了明显的犯罪化倾向，以最新《刑法修正案（九）》为例，恐怖主义犯罪的预备行为实行化，替考、冒用身份证等行政违法行为入罪化，是本轮刑法修改的重要特征。因此，刑法谦抑不是单方面地非犯罪化和否定刑罚，而是重视刑罚作为最后手段的意义，在不得不将某种行为规定为犯罪并施以刑罚制裁时，就必须将该行为规定为犯罪并动用刑罚。

刑法谦抑主义体现了法治国理念的“比例原则”，即考虑到介入社会领域的最高强度，刑法不是法律保护的首选手段，只有某一行为属于公共生活无法容忍的、必须阻止的行为，才能动用刑法（“过度保护之禁止”）；但是，刑法承担着维护有序共同生活基础的任务，立法者也不能随意放弃制定刑法，应当使刑法发挥积极的保护效力（“保护不足之禁止”）。②

尖端医疗的兴起对刑法带来了相当大的冲击，很多问题至今未在刑法立法层面获得确认，对于这些空白领域，立法论的研究更多地在犯罪化的方向上展开，并始终受到谦抑主义的约束。

（二）刑法谦抑主义在尖端医疗领域的实现

技术本身是中性的，关键在于人们如何应用；尖端医疗追求治愈疾病、缓解痛苦等“向善”的目的，但是，其过程、结果或者滥用仍然会带来风险和损害。因此，医疗规范为尖端医疗行为的正当实施设定了伦理和法律上的条件、程序及责任。其中，医疗刑法的核心任务是划定尖端医疗研究和应用中相关行为的罪与非罪的边界，刑法谦抑主义既要求为涉及重大法益、不当实施的尖端医疗相关行为设定相匹配的、高强度的刑事制裁，也要求将未侵犯法益、或者未严重侵犯法益的行为排除在犯罪圈以外。其目的在于，既要抑制和预防严重侵犯法益的行为，也要为尖端医疗的研究和实施保留必要的空间，不能过度阻碍医疗技术的发展和进步。

“科学在现代世界中的社会后果不可避免地提出了对科学进行计划的问题，提出了以这样一种方式——使其有利的影响最大化，使其可能造成的损害

---

① 黎宏：“日本近年来的刑事实体立法动向及其评价”，载《中国刑事法杂志》2006 年第 6 期。

② 陈征：“第二次堕胎判决”，载张翔主编：《德国宪法案例选释第 1 辑基本权利总论》，法律出版社 2012 年版，第 168 页。

最小——来控制科学的问题。”①刑法谦抑在尖端医疗领域的实现，就是在尖端医疗所带来的风险和利益之间、在冲突的法益之间寻找一个恰当的平衡点。

在尖端医疗领域，以不得严重侵犯人格尊严作为根本价值判断，通过衡量风险和利益、协调相互冲突的法益来确定必要的刑法边界。所谓风险，是指尖端医疗作为新型技术手段在技术、伦理和秩序上可能带来的损害，虽然损害尚未发生，但已经具有极大可能性；所谓利益，是指新型医疗技术所带来的现实的、或者未来的好处；所谓冲突的法益，是指尖端医疗所涉各方参与者之间的利益冲突。

风险和利益，冲突的法益，常常彼此缠绕。例如，克隆技术所带来的利益是改善生存质量、挽救生命、满足需求，其风险则是：治疗性克隆对胚胎的不当处置可能会损害胚胎的道德地位，生殖性克隆人技术则是将人彻底沦为客体和工具。两相比较，治疗性克隆的利益大于风险，胚胎道德地位的保护至多通过医疗行政法即可实现管制；生殖性克隆的利益则远远小于风险，满足人们的愿望——拥有一个符合其期待的基因完全相同的人（治疗不孕症或者其他原因）——所带来的利益，远远小于该颠覆性技术否定人的尊严的损害，风险如此之大，以至于不得不动用刑罚彻底禁止生殖性克隆。这其中包含了胚胎和人的法益冲突，不同世代人的法益冲突。又如，基因技术的进步能够极大推动医学的发展，但是，基因信息一旦泄露会严重损害他人的隐私权，而且，与生殖性克隆人不同的是，基因信息泄露的风险不是技术本身的风险，而是技术实施过程中不当的关联行为所导致的。因此，应当被禁止的不是基因技术，而是泄露基因信息的行为。因为涉及人的重大隐私，必须将泄露基因信息的行为予以入罪化。再如，变性手术的利益在于解除符合手术指征的患者的痛苦，风险则体现为手术移除健康的性器官造成的身体损害，对于患者而言，解除心理痛苦带来的利益远远大于身体损害的痛苦；对于社会而言，患者的个人选择不会造成任何危害。患者对于性别的选择体现了人格自由发展的权利，促进了人的尊严。因而，不能将性别转换手术入罪化，而是应当作为一种正当行为在实体和程序上予以必要的规范。

---

① ［美］博纳德·巴伯著：《科学与社会秩序》，顾昕译，上海三联书店1999年版，第274页。

二、刑法在尖端医疗规范体系的地位

(一)刑法是尖端医疗规范体系的保障法

在社会生活的一般领域,大致遵循“伦理——一般法律——刑法”的规范路径,只有经过三阶段递进收缩式的过滤过程,刑事立法才能决定是否将某一行为予以犯罪化。[①] 换言之,将某种行为犯罪化,受到道德、民法、行政法和程序法的限制。[②] 刑法的补充性、不完整性和保障性,意味着只有在无法通过其他方式实现宪法所要求的对基本权利的保护时,立法者才有义务制定刑法来保护。国家在履行保护义务的同时,必须尽可能地使对另一方权利的限制最小化。

这一规范路径落实到尖端医疗领域,具体化为“生命伦理——医疗法律法规——医疗刑法”的进路,有学者根据规范的效力来源,表述为生命科技的“自律、他律和国家规范”。[③] 与一般领域的刑法规范相比,尖端医疗领域的刑法具有如下特点:

第一,尖端医疗刑法与生命伦理具有更密切的联系。在刑法的某些领域如经济刑法,相当数量的犯罪不具有鲜明的伦理色彩,主要是国家基于管理的需要而制定的。

第二,尖端医疗刑法与生命伦理具有更明确的联系。在日常领域,伦理规范是长期以来形成并内化于人们的精神和生活中的,这些伦理要求大多以不成文的形式存在,通常也不存在争议。然而,生命伦理规范常常以成文的形式表达出来,医疗行为的实施在程序上受到伦理委员会审查的约束。刑法立法必须充分参考生命伦理对尖端医疗行为的立场,生命伦理规范对刑法立法具有重要的指导作用,体现出更明显的联系。

第三,尖端医疗刑法以其他医疗法律法规为必然前提。虽然刑法是其他法律(主要指民法、行政法)的保障法,但是由于不同部门法的价值导向和保护侧重不同,刑法在某些问题上会做出与其他法律不同的解释。例如,我国婚姻法不承认事实婚。但是,事实婚可能构成重婚罪;再如,信用卡诈骗罪中

---

① 梁根林著:《刑事法网:扩张与限缩》,法律出版社2005年版,第34页以下。

② 冯军:“犯罪化的思考”,载冯军著:《刑法问题的规范理解》,北京大学出版社2009年版,第94~95页。

③ 刘宏恩著:《基因科技伦理与法律——生物医学研究的自律、他律与国家规范》,台湾五南图书出版公司2009年版,第1页。

“信用卡”的范围大于《中国人民银行银行卡业务管理办法》中所称的“信用卡”。然而,在尖端医疗领域,其他部门法(尤其是医疗行政法)对医疗行为的调整是刑法介入的基础,医疗行政法规定了尖端医疗的范围、监管、条件和程序等等,只有严重违反医疗行政法,仅以行政处罚措施不足以惩罚和预防的行为,才需要动用刑法予以制裁。

因此,在尖端医疗领域,刑法与生命伦理、一般医疗法律具有紧密、明确、必然的联系,三者构成了完整的尖端医疗规范体系,契合了“医疗整体法”[①]的发展方向。刑法的谦抑性具体表现为:生命伦理和一般法律足以规制的,刑法不应当介入,“在与医事法相联系的全体事件中,刑事事件只占少部分,这反倒是合理现象”;[②]反之,刑法则应当积极介入,否则,没有刑事上的禁止和强制作为保障,生命伦理和其他法律规范最终将流于形式。

(二)尖端医疗刑法与生命伦理、一般医疗法的衔接

在“医疗整体法”中,刑法必须与生命伦理、一般医疗法实现有效的衔接,才能坚守其本当存在的疆域,既不能越界、更不能缺位。有学者提出了医疗刑法的阶段性规制方法,即首先,由行业法规自主规制;其次,用民事规制手段解决当事人之间的纷争;再次,用行政规制来限制、剥夺医生资格等,最后才是刑事规制。[③] 笔者赞同阶段性的规制理念,但是,结合尖端医疗领域的特点和规范体系的现状来看,我国匮乏专门规制尖端医疗的行业法规,医方(医疗机构)的自主规制主要通过伦理规范来完成;尖端医疗的规制更多涉及其本身的许可性,较少涉及当事人之间的纷争,故民事规制不具有普遍性。因此,下面主要探讨刑法与生命伦理规范、医疗行政法的衔接问题。

如前文第二章所述,生命伦理立足于“人格尊严”本质命题,成为医疗法内容的重要渊源,对医疗法(包括刑法)具有重要的指导作用。符合生命伦理规范的行为,法律不能禁止;违反生命伦理规范的行为,伦理手段足以制裁的,法律就不能介入,尤其刑法不能轻易介入。需要注意的是,单纯违反生命伦理规范、没有造成法益损害的行为。例如,个人自愿出卖血液,不能作为犯罪处理;只有违反生命伦理规范,造成重大法益损害的行为。例如,个人出卖肾脏,才需要提供与保护法益的重要性相匹配的刑罚制裁。对于法益损害的界定,

---

① Albin Eser:『医事刑法から統合的医事法へ』、上田健二、浅田和茂編訳、成文堂、1991。

② [日]甲斐克则:“医事刑法的基础理论”,刘建利译,载《法律科学》2012年第2期。

③ 同上。

往往通过医疗行政法来得以法定化。

医疗行政法介于生命伦理和医疗刑法之间,医疗行政法通过许可和禁止,以及资格、条件和程序的管制,明确了尖端医疗的界限。违反医疗行政法的行为,必须承担行政责任,严重违反或者造成重大损害的,则应当动用刑罚。关于行政责任和刑事责任的衔接,以我国《人体器官移植条例》(本节简称《条例》)为例,体现为三种典型模式:其一,《条例》中规定了某种行为的行政责任,并明确规定构成犯罪的,依法追究刑事责任。例如,未经本人同意摘取活体器官;其二,《条例》中规定了某种行为的行政责任,并规定依照其他法律追究责任,其中可能包括刑事责任。例如,违反《条例》导致器官接受人因移植感染疾病的,可能构成医疗事故罪;其三,《条例》中仅仅规定了行政责任,但是,行为可能造成重大法益损害。例如,非法器官交易。因此,行政法为行为的犯罪化提供了初步的依据,根据罪刑法定主义的要求,只有刑法中有相应的罪名做出对接,才能追究刑事责任。一方面,已有的刑法罪名足以追究相应的刑事责任。例如,非法摘取活体器官的行为造成故意伤害罪;另一方面,在刑法没有相应的规定时,立法者应当在行政法的基础上做出积极的回应,例如,非法器官交易。

(三)刑法立法与刑法解释的衔接

刑法学研究在解释论和立法论两个维度展开。解释论以刑法文本为根据,通过"目光不断往返于事实和规范之间"①得出恰当的结论;立法论则是通过深入理解新兴现象的自然事实,不断反思法益的规范本质,在刑法应当介入但尚未介入的空白领域予以适时的补正。在现代法治国家业已形成较为成熟的刑法体系的前提下,解释论应当处于优先于立法论的地位,尽量通过合理的解释将某种行为纳入现有的罪名体系,动辄草率立法将导致规范的重叠和法条的膨胀。但是,社会发展和科技进步可能引发新型的损害行为,超越了现有刑法的规制范畴,当这种损害严重贬损人的尊严、动摇理性共同体存在的基础时,刑法立法就应当主动介入,否则,就无法有效地保护法益,"保护不足之禁止"正是审查国家是否履行保护义务的基准。

在尖端医疗领域,解释适用同样居于优先于立法对策的地位,但尖端医疗明显会带来现有立法尚未涉足的诸多新问题,立法对策也应当即时跟进。首先,解释论范畴的问题。有的行为虽然发生在尖端医疗领域,但其本质是传统

---

① 张明楷著:《刑法分则的解释原理》,法律出版社2011年第2版,序说第1页。

的，现有刑法足以规制。例如，强制摘取活体器官的行为侵犯了身体权和健康权，符合故意伤害罪的成立要件；泄露基因信息的行为侵犯了隐私权，符合侵犯公民个人信息罪的成立要件；违反尖端医疗技术规范造成患者严重损害的行为侵犯了生命权和健康权，符合医疗事故罪的成立要件，等等。其次，立法论范畴的问题。尖端医疗技术带来了新型的、现有刑法不足以规制的问题，只能通过刑法立法来弥补空白。例如，生殖性克隆人侵犯了人的独特性，人体器官交易侵犯了人体的不可买卖性，等等。

三、尖端医疗研究和应用中不当行为的犯罪化标准

在以保障人的尊严为根据，坚持谦抑主义为边界的前提下，可以设置尖端医疗研究和应用中相关行为入罪化的框架性标准。

（一）犯罪化的一般标准

近年来世界范围内刑事立法的动向之一是"犯罪化"，[①]研究者从不同角度阐述犯罪化的一般标准。

边沁论证了，通过标明不适于惩罚的情形来确立私人伦理和立法的界限。即当存在惩罚无理由、惩罚无效、惩罚无益或者惩罚无必要这四种情形中的任一情形时，即由私人伦理来调整，立法无直接干预的余地。[②] 从全书的论证来看，此处的惩罚大致相当于刑罚，立法则是指刑法，实质上是从刑罚动用的视角提出了非犯罪化的标准，从反面考察，则可以将之视为犯罪化的标准。

美国学者 H. L. 帕克提出了对某一行为犯罪化的六条具体标准：第一，行为被大部分人视为会对社会造成显著的威胁，不能获得社会主要阶层的认可；第二，对该行为科处刑罚符合刑罚的目的；第三，对该行为的禁止不会抑制社会所希望的其他有利行为；第四，能够对该行为进行公平的、无差别的处理；第五，通过刑事诉讼处理这类行为时，不会产生质和量上的负担；第六，不存在其他可以替代的刑罚处罚方法。[③]

张明楷教授从法益侵害的严重性、无刑罚代替手段、不会禁止有利行为、具有认定的客观公正性、预防和抑制效果五个方面论证了犯罪化的条件，并

---

① 冯军："和谐社会与刑事立法"，载冯军著：《刑法问题的规范理解》，北京大学出版社 2009 年版，第 106 页。

② ［英］边沁著：《道德与立法原理导论》，时殷弘译，商务印书馆 2002 年版，第 352 页。

③ Herbert L. Packer, *The Limits of the Criminal Sanction*, Stanford: Stanford University Press, 1968, p. 296.

且,特别提出了需要注意的四点:“(1)对于国民行使宪法权利的行为,不要仅因违反程序规定便以犯罪论处;只有在不当行使权利的行为对法益的侵害非常严重和高度现实时,才宜以犯罪论处,否则必然违反宪法精神;(2)对于低度的、并不紧迫的危险行为,不宜规定为犯罪;(3)对于国民容忍或认可的行为,即使由于社会发展变迁使得该行为具有侵害法益的性质,也不宜轻易认定为犯罪;(4)对于极为稀罕的行为,即使法益侵害较为严重,也没有必要规定为犯罪。因为法律是普遍适用的规范,故不得以稀罕之事为据制定法律。”①

有学者依据实质的犯罪概念提出了犯罪化的具体标准,将法律事实,即“行为人以其行为对法律所保护的某种生活法益造成侵犯”作为前置基础概念,结合“应受刑罚惩罚性”的判断标准,概括出犯罪化的三个标准:行为是否侵犯具有保护必要性的法益;行为是否具有造成损害产生的可能性;行为本身是否具有侵害发生的危险性。②

上述观点围绕法益保护和刑法谦抑的基本观念,从不同的视角阐述了犯罪化的一般标准,下面将结合尖端医疗领域的特点,阐明将滥用尖端医疗技术的行为入罪化的具体标准。

(二)尖端医疗相关行为犯罪化的具体标准

台湾学者在对安乐死进行法理反思时,引入了范伯格(Feinberg)的刑罚理论。③ 事实上,除了安乐死以外,范伯格教授在医疗领域还论及知情同意理论、脑死亡与器官移植、出售近亲属的尸体器官、尸体的医学使用、缺陷出生等重要问题。范伯格教授的四卷本著作从正反两面论证了立法机关犯罪化的道德合法性根据。④ 其标准以自由主义背景下的“限制自由原则”为根据,将损害(Harm)原则和冒犯(Offense)原则作为入罪化的条件。所谓损害原则,是指刑罚能够有效预防(消除,降低)对他人的损害,没有其他手段能够在花费相同代价的情况下同样有效地保护利益;所谓冒犯原则,是指刑罚是预防对他人严重冒犯的必需手段,一旦制定则能够实现预防的目的。经适当澄清和限定的损害原则和和冒犯原则即已穷尽所有刑事制裁的道德相关性理由。同

① 张明楷著:《刑法学》,法律出版社2012年第4版,第70页。

② 贾学胜著:《非犯罪化研究》,法律出版社2011年版,第107页。

③ 颜厥安著:《鼠肝与虫臂的管制——法理学与生命伦理探究》,北京大学出版社2002年版,第77页。

④ [美]乔尔·范伯格著:《刑法的道德界限》(第一卷:对他人的损害;第二卷:对他人的冒犯;第三卷:对自己的损害;第四卷:无害的不法行为),方泉译,商务印书馆2013年版。

时,范伯格还从反面提出,“法律家长主义原则”和“法律道德主义原则”不能构成入罪化的条件。所谓“家长主义原则”,是指若刑罚只是预防造成行为人本人(生理、心理、经济)损害的必需手段,则不能入罪化;所谓“道德主义原则”,是指行为虽然未对任何人造成任何损害或者冒犯,但基于行为内在的非道德性而加以道德上的禁止是正当的,但不得作为入罪化的条件。

熊永明教授针对生命科技犯罪,提出了新设犯罪类型应当从民意、效果、效益、有无选择四个方面来分析刑法的边界。第一,从民意来看,绝大多数国民认为某行为具有严重的社会危害性,对国家和公民的合法权益构成了严重威胁,国民情感与精神上均不能容忍这种行为;第二,从效果来看,以犯罪化来限制某一行为自由符合刑事责任的目的,并且不会因此禁止有益行为,能够起到明显抑止和预防的效果;第三,从效益来看,值得启动刑事诉讼程序,获得客观认定和公正处理;第四,从有无选择性来看,必须是其他社会调整方法不能有效控制和规范该种行为时,才能进行犯罪化。①

笔者认为,范伯格教授从正反两个方向上全面论证了入罪化的条件,将法律上的个人自治解释为某种绝对的管理权是论证人的尊严的重要路径,透彻解读了医疗领域涉及的相关问题。熊永明教授提出的入罪化的四方面条件则未能充分体现生命科技犯罪的特性,本书尝试提出尖端医疗领域相关行为入罪化的框架性标准:

第一,尖端医疗技术的研究或者应用严重侵犯了人格尊严是入罪化的根据。有值得需要保护的法益是犯罪化的重要标准,在尖端医疗领域凸显和集中为“人的尊严”。尖端医疗是对“人”的医疗入侵,法律的根本目的是保护“人”;判断尖端医疗正当与否的根据在于是否贬损和否定了人的尊严,刑法的终极价值是保障人的尊严,人的尊严的不同侧面构成刑法保护的直接法益。因此,尖端医疗研究和应用中的不当行为造成了人的生命权、身体权、自主性、独特性等法益的严重损害,正是入罪化的根据。从内容上看,对法益造成的损害包括危险和实害;在立法抉择的过程中,尤其需要关注风险和利益的衡量,划定知情同意和限制自我决定权的边界。

如前文所论证,康德道义论构成了人格尊严的哲学根据,人因为拥有尊严而应受到尊重,自治是其核心概念。范伯格自的由主义强调法律上的个人自治,认为“个人自治权的核心在于选择权和决定权”,即在身体、隐私和财产等

---

① 熊永明著:《现代生命科技犯罪及其刑法规制》,法律出版社2012年版,第63~64页。

个人领域的自我管理。① 范伯格教授认为,其主张的自由主义和康德主义的共同点在于:尊重人、尊重“人性”、尊重人的“理性”、尊重人的某种抽象性、尊重某个人的尊严、尊重个人以外的普遍尊严。但是,二者同样存在“重大区别”,康德对人的尊重是某种抽象的、非个人的理解,康德保护人的选择,“不是因为这选择是由人作出的,而是由人包含的某种抽象意义所决定的,这与个人的具体意愿无关”,康德“所尊重的人,并非正当控制自己人生的人,而只是某种值得尊重的抽象物的容器”。② 康德主义对人的尊重真正指向的是人的某种内在物,其“自治”与自由主义的“个人管理”在某些问题上(如自杀)出现了泾渭分明的道德判断。

笔者认为,对于“自治”的不同立场所导致的伦理困境正是生命伦理学需要解决的问题。康德主义认为人蕴含和汇聚了值得尊重的内在,体现了人的本质,范伯格将人作为“容器”的比喻正是康德主义所反对的人的“物化”。范伯格批判康德将人的尊严感指向非特定人,人的尊严来自所有人共有的抽象物,正是说明了康德主义将尊严视为具有的超越个人的人类整体的价值属性。自由主义将自我管理仅限于“身体、隐私和财产”,其范围过于狭窄,只能将出售器官的行为最终归结对医疗秩序和器官资源分配的损害,忽视了出卖者“本人”受到的损害。康德主义尊重人的“自治”,同时允许自治在某些情形下需要与其他利益进行衡量作出选择;尽管范伯格主张自由主义,绝对的自由不能置于与其他利益衡量的天平上,但也承认自由主义也存在明显的反例(如缺陷出生)。康德主义的权衡和自由主义的例外均是力图突破道德困境的所作出的解释,尖端医疗正是集中引发全新伦理难题的领域,二者对同一问题的解释既可能分道扬镳亦可能殊途同归。例如,人体器官移植、人类辅助生殖技术需要通过刑事立法限制“自愿”的人体器官商业化行为时,康德主义通过利益衡量,自由主义通过例外规定,从不同路径实现了对自治的限制。笔者坚持康德主义的人格尊严观,并且,借鉴了范伯格通过吸收相关规范并加以调和形成的损害原则和冒犯原则,确立将尖端医疗领域的不当行为入罪化的根据和边界。

第二,澄清和确认尖端医疗技术的基础性医学事实是入罪化的前提。尖

---

① [美]乔尔·范伯格著:《刑法的道德界限》(第3卷),方泉译,商务印书馆2013年版,第54页。

② 同上,第103~105页。

端医疗是一个专门的领域,在医学范畴内具有自身的概念、属性、风险和利益,等等。例如,克隆技术的类型,基因测序的医学价值等,只有首先理解这些医学上的事实,才能考虑是否需要通过刑法上的确认使之转化为法律(规范)上的事实,换言之,医学事实是法律事实的基础。尖端医疗的高度专业性使其有别于更易形成“民意”的普通社会生活领域。因此,立法者需要充分了解医学上的观点和意见,吸收医学专业人士参与立法是解决问题的方向。

第三,实施了客观的、外在的尖端医疗或者关联行为是入罪化的中心,这是行为主义原理在尖端医疗领域的强调。在尖端医疗的研究中,既有纯粹理论的推演,也有实践性试验的开展,只有作用于外部的“行为”方才进入刑法的视野,仅仅存在于内心的思考和想法不是刑法规制的对象。

第四,生命伦理、医疗一般法律不足以规制尖端医疗的滥用,是入罪化的关键。在尖端医疗领域,正在不断完善和确立完备的伦理和法律规范体系,只有在穷尽个人自律、行业自律、行政主管部门监管等手段以后,仍然不足以惩罚和预防相关行为,才考虑动用刑罚手段;只有解释现存刑法规定仍不能追究相关行为刑事责任时,才需要在立法上进行新的犯罪化,从而实现谦抑主义的要求。

第五,充分考虑与尖端医疗相关的伦理、宗教、文化、历史和社会观点,是入罪化的保障。在法益保护主义和谦抑主义的双重制约下,立法者仍然拥有一定的立法政策空间。尖端医疗涉及的问题如此广泛和深刻,不同国家要考虑其特定的宗教、伦理、历史和文化背景,不同时代要关注社会当下的现实状况,这些因素共同构成了刑事政策的重要内容,指导和调整犯罪化和非犯罪化的边界,实现刑罚预防和惩罚的目的,保证其可适用性和可追诉性。

第四章　尖端医疗领域的刑法立法原理

在理念的层面，保障人的尊严和谦抑主义构成了刑法介入尖端医疗的根据和边界，进而总结出相关行为入罪化的标准。基本理念奠定了尖端医疗刑法立法的价值基础，立法技术则是立法过程中需要遵循的具体方法。[①] 本章在技术和方法论的层面上，具体阐明尖端医疗刑法的立法原则、立法模式、犯罪分类及法定刑配置。

第一节　尖端医疗刑法的立法原则

一、相关立法原则概述

研究尖端医疗刑法的立法原则，首先需要梳理立法原则、刑法立法原则、生命法立法原则、医疗刑法立

---

① 理念、制度和技术是现代国家法治建设进程中三个层次的内容。第一层次是理念，即价值根基和价值性的东西，是法治建设的方向；第二层次是制度，即制度安排，是权力的配置；第三层次是技术，即立法技术和司法技术，以保障理念的实现。（陈兴良："当代中国刑法的理念"，载《国家检察官学院学报》2008 年第 3 期。）本书研究尖端医疗领域的刑法立法问题，着眼点在于立法理念和立法技术。因为《立法法》第 8 条第 4 项明确规定了"犯罪和刑罚"只能由全国人大制定法律，所以制度层面的刑法立法权问题无须予以讨论。

法原则等上位概念。

（一）立法原则

所谓立法原则，是指立法主体进行立法活动的重要准绳，我国《立法法》第3条至第6条确立了立法应当遵循宪法原则、法治原则、民主原则和科学原则，体现出我国立法原则“由观念化向制度化和法律化的转变”。①

（二）刑法立法原则

所谓刑法立法原则，②是指制定、修改和废除刑法过程中应当遵循的准则。关于刑法立法原则的阐释，主要有两种思路：

第一种思路是，论证刑法基本原则约束立法，刑法立法原则是刑法基本原则的一个侧面。通说认为，刑法的基本原则，是指贯穿全部刑法规范、具有指导和制约全部刑事立法和刑事司法意义，并体现我国刑事法制基本精神的准则。③ 有学者在论述刑法的基本原则，特别指出刑事立法同样受基本原则的约束，“不要因为刑法的基本原则是刑法本身规定的，就认为它不制约刑法的制定。事实上，立法者在制定刑法时也遵循着刑法的基本原则。”④基本原则的具体内容，有的观点严格遵守刑法条文，表述为罪刑法定原则、适用刑法人人平等原则、罪责刑相适应原则；⑤有的观点则结合了刑法理论增加了新的内容，表述为罪刑法定原则、法益保护原则、责任主义原则；⑥或者罪刑法定主义、刑法平等主义、责任主义和谦抑主义，等等。⑦

第二种思路是，结合我国1997年《刑法》施行以后刑法变动的实况，在实定刑法的前提下，提出了刑法修改的方向、理念和规则。刑法修改包括刑法的制定、修改和废除，必须通过刑事立法来实现。尽管没有标明为“原则”，但是方向、理念和规则的具体内容本质上能够成为指导立法的准绳。有学者指出，

---

① 周旺生：“论中国立法原则的制度化、法律化”，载《法学论坛》2003年第3期。

② 大多数论著称为“刑事立法原则”，但往往会特别声明仅指刑事实体法，或者，实质上以刑事实体法为研究内容。本书为了避免混淆，采取更明确的“刑法立法原则”。

③ 高铭暄、马克昌主编：《刑法学》，北京大学出版社、高等教育出版社2011年第5版，第25页。

④ 张明楷著：《刑法学》，法律出版社2011年第4版，第48页。

⑤ 高铭暄、马克昌主编：《刑法学》，北京大学出版社、高等教育出版社2011年第5版，第25页。

⑥ 张明楷著：《刑法学》，法律出版社2011年第4版，第48~49页。

⑦ 冯军、肖中华主编：《刑法总论》，中国人民大学出版社2011年第2版，第42页。

刑法立法的发展方向应当是分散性、有效性、类型性和国际性。① 有学者认为,刑法修改的理念应当贯彻符合法治国家要求的基本价值理念,包括坚定法治原则、实现罪刑均衡、保持国际视野、加强人权保障、贯彻平等思想、借鉴他国成果、降低司法成本;修改刑法的规则是贯彻上述理念的技术标准,包括逻辑严谨、顺序得当、总则抽象、分则具体、界限分明、正反并用、体系和谐。②

(三)生命法立法原则

与尖端医疗相关联的领域提出的立法原则,主要有"生命法立法原则"和"生命科技立法原则"。"生命法立法原则"将其作为社会法的一个分支,既要体现社会法的一般立法原则,还应当遵守如下原则:体现各利益主体要求的协调平衡原则;既保障和尊重以人权为核心的现代伦理又保障科学研究基本自由原则;有效保护弱势群体,政府和社会多承担责任原则;受验人知情同意和相关人利益共享原则;充分尊重科学规律,谨慎周到原则。③ 有学者认为,生命科技立法的原则包括科学立法原则、超前立法原则、谨慎立法原则。④

通过梳理上述三类上位原则,可以看出:第一,立法原则居于最高层次,《立法法》将原则制度化,着眼于合宪性、法律效力、立法权配置和立法运行等最高的层面,具有普遍意义。第二,在刑法立法原则中,从刑法基本原则约束立法的角度看,罪刑法定是贯穿刑法始终的精神实质,法益保护主义、谦抑主义等强调刑法介入正当性和必要性,是先于实定刑法而存在的价值理念。比较而言,立足于立法的实况提出刑法修改的方向、理念和规则,能够更有针对性地指导本书所要研究的特定领域的刑法立法问题。因为尖端医疗技术发展对刑法的挑战和冲击,只能以修改立法的方式纳入刑法体系。第三,生命法或者生命科技法的立法原则,着眼于生命法的整体,有的原则与尖端医疗没有直接的联系。例如,保护弱势群体原则。但是其中部分原则如超前立法原则,能够为尖端医疗领域的刑事立法提供有益的借鉴。

(四)医疗刑法立法原则

在医疗刑法领域,有学者以谦抑性来确立新型医事刑法法益,以实现医事正义为主旨,维系刑法公平为价值,阐述了科学立法的要求,提出尤其需要注

---

① 张明楷:"刑事立法的发展方向",载《中国法学》2006 年第 4 期。

② 冯军:"刑法再修改的理念与规则——以现今的议论为根据",载《河北大学学报》(哲学社会科学版)2007 年第 6 期。

③ 谈大正:"生命法的价值取向和立法原则",载《法治论丛》2008 年第 1 期。

④ 刘长秋:"论生命科技立法的理念与原则",载《法商研究》2007 年第 4 期。

意的六个方面：体现超前性、凸显严谨性、注意有机性和简约性、体现“国际化”和“本土化”的双重趋向、刑罚科学性和准确性，引入刑事和解制度。① 该论者进一步提出，医疗刑法中应当注重立法的衔接性、动态性、包容性、超前性。② 在生命科技刑法立法领域，有学者首次明确地界定了立法的基本原则，即必要性原则、协调性原则、严密性原则、民主性原则、前瞻性原则和国际性原则。③

上述观点中，关于医疗刑法立法原则的阐述最大的优点在于，将科学性作为整体要求而非具体原则，特别提出的需要注意的六方面问题，反映了医疗刑法的特点。但是，由于该观点针对的一般医疗刑法，有的原则如引入刑事和解，主要适用于医疗事故案件，与尖端医疗没有直接的关联。明确界定生命科技刑事立法原则的观点具有相当的开拓性，但是具体原则的表述有待推敲。例如，民主性原则是我国基本的立法原则，任何立法都需要民众或者专家参与，故不必特别标明为生命科技刑事立法的基本原则。

因此，本书将整理刑法修改的方向、理念和规则的具体内容，④参考生命科技立法的相关原则，结合尖端医疗领域的特点，提出尖端医疗领域刑事立法的基本原则。

二、事实确定化原则

事实确定化原则是尖端医疗刑法的首要立法原则，即立法者必须首先理解并且确认尖端医疗技术的基本事实，这是由尖端医疗的专业性所决定的，是保障立法的科学性和明确性的前提。

所谓事实，是指自然事实或者单纯事实；在尖端医疗领域，就是指尖端医学技术研究和应用的医学事实。自然事实不等同于法律事实。例如，一个人在民法上被宣告死亡并不确定其已经自然死亡。只有将事实涵摄(subsumption)于法律规范之下，才能使其成为法律事实，才能在自然事实与法律事实之间建立关联。如德国法哲学家阿图尔·考夫曼(Arthur Kaufu-

---

① 刘维新著：《医事刑法初论》，中国人民公安大学出版社2009年版，第92页以下。

② 莫洪宪、刘维新：“医事刑法研究论纲”，载《现代法学》2011年第6期。

③ 熊永明著：《现代生命科技犯罪及其刑法规制》，法律出版社2012年版，第45~46页。

④ 方向、理念和规则是不同层次的问题，但又存在内在的关联，本书结合自身论证逻辑纳入不同部分，有的归属于基础价值观念，有的归属于立法原则，有的归属于立法模式，有的归属于规范配置。

man)所言，法律是一种关系性的存在，将应然(ought to)与存有(being)相对应，即立法者将法律规范的应然要求与事物本身的实然性质相互呼应。① 呼应不是直接描述，也不是简单相等，而是立法者的理性选择。建立自然事实与法律事实的关联，是立法者基于特定的价值和目的，通过建构(construction)或者拟制(fiction)将某些事实转变成法律事实，法律事实的确认进一步联结相应的法律效果(权利、义务、责任、制裁)。②

因此，首先必须明确单纯事实，进而才考虑以何种观点、为何种目的、持何种态度来考察相关的事实。法律体系针对特定事实关系的立法，是一种基于对事实的掌握、目的的设定、结果的评价所做出的决定。上述三个要素内涵理性的综合运用，决定了立法者对特定事项进行规制时，以事实的把握作为先决条件。

在单纯事实中，有的事实存在于普遍、日常的社会生活领域，一般人易形成无异议的认识，这类事实无须专门的论证，立法的重心在于根据价值判断和目的设定来明确法律效果，如杀人。然而，随着社会分工的精细化和科技日益发展，产生了归属于专门领域、专门知识体系的事实，此时确定单纯事实的重要性就凸显出来，成为决定立法的科学性和明确性的前提。这些专门领域的事实往往超越了立法者(立法者主要具备的是法律知识)的认知范畴，需要借助专业知识和依靠专业人士才能予以确证。这些领域包括经济领域、计算机和互联网领域、环境领域和医学领域，等等。

显然，尖端医疗是一个高度专业和前沿的领域，了解相关医疗技术的基本原理，确认其重要的医学事实，是刑法规范尖端医疗的重要先决条件，如果不掌握基本的医学事实，就无法做出恰当的规制。例如，“代孕”的医学事实。代孕是指综合采用人工授精技术、体外受精技术、胚胎移植技术以及各种衍生技术，针对委托夫妻的特定生理状况，将精子、人工授精形成的胚胎等，注入代孕者子宫内，由代孕者完成孕育和分娩的过程。在实施代孕的过程中，涉及怀孕者、精子提供者、卵子提供者、委托怀孕者等多方主体，精子、卵子提供者可能正是委托代孕的夫妻双方，也可能精子、卵子提供者的一方或者双方来自委托夫妻之外的第三人，还可能卵子来自代孕者本人等，梳理这些医学事实为法

① 颜厥安著:《鼠肝与虫臂的管制——法理学与生命伦理探究》，北京大学出版社2002年版，第15页。

② 同上，第14~15页。

律上确认亲子关系提供了前提。例如,是采取“分娩为母”还是“遗传为母”作为亲子关系认定的标准。把握代孕的本质、代孕者在代孕过程中所起的作用、代孕者的生理和心理损害等医学事实,成为刑法立法是否禁止代孕的前提。

又如,器官移植的医学事实。医学上广义的器官包括血液、骨髓、皮肤、脏器,等等。移植的方式包括自体移植和异体移植、同种移植和跨种移植,等等。不同类型的器官和不同移植方式对法益的影响是不同的,只有严重侵犯法益的器官移植行为才成为刑法调整的对象。因此,明确器官移植的医学事实成为刑法禁止的前提。在明确医学事实以后,刑法有选择地规定了禁止的器官移植,使其成为法律事实,并进而联接一定的刑罚后果,此时,医学上器官移植的范围远远大于作为法律事实的器官移植。例如,人体皮肤的自体移植由于其可再生性和自体性,明显不属于刑法所禁止的范围,但仍然属于医学上的器官移植。

需要注意的是,医学科学的事实往往不是在刑法立法阶段才首次获得确认,这些事实的确定通常会在其他医疗法律中先行做出。例如,《器官移植条例》规定了“器官”的范围。刑事立法者对于其他法律已经确认的事实,应当遵循并再次予以确认,体现刑法作为保障法的补充性特征;但是,对于其他法律尚未确认的事实(如代孕),刑法立法者就必须予以充分的了解并作出确认。

三、类型化原则

如前文所述,立法是建立“单纯事实——法律事实——法律效果”联接的过程。所谓类型化原则,是指以确认单纯事实为前提,经法律规范涵摄而形成法律事实时,以类型化的方式予以表达,立法者的任务正是描述类型。

“立法以及法律发现的成功或失败,端赖能否正确地掌握类型。”①刑事立法的类型化,是指刑法分则条文对各种犯罪做出类型性的表述,既不能单纯按照现实发生的个案来详尽描绘,也不能完全使用抽象的概念,而是应当将构成要件表述为可以与具体案件相比较的类型。② 在我国现有刑事立法中,由于

---

① [德]Arthur Kaufman 著:《类推与“事物本质”》,吴从周译,台湾学林文化事业有限公司1999年版,第115页。

② 张明楷:“刑事立法的发展方向”,载《中国法学》2006年第4期。

缺乏有效的概括和抽象,使原本通过一个类型化的罪刑规范就可以涵盖的行为被具体化为数个规范。例如,业务过失罪一罪原本可以涵盖数个不同特殊主体的责任事故类犯罪,立法中将其分解为多个罪名,反而容易导致此罪与彼罪之间的界限混淆。

类型化是刑法立法的一般要求,在对新的社会现象进行调整时,必须予以甄别和概括,保证法律规范的普遍性和一般性。生命科技的发展形成了尖端医疗的全新领域,对人类、社会和法律带来了全新的挑战,当相关行为严重损害法益需要追究刑事责任时,首先,需要甄别能否纳入已有的犯罪类型,其次,对于传统犯罪类型无法容纳的行为,需要概括其重要的事实特征形成新的犯罪类型,凸显类型化的意义和要求。

(一)甄别尖端医疗技术的相关行为是否属于传统犯罪的类型

有的尖端医疗技术是彻底颠覆性的,无法为传统犯罪类型所容纳,必须制定新的罪刑条文。例如,生殖性克隆人技术实质上是无性生殖、制造主体的技术,彻底改变了人类的生殖方式和人本身作为主体的地位。刑事上若要禁止这类技术的研究和应用,无法在现有立法找到对应的罪刑规范,必须制定新的罪刑条文。相反,有的行为虽然是在应用尖端医疗技术的过程中发生的,但因其实质上属于传统的犯罪类型,不需要制定新的规范。

例如,台湾地区 2011 年发生的误植艾滋感染者器官事件。台湾新竹一名 38 岁的男性意外坠楼,翌日被宣告脑死亡,家属不知其患有艾滋病表示愿意将器官捐出。台大医院的器官移植团队到新竹南门医院取出该名男子的心脏、肝、肺及两枚肾脏等器官。心脏交由成大医院移植至一名患者体内,其余器官由台大医院移植给另外四名患者。手术后发现,由于捐赠器官的患者是艾滋感染者,导致接受移植的五名患者均暴露在感染艾滋的风险中。此后查明,之所以将艾滋感染者的器官实施了错误移植,是因为台大医院检验师在用英文告知移植小组的协调师检验出 HIV 感染为 reactive(阳性)时,协调师误听为 non-reactive(阴性),方才允许实施移植。直到手术后看到书面检验报告,才发现了错误,这就是当时轰动岛内外的艾滋器官错误移植案件。① 本案发生在器官移植领域、与 HIV 感染有关。但是,在医生明显不具有故意的情

① 基本案情综合了相关媒体报道,资料来源:人民网专题:"台湾误植艾滋感染者器官事件震惊各界",http://tw.people.com.cn/GB/26741/229760/index.html,最后访问日期:2015 年 1 月 5 日。

况下,问题的核心在于检验师和协调师是否具有过失,感染 HIV 的风险是否属于重大损害。如果答案是肯定的,本案则该当于业务过失犯罪成立要件,不需要专门制定惩罚错误器官移植的罪刑规范。①

在我国,由于迷信并过度依赖刑法的法律传统,公众普遍倾向于动用刑法来解决问题,一旦出现了以前未发生过的现象,新增罪名的呼声就相当强烈。因此,第一步的甄别就更显重要。一旦出现新型现象,就轻易增加犯罪,既动摇了刑法谦抑的根基,更损害了罪刑规范的包容性,这样的修改越频繁,刑法就可能越是"充满破绽、矛盾和非理性"。②

(二)若经甄别确实属于应当新增罪刑规范的,则应当通过概括和抽象来进行类型化的立法,保证规范的普遍性

新增罪刑规范时,应当摒除过于具体的行为细节,总结核心事实;受法益保护目的的约束,提炼规范的本质;结合刑法总则的规定,涵盖围绕核心事实和本质规范的所有行为类型。

例如,买卖器官、组织买卖器官、签订器官买卖契约、发布器官买卖广告等行为,均是围绕器官交易的核心行为来展开的,其实质是将人作为手段,侵犯了人的自在目的性,贬损了人的尊严。有学者建议,在现行刑法中增加非法买卖人体器官罪、走私人体器官罪、偷取他人人体器官罪、骗取他人身体器官罪、强制采摘他人身体器官罪;③还有学者建议,增加非法购买人体器官罪、非法组织人体器官交易罪、非法销售人体器官罪、强迫出卖器官罪、非法持有器官罪、为非法人体器官交易提供便利罪等。④ 笔者认为,上述建议中,有的新增罪名完全可以被已有罪名所涵盖,偷取、骗取、强制摘除等方式非法获取器官

---

① 本案最后的处理结果是:台北市和台南市"卫生局"认定,台大医院和成大医院违反了"人类免疫缺乏病毒传染防治及感染者权益保障条例"第 11 条的规定,各处以新台币 15 万元罚款,即追究的是医疗机构的行政责任。根据台湾地区"人类免疫缺乏病毒传染防治及感染者权益保障条例"第 11 条的规定,施行器官移植,应事先实施人类免疫病毒有关检验。若检验呈阳性反应者,不得使用。该"条例"第 22 条还规定了,违反第 11 条因而致人感染人类免疫缺乏病毒者,处以 3 年以上 10 年以下有期徒刑。但是,该条规定因未明确处罚过失(台湾地区"刑法"第 12 条规定,"过失行为之处罚,以有特别规定者为限"),只能限于故意,并且,要求产生结果("致人感染"),而本案错误移植尚处于使患者具有感染风险的阶段,故最后未追究相关人员的刑事责任。

② 冯军:"刑法再修改的理念与规则——以现今的议论为根据",载《河北大学学报》(哲学社会科学版)2007 年第 6 期。

③ 刘长秋著:《器官移植法研究》,法律出版社 2005 年版,第 89 页。

④ 刘俊森、古津贤:"非法人体器官交易的刑事立法研究",载《医学与哲学》2006 年第 1 期。

的，符合故意伤害罪和侮辱尸体罪的构成要件；其他相关行为，则可以纳入"走私、销售、购买人体器官"的类型化罪名。例如，签订人体器官买卖契约的，是销售（购买）人体器官的预备行为；组织人体器官交易的，属于销售人体器官的共同犯罪中的组织行为；[①]宣传非法器官交易的，构成销售、购买人体器官的帮助行为；强迫出卖器官的，构成销售器官罪的加重构成等。可见，通过类型化的立法，可以防止犯罪数量的膨胀，实现刑法的普遍性、一般性、正义性、稳定性和简短性的要求。[②]

四、和谐化原则

"实现刑法典体系的内在和谐，是刑事立法的最高规则。"[③]在尖端医疗领域进行刑事立法时，新增罪刑规范除了保持与刑法本身的内在和谐以外，作为专门的领域，还需要保持与刑法外部的普通医疗法的和谐。因此，和谐化原则，需要在医疗法律、刑法总则、刑法分则三个层面实现。

（一）与医疗法律保持和谐

尖端医疗领域的刑法立法，应当与其他医疗法律保持一致，遵守医疗法的概念界定、符合医疗法的一般原则、避免医疗法律中相关刑事责任条款被"虚置"。

首先，尖端医疗的罪刑规范应当与医疗法律规定的术语、概念保持一致。尖端医疗领域的高度专业性必然要求规范的术语和明确的概念，通常规定在医疗法律中。例如，我国《人类辅助生殖技术管理办法》确立了"辅助生殖技术"的术语，刑事立法中就应当使用"辅助生殖技术"，而不宜简称为"人工生殖"或者采用台湾地区所称的"人工协助生殖技术"。再如，日本《生命伦理法草案》第2条"定义"，明确了"生殖辅助医疗"、"出生操作研究"、"人的胚胎"、"动物"、"人的合子、精子"等概念，其第7章"罚则"部分的罪刑规范，一

---

① 这一推论以建议刑法中规定销售、购买人体器官罪为前提，将组织交易的行为作为共同犯罪的组织行为。但是，《刑法修正案（八）》第37条增设了"组织出卖人体器官罪"，换言之，单纯的出卖不构成犯罪，只处罚组织出卖的行为，后文将做进一步论述。

② 张明楷："刑事立法的发展方向"，载《中国法学》2006年第4期。

③ 冯军："刑法再修改的理念与规则——以现今的议论为根据"，载《河北大学学报》（哲学社会科学版）2007年第6期。

致地应用了这些术语和定义。①

其次,医疗刑法立法受医疗法一般原则的指导。一般原则适用于医疗法的所有领域,刑法立法也不例外。有的行为虽然在其他医疗法律没有具体规定要"追究刑事责任",但若违反了医疗法的一般原则有入罪化的必要,则刑法立法可以直接规定罪刑规范,不需要以其他医疗法中的刑事责任条款作为必然前提。例如,我国《人体器官移植条例》第 3 条规定了禁止器官买卖原则,"任何组织或者个人不得以任何形式买卖人体器官,不得从事与买卖人体器官有关的活动"。该条例第 26 条规定了实施器官买卖的机构、医务人员、国家工作人员的行政责任,但未作"追究刑事责任"的表述。《刑法修正案(八)》新增了"组织人体器官交易罪",直接将组织器官交易的行为予以了犯罪化。

最后,尖端医疗的罪刑规范应当落实一般医疗法律中的刑事责任条款。受立法权和立法模式的限制,我国非刑事法律没有规定罪刑规范。医疗行政法在规定有关违法行为时,对于需要追究刑事责任的,通常表述为"构成犯罪的,依法追究刑事责任"。这就要求在刑法中制定完整明确的罪刑规范来加以落实,否则,会导致一般医疗法中的刑事责任条款被"虚置"。由于刑法立法的缺位,目前"虚置"条款并不鲜见。例如,2001 年《人类辅助生殖技术管理办法》第 22 条规定了,开展人类辅助生殖技术的医疗机构违反本办法,有下列行为之一的,由省、自治区、直辖市人民政府卫生行政部门给予警告、3 万元以下罚款,并给予有关责任人行政处分;构成犯罪的,依法追究刑事责任:"(一)买卖配子、合子、胚胎的;(二)实施代孕技术的;(三)使用不具有《人类精子库批准证书》机构提供的精子的;(四)擅自进行性别选择的;(五)实施人类辅助生殖技术档案不健全的;(六)经指定技术评估机构检查技术质量不合格的;(七)其他违反本办法规定的行为。"然而,现行刑法中没有任何罪名可以适用于医疗机构的上述行为,该条中追究刑事责任的规定沦为一纸空文。笔者认为,一方面,刑法立法应当积极地回应其他医疗法中"追究刑事责任"的要求,予以必要的犯罪化;另一方面,其他医疗法在规定相关刑事责任条款时,也应当审慎地做出论证,不能过于草率地在行政责任后就程式化地附加上"构成犯罪的,应当追究刑事责任",必须考虑是否有犯罪化的必要,条文所涉

① 總合研究開発機構、川井健共編:『生命科學の発展と法(生命倫理法試案)』、有斐阁、2001、頁 9。

行为是全部犯罪化还是部分犯罪化。

(二)与刑法总则达致统一

与刑法总则达致统一,要求尖端医疗的具体罪刑规范必须遵守刑法总则的规定,符合刑法的基本原理。例如,有学者认为,因为实施生命科技犯罪需要基本相应的技术设备、人员和资金,所以,其犯罪主体经常以单位的形式出现。① 我国《刑法》第30条规定:"公司、企业、事业单位、机关、团体实施的危害社会的行为,法律规定为犯罪的,应当负刑事责任。"因此,单位成为犯罪主体,应当以刑法分则明文规定的为限。在制定尖端医疗的罪刑规范时,若要追究单位的刑事责任,则须明确单位成为该罪主体;若需对单位的性质做出限定,例如,医疗机构或者医学研究机构,则也应当标明。

(三)与刑法分则实现协调

与刑法分则实现协调,就是明晰各罪名在构成要件上的界限并保持法定刑的均衡。在对尖端医疗领域的新型犯罪现象进行刑法规制时,能够通过解释被现有罪名的成立要件所涵摄的,就不必再制定新的罪名,避免成立要件的重叠;对于确实有犯罪化必要、现有罪名无法适用的,就需要予以积极的回应,避免刑事规制的真空地带。

在新增罪名时,首先,应当与现有罪名在构成要件上划定清晰的界限。例如,我国现有刑法已经规定了"侵犯公民个人信息罪",若要新增"非法买卖人类遗传资源罪",则需准确区分人类遗传资源和公民个人信息(包括个人基因信息)的概念,保证界限分明;其次,新增罪名的刑罚配置应当与现有罪名保持均衡。为新增罪名设置法定刑时,除了以本罪的社会危害性为基础,还需要考虑与其他犯罪的均衡。有日本学者在评价《生命伦理法草案》时质疑,在传统刑法中受到极其严厉处罚的行为,一旦碰触到生命伦理问题,可能会归为较轻法定刑的犯罪类型。例如,终止子宫内生命的"堕胎罪"是重罪,而对于中止试管内婴儿生命的,其法定刑却比较轻,原因可能是考虑到人类辅助生殖等尖端生命科技总体上对社会的有用性以及行为的实施者只能是医生,但是违反了平等原则。② 笔者认为,此处刑罚轻重有别的主要原因应该在于,试管内

---

① 刘长秋著:《生命科技犯罪与现代刑事责任理论与制度研究》,上海世纪出版集团2011年版,第35页。

② 總合研究開発機構、川井健共編:『生命科學の発展と法(生命倫理法試案)』、有斐阁、2001、頁101—102。

胚胎和子宫内胎儿处于生命发展的不同阶段,与行为实施者主要是医生并无必然的关联,可以进一步推论的是,杀害已经出生的"人",其刑罚当然重于前述两种情形。换言之,在配置非法损害胚胎罪的法定刑时,应当轻于堕胎罪(如果刑法中规定了的话)和故意杀人罪。至于尖端医疗技术的有用性和风险之间的衡量,应当作为入罪化的前提预先予以充分斟酌。

五、国际化原则

科学无国界,尖端医疗研究团队的组成、研究活动的开展、临床技术的应用等,已经突破了国家的界限,具有鲜明的国际性。与此同时,尖端医疗技术涉及"人"的根本命题,可能损害全体人类的尊严,破坏作为文明共同体的国际社会的基本价值观。因此,尖端医疗领域的刑事立法应当保持国际化的视野,履行将国际条约转化为国内法的义务,倡导缔结统一的国际刑法规范,借鉴他国的立法和研究成果。

(一)将国际条约转化为国内法规范

将国际条约转化为国内法获得直接适用的效力,包括在国内立法中落实国际公约中规定的国际犯罪,以及制定符合国际条约基本精神的罪刑规范。

首先,国际犯罪在国内立法中的转化。我国批准的国际刑法公约涉及20余种国际犯罪,但是,国际公约中仅规定了犯罪的定义或者成立要件,没有配置法定刑。只有将国际公约规定的犯罪转化为国内法上的犯罪,才能产生直接适用的效力,也是我国履行国际条约义务的表现。在这20余种犯罪中,主要涉及反人类、核材料使用、外交人员保护、腐败等罪行,其中,就有学者建议,将"克隆人的实验"作为"反人类罪"的罪状之一,予以全面禁止。①

其次,遵守国际条约的原则和精神,制定相应的国内法。国际人权公约和国际生命伦理条约规定了尖端医疗领域的重要问题,这些国际文件虽然未直接规定犯罪,但是对于违反基本原则和精神的行为,在需要予以最高强度的刑事禁止时,就应当通过国内刑法立法做出规定。例如,联合国教科文组织2005年通过的《世界生物伦理与人权宣言》第21条第5项规定:"各国应当在国家和国际层面采取必要的措施与生物恐怖主义以及非法贩卖人体器官、组织和标本、遗传资源和与基因相关之材料的行为作斗争。"刑事立法正是该条

---

① 卢建平:"国际人权公约视角下的中国刑法改革建议",载《华东政法学院学报》2006年第5期。

所称的必要措施之一,国家有义务将制造和应用基因武器、非法贩卖人体器官等行为规定为犯罪。

(二)将相关行为规定为国际犯罪

通过倡导制定统一的国际法规范,将尖端医疗的相关行为作为国际犯罪予以规定,以期引导各国立法。尖端医疗在很大程度上已经国际化,需要在国际范围内进行规制;由于其尖端性,目前很多领域的规制尚属空白。因此,倡导针对尖端医疗制定国际刑事条约,将有关行为新增为国际犯罪,即使不产生直接在一国国内适用的效力,也能够对条约批准国乃至全世界产生积极的引导作用,促进其在国内法中予以落实。

例如,中法学者联合建议,面对克隆人引起的方方面面的问题,"急需一个国际性的伦理与法律框架来禁止或管制潜在的危险作法。"①通过制定国际条约,构建各国共同的理解和规范框架,有学者展望,在不远的将来,尖端医疗的相关刑事政策在国际范围内调整是必要的,并且具有相当大的可能性。②

(三)借鉴其他国家的成熟理论和立法成果

应用精密的比较法研究,积极借鉴其他国家尖端医疗刑法的理论和立法成果。科学是无国界的,但法律制度基本上仍严格限于国家权力的范畴。国际上在发展尖端医疗技术的同时,各国国内法规范也在跟进。与法制先进国家相比,我国尖端医疗立法是比较落后的,立法呈现效力层次低、分散化、碎片化、空白化等样态。因此,需要积极借鉴发达国家的理论和立法成果。

例如,日本的《克隆技术限制法》规定了,移植具有人类属性的胚胎至人体的行为,只要以制作人体克隆为终极目的,无论成功与否,均视为实施了危险性行为而构成犯罪,法定刑为 10 年以下有期徒刑、1000 万日元以下罚款,或者并罚;又如,德国《进口与应用人类胚胎干细胞时胚胎保护法》第 13 条"刑罚规定"涉及相关犯罪,即未经许可,进口或使用胚胎干细胞者,处 3 年以下自由刑或者罚金;基于故意提供错误资料而受许可者,也属于未经许可;本罪处罚未遂。再如,法国《刑法典》为生命伦理犯罪开辟了专门的领域,等等。其他国家的立法从立法模式、犯罪圈、罪刑规范等各个方面为我国刑法立法提供了有益的经验。当然,由于尖端医疗领域的犯罪与社会、伦理、宗教和国民

---

① 张乃根、[法]戴尔玛斯·玛尔蒂:主编:《克隆人:法律与社会》(第 3 卷建议),复旦大学出版社 2006 年版,第 2~3 页。

② 同上,第 95 页。

意识具有密切的联系,因此我国不能完全照搬某一国家的规定,而应当在借鉴他国的基础上,结合我国实际做出妥当的立法。

六、前瞻化原则

我国尖端医疗的立法现状无疑是落后的,既落后于医疗技术本身的发展,也落后于其他国家的立法实践。对于这样一个存在诸多风险和不确定性的领域,刑法立法更需要保持超前的眼光,对于可预见的风险予以强力的规制、超越各种纷争做出刑事上的决断和引导。

(一)风险预防

立法者需要预见到尖端医疗技术可能引起的风险,通过立法的预先应对来积极地规避、控制和分配风险。在论及现代社会的风险时,生命科技发展所带来的风险是其中的重要领域,虽然有些风险尚未真正的现实化。例如,基因武器还没有投入应用,克隆人还没有出现。但是这些技术所带来的风险是可以实实在在地预见到的,能够被人的理性思维所把握。对于这些给全人类带来毁灭性风险的技术,刑法应当提前介入,而不是等技术完全成熟进入应用领域才予以规制。因为风险如此之大,一旦打开潘多拉的魔盒,就超越了人力所能控制的范围。刑法对风险的规避既体现为防止实害结果的最终出现,还包括将刑法控制提前到形成最终结果的各个阶段,真正体现其超前性。例如,日本《克隆人技术限制法》予以刑事禁止的行为,包括未经许可克隆人类胚胎的行为、为了生殖的目的将克隆胚胎移入子宫的行为,无论克隆人是否出生,上述前置行为均已构成犯罪。

(二)共识引导

刑法立法应当对尖端医疗技术带来的各方争议做出一个决断,引导公众逐渐形成共识,指导医生认识行为的边界。技术的成熟需要时间,伦理和社会的争议可能永远无法解决。因此,立法不能坐等一切都彻底解决的那一天,应当超越个体的"经验事实"和抽象的"一般观念",在必要时做出理性的抉择,做出前瞻性的决断。刑法立法以其最明确的语言、最严厉的禁止和最高等级的保护,划定了尖端医疗相关行为的最后底线,既让医生能够预知行为的刑事惩罚性而不去触犯这一禁区,又让医生在刑法禁区之外获得广泛的研究和应用自由。同时,刑法立法还能有效地引导公众了解尖端医疗技术,达成共识并且规范行为。因此,前瞻化的尖端医疗刑法能够指导和促进尖端医疗技术发展的正确方向。但是,理性思维的有限性和技术发展的不确定性,使前瞻化的立法可能存在失误之处,必要时刑法立法应当做出相应的调整,因而动态化也是前瞻性立法原则的应有之义。

第二节 尖端医疗刑法的立法模式

一、刑法和医疗法的双重约束:比较法考察

尖端医疗刑法的立法模式,是指将相关罪刑条文置于刑法的哪一部分、需要以何种形式去实现。刑法以何种方式增设罪名受制于其本身的立法模式,尖端医疗技术因其高度专业性和法益重大性由专门的医疗法进行调整,这就导致了对尖端医疗领域的相关行为进行犯罪化时,必然同时受到该国刑法和医疗法的立法模式和效力等级的制约,使问题变得愈加复杂。

刑法的立法模式,是指立法机关在刑法立法时所采取的标准样式。刑法的立法模式主要由一国的法律传统所决定,同时受现实因素和犯罪态势影响,体现不同的刑事政策取向。有学者系统梳理了刑法立法的四种主要模式,即单一刑法典模式、特别刑法模式、判例型模式、修正型模式。特别刑法模式包括附属刑法和单行刑法,附属刑法根据其表现形式,分为散在型附属刑法和编撰型附属刑法,其中,散在型附属刑法依其是否可以独立适用,分为依附性散在型附属刑法和独立性散在型附属刑法。① 不同的立法模式具有各异的刑事政策功能,从总体上看,大致是在刑法的稳定性、一致性与灵活性、分散性之间进行权衡而做出的取舍。就成文法国家而言,主要国家(如德国、意大利、日本等)在刑法典的基础上制定了数量众多的特别刑法,综合运用多种立法模式是各国刑法立法的主流。

尖端医疗法的立法模式,是指立法机关规制尖端医疗技术所采取的规范样式。如前文第二章所述,概览各国对尖端医疗的法律规制,大致可以分为三类:其一,统一立法模式,即制定一部对尖端医疗领域进行整体规制的法律,该模式以法国的《生命伦理法》(Loi Bioéthique)为代表。《生命伦理法》历经三次修改,于2004年纳入了《公共卫生法典》(Code de la santé publique)第二章,成为其有机组成部分。其二,分别立法模式,即对不同类型的尖端医疗技术分别单独进行规制。例如,英国早在1985年就颁布了《代孕协议法》(Surrogacy

---

① 柳忠卫:"刑法立法模式的刑事政策考察",载《现代法学》2010年第3期。

Arrangement Act 1985)，日本于2000年颁布了《人类克隆技术规制法》(ヒトに関するクローン技術等の規制に関する法律)。其三，增补立法模式，即在已经实施的法律中增加涉及尖端医疗的相关条款。例如，德国在《收养介绍法》(AdVermiG)中增加了禁止居间介绍代孕母的规定。目前世界上大多数国家采用分别立法模式，部分国家辅之以增补立法。

各国刑法与医疗法相互适应、彼此衔接，对尖端医疗领域的相关行为予以入罪化，形成了如下三类立法模式：

第一类是刑法典统一限制模式。刑法典的统一限制是以整体尖端医疗法作为其前置规范，法国是实行该模式的代表。《法国新刑法典》开辟了尖端医疗犯罪的专门一章，即在第5卷“其他重罪与轻罪”中，其第1编第1章“在生物医学伦理方面的犯罪”规定了保护人之种类、保护人体(包括器官、组织、细胞、配子等)、保护人之胚胎等尖端医疗犯罪，本章犯罪的构成大多以违反《公共卫生法典》为前提。①

第二类是逐一限制模式，对与尖端医疗技术有关的犯罪逐一规定刑事上的限制措施。例如，日本研究者将美国归类为采取逐一限制模式的国家，同时认为，受个人自由主义思想的影响，美国在尖端医疗领域总体上持非常谦抑的态势。美国因判例法传统的约束和国家体制的现实，不存在全国范围内的统一规定。②

第三类是中间模式，即尖端医疗犯罪的刑事规制介于统一限制和逐一限制之间，该模式被大多数实行尖端医疗技术分别立法的国家所采用。有的国家将严重侵害法益的行为与其涉及的具体尖端医疗技术一一对应之后，汇集而成“小块积累模式”；有的国家将具有关联性的技术和行为一概涵盖，实行统一处理的“涵盖模式”。中间模式以西班牙、英国、澳大利亚等为代表。例如，《西班牙刑法典》采取“小块积累模式”，第5集规定了“与基因操作相关的犯罪”，包括“制造基因武器罪”、“擅自改变人类基因罪”、“强制实施生殖活动罪”等；③第24集第2章“灭绝种族罪”的规定也涉及人体基因技术的应用。④ 又如，澳大利亚2002年《禁止克隆人法案》(Prohibition of Human

① 《法国新刑法典》，罗结珍译，中国法制出版社2003年版，第186～190页。

② 總合研究開発機構、川井健共编：『生命科學の発展と法(生命倫理法試案)』、有斐阁、2001、頁95。

③ 《西班牙刑法典》，潘灯译，中国政法大学出版社2004年版，第62～63页。

④ 同上，第211页。

Cloning for Reproduction Act 2002)采取“涵盖模式”，第2部分“禁止的行为”规定了与克隆技术相关的所有犯罪，分为绝对禁止的行为和违反相关许可的行为两种类型，前者包括将人的克隆胚胎植入人体内或者动物体内、进出口人的克隆胚胎、非基于怀孕目的制造人体胚胎等12个罪名，后者包括以非有性生殖方式制造和培育人体胚胎等5个罪名，每个犯罪均规定了清晰的罪状和明确的法定刑。

但是，在采取中间模式的国家，这些“小块累积”或者“涵盖”的刑事规范的最终归属，即将其置于刑法典中还是置于医疗法中，抑或制定单行刑法，终究受到该国刑法立法模式的约束。

二、单一刑法典模式和尖端医疗犯罪：现状及问题

（一）我国刑法立法模式的现状

自1997年刑法典全面修订以来，我国刑法立法进入了新的发展时期。1998年12月29日全国人大常委会颁布了唯一一部单行刑法，[①]此后均是以“修正案”的方式对刑法典进行修订，刑法修正案的渐次颁布践行了我国自1999年以来坚持的单一刑法典模式。[②] 2009年8月27日全国人大常委会通过了《关于修改部分法律的决定》，将其他法律中“依照刑法第×条的规定”、“比照刑法第×条的规定”均修改为“依照刑法有关规定”，实质上彻底取消了附属刑法。因此，我国当前实行的是单一刑法典模式。该模式的优势在于形式统一、威慑力强、便于司法适用。但是，随着运行时间的推移，其弊端逐渐显现。

有学者认为，单一刑典模式最主要的弊端在于将行政刑法和经济刑法纳入其中。刑法典追求安定性，行政刑法和经济刑法关注合目的性，后者客观上的变动导致需要频繁通过修正案去修改刑法典，损害了刑法典的安定性。行政法、经济法与刑法之间缺乏协调统一，大量规定空白罪状也不利于刑法的适用。[③] 也有学者从刑事政策的角度，认为刑法典模式单一、呆板、缺乏活力，无法发挥单行刑法和附属刑法的刑事政策功能。[④] 针对上述弊端，较一致的观

---

① 即《关于惩治骗购外汇、逃汇和非法买卖外汇犯罪的决定》。

② 我国自1999年颁布第一个刑法修正案起，迄今为止共计颁布了9个刑法修正案，最新的《刑法修正案（九）》于2015年8月29日正式通过并公布。

③ 张明楷：“刑事立法的发展方向”，载《中国法学》2006年第4期。

④ 柳忠卫：“刑法立法模式的刑事政策考察”，载《现代法学》2010年第3期。

点认为，应当将当前统一、集中的立法模式改变为多元化的立法模式，灵活运用附属刑法和单行刑法。①

但是，也有学者认为，单行刑法典模式的弊端可以通过改进立法技术来克服。为了控制犯罪圈扩张，防止通过单行刑法和附属刑法极度扩张刑罚权，应当继续坚持单一刑法典模式。②

在调整刑法立法模式的理由中，研究者共同注意到了生命科学技术发展对刑法的冲击。尖端医疗技术研究和应用中的不当行为将侵害人的尊严、生命和健康，若行为侵犯的是刑法典没有涵盖的新型法益，则不宜再采用刑法修正案的模式，而是应当通过特别刑法加以规制。然而，具体路径是附属刑法还是单行刑法，涉及刑法与医疗法的协调，必须结合我国医疗法的现实加以考量。

（二）我国医疗法立法模式的现状

我国尖端医疗领域的法规范有《器官移植条例》、《关于规范活体器官移植的若干规定》、《人类辅助生殖技术管理办法》、《人类精子库管理办法》、《医疗机构临床基因扩增检验实验室管理办法》、《变性手术技术管理规范（试行）》等行政法规和规章。上述规范具有如下特点：

第一，效力层次低。在尖端医疗领域，尚无由全国人大及其常委会制定的法律，效力层次最高的是行政法规，而且仅有一部《器官移植条例》。大部分规范是卫生部以及相关部门颁布的“管理办法”，这些“管理办法”属于行政规章，在我国法的渊源体系中处于较低的效力层次。

第二，体系零散化。不同类型的尖端医疗技术规定在不同的法律文件中，同一技术散见于多个法律文件，没有统领尖端医疗领域整体的体系化规范。

第三，内容空白化。很多重要的尖端医疗技术如人体基因技术，尚未纳入法律规制的范畴。即使针对某类尖端医疗技术制定了规范，也仅涉及其中的部分环节和内容，未能完整地作出规制。大量条文属于宣言性规范，缺失相应的法律责任。

第四，刑事责任片段化。在现有的法律规范中，仅有极少数条文对尖端医疗犯罪的刑事责任作了片段的规定。《人体器官移植条例》第25条规定了，未经同意摘取活体器官等行为，“构成犯罪的，依法追究刑事责任”；《人类辅

---

① 张明楷：“刑事立法的发展方向”，载《中国法学》2006年第4期。

② 时延安：“刑法立法模式的选择和对犯罪圈扩张的限制”，载《法学杂志》2013年第4期。

助生殖技术管理办法》第22条规定了,买卖配子、合子、胚胎,实施代孕技术等行为,"构成犯罪的,依法追究刑事责任"。《关于规范活体器官移植的若干规定》第10条规定了,摘取未满十八周岁公民的活体器官进行移植,"涉嫌犯罪的,移交司法机关查处"。[①] 尽管上述条文规定了刑事责任,但是在刑法中并无相应的罪名可供适用,医疗法与刑法的脱节使其中的刑事责任条款实质上是"虚置"的。

(三)尖端医疗犯罪立法模式的现状

我国既没有类似于法国、韩国的统一《生命伦理法》,也未像大多数国家那样针对不同类型的尖端医疗技术分别制定专门法律。因此,在选择尖端医疗犯罪的立法模式时,受到了我国医疗法现实的禁锢。但是,从另一角度观之,尖端医疗刑法的发展也可能反过来倒逼医疗法发生变革。

修正案是我国当前增设罪名的唯一途径,《刑法修正案(八)》第37条第1款规定了"组织出卖人体器官罪",将之列在第234条"故意伤害罪"之后,作为《刑法》第234条之一。从本罪在刑法典的位置可以看出,立法者视其法益为器官出卖者的身体权和健康权,从而将本罪纳入了传统的"侵犯人身权利罪"。但是,有学者认为,本罪侵犯的主要法益不是器官出卖者的身体健康权,而是该行为会直接造成人体器官的商品化,容易导致传染病流行,加大移植手术失败的风险。因而,应当纳入刑法分则第6章第5节"危害公共卫生罪"。[②]

若坚持遵循现行的单一刑法典模式,有学者建议,在刑法典中以专门章(节)规定生命科技犯罪,将刑法分则第6章第5节"危害公共卫生罪"修改为"妨害生命科技管理秩序罪",在保留原有罪名的基础上,增设基因犯罪、人体试验犯罪、器官移植犯罪、辅助生殖犯罪等。[③] 然而,生命科技领域的犯罪并非必然侵犯生命科技管理秩序,其侵犯的主要和直接法益是人的独特性、自主性、不可买卖性等,相关管理秩序只是确认上述权利而非制造权利。因此,不

---

① 我国医疗法律法规还规定了一部分涉及传统犯罪的刑事责任条款。例如,泄露病人隐私,监管人员渎职。但因这些行为非专属于尖端医疗领域,故不列入本书考察的范围。

② 陈家林:"《刑法修正案(八)》器官犯罪规定之解析",载《法学论坛》2011年第3期。笔者曾经也持这一观点(杨丹著:《医疗刑法研究》,中国人民大学出版社2010年版,第305页),但是,随着研究的深入和研究领域的拓展,笔者对该观点作出了修正。

③ 刘长秋著:《生命科技法比较研究——以器官移植法与人工生殖法为视角》,法律出版社2012年版,第37页。

能将生命科技领域的犯罪等同于“妨害生命科技管理秩序罪”。更何况，在“危害公共卫生罪”一节中，很多原有的罪名（如非法组织卖血罪、强迫卖血罪）与生命科技管理秩序并无关联，本节名称不可轻率作出更改。

法国新《刑法典》第5卷第1编“公共卫生方面的犯罪”之第1章“在生物医学伦理方面的犯罪”集中规定了尖端医疗犯罪。[①] 但是，由于具体法益的差异，仍然有部分与新型生命科技相关的行为，穿插入刑法典的其他部分。例如，第2卷第3章“致人于危险罪”第4节规定了“用人身进行试验罪”，[②]第2卷第6章“侵犯人格罪”第6节规定了“采用遗传基因进行人之特征或鉴别研究产生的人身侵害罪”。[③] 法国刑法典之所以能够在刑法中为生命科技犯罪开辟专门的一章，以其制定了统一的《生命伦理法》为重要前提。但是，有学者批判了这种模式，认为新增犯罪与原有犯罪的限制范围需要磨合，必须反思将刑法与生命伦理一概而限的做法是否妥当。[④]

三、附属刑法模式和单行刑法模式：利弊权衡

尖端医疗具有深刻的伦理、社会和法律意蕴，对刑法带来了巨大的冲击和全新的挑战。一方面，将相关行为入罪化已经达成了共识；另一方面，尖端医疗犯罪与“危害公共卫生罪”虽然具有一定的联系，但存在实质差异，已经超出了现有刑法典所能容纳的范围。因此，单一刑法典的固有弊端使变革现有立法模式成为我国刑法立法发展的方向，结合医疗法的现实和未来，需要对尖端医疗犯罪的立法模式做出全新的思考。下文逐一解析附属刑法和单行刑法两种未来可能的立法途径，指出尖端医疗犯罪立法模式的发展方向。

（一）附属刑法模式

对于尖端医疗犯罪，我国多数学者主张采用刑法典和附属刑法相结合的模式。熊永明教授认为，将典型的生命科技犯罪行为规定在刑法典中，将不典型或者变动性较大的犯罪行为分散规定到与生命科技相关的法律法规中。[⑤] 刘长秋博士也修正了前述由刑法典集中立法的观点，主张采取“法典立法与单行立法相结合的模式”，刑法典规定部分生命科技犯罪及其刑事责任，各项

---

① 《法国新刑法典》，罗结珍译，中国法制出版社2003年版，第186~190页。

② 同上，第74页。

③ 同上，第95页。

④ Alain Prothais, *Un droit penal pour les besoins de bioethique*, RSC, 2000, p. 19.

⑤ 熊永明著：《现代生命科技犯罪及其刑法规制》，法律出版社2012年版，第68页。

单行医疗法规定更多的生命科技犯罪及其刑事责任。①

笔者认为,上述观点将附属刑法作为刑法典的补充,能够一定程度上完善我国刑法的立法结构,但是,未能确立一个清晰的标准来划定刑法典和附属刑法各自规制的尖端医疗犯罪的范围。而且,对于附属刑法的具体形式,即统一型立法还是散在型立法、独立型罪刑条款还是依附型罪刑条款,受尖端医疗法规范的立法模式和效力等级的制约。

第一,尖端医疗法的立法模式决定了其能否通过附属刑法规范对尖端医疗犯罪作出统一规制。

首先,如果存在一部对尖端医疗领域统一进行规制的法律,就可以在该法律中集中规定相关犯罪。例如,日本综合研究开发机构仿照法国的模式,起草了一部《生命伦理法(草案)》(生命倫理法試案),该草案第7章"罚则"规定了克隆人,非法制造、使用、移植胚胎,买卖胚胎、配子、细胞,泄露信息,妨碍检查,虚假报告等罪刑条文。② 但是,日本学者也认识到,正式制定这样一部法律的可能性非常渺茫,因为反对者的立场非常强硬。在法国,传统刑法学者和专门研究生命伦理法的学者对此也存在激烈的争论。③

其次,因为大多数国家对不同类型尖端医疗技术分别制定法律,所以尖端医疗犯罪只能采取分散立法模式,在各专门法律中附属规定相应的犯罪。例如,新加坡1978年《人体器官移植法》规定了"器官买卖契约罪"等多个器官犯罪,英国1985年《代孕安排法案》规定了"代孕安排磋商罪"等多个与代孕技术相关的犯罪。

第二,尖端医疗法的效力等级决定了附属刑事责任条款能否规定独立型罪刑规范。

在附属刑法中,刑事责任条款主要有两种形式,一种是独立型罪刑规范,即规定在一般法律中的罪刑条文具有明确的罪状和法定刑,可以直接适用;另一种是附随型罪刑规范,即一般法律只是规定了相关行为可能构成犯罪,但是,具体的犯罪成立要件和刑罚后果仍然指向刑法典,通常表述为"构成犯罪

---

① 刘长秋著:《生命科技犯罪与现代刑事责任理论与制度研究》,上海世纪出版集团2011年版,第120页。需要注意的是,此处将在单行医疗法中规定的犯罪及刑事责任条款称为"单行立法"是不妥当的,从刑法立法模式的角度看,其准确的称谓应当是"附属刑法"。

② 總合研究開発機構、川井健共编:『生命科學の発展と法(生命倫理法試案)』,有斐阁、2001、頁100~101。

③ 同上,第18~19页。

的,依法追究刑事责任"。

比较上述两类罪刑规范,显然前者比后者更科学。首先,在司法适用上,独立型罪刑规范更加明晰,可以大量减少空白罪状;其次,在预防效果上,医学专业人士通常更熟悉专门的医疗法律,在医疗法律中明确犯罪的成立要件和法定刑,能够让医学专业人士清楚地了解其行为的刑事边界并预测其后果,起到良好的预防作用。因此,独立型附属刑法规范被我国学者视作刑法立法改革模式的重点。① 然而,不可忽视的一点是,受立法权的制约,只有法律才能规定犯罪和刑罚。② 因此,要制定独立型附属刑法规范,其所附属的医疗法规范必须是全国人大及其常委会制定的法律。若医疗法规范是行政法规甚至只是行政规章,在其中规定独立型罪刑规范,则构成越权立法。当前我国医疗法规范中仅规定了附随型刑事责任条款,正是立法者恪守其立法权的体现。

台湾地区在医疗法规范中规定附属刑法条款时,会根据医疗法规范本身的效力等级作出不同处理。例如,"人工生殖法"第 4 章"罚则"规定了 3 条独立型罪刑条文;"人体器官移植条例"第 19 条则规定了,违反本"条例"规定而涉及刑事责任者,依有关法律处理之。澳门立法者视具体情况灵活予以规定。例如,"规范人体器官及组织之捐赠、摘取及移植"(2/96/M 号法律)是专门规范,其第 4 章"处罚"规定了独立型罪刑条文;"设立在生物医学及医学应用方面保障人权及人类尊严之法律制度"对医疗领域进行了整体规制,第 23 条规定的是概括的附随型规范,"侵犯本法所赋予之权利或违反本法规所载之原则者,按一般法所定之制度而构成纪律、民事或刑事责任"。

因此,在专门医疗法律中规定可以直接适用的罪刑条款,即独立型附属刑法是尖端医疗刑法的一种可能模式。但是,在我国尖端医疗法规范整体效力层次偏低的现实下,至多只能制定附随型罪刑条款,而附随型罪刑条款必然指向刑法典来完成罪刑规范的设置,最终回归单一刑法典模式。因此,规定独立型附属刑法规范,必须以制定法律层次的尖端医疗规范为前提,这依赖于我国尖端医疗领域的立法进程,事关医疗法体系的整体变革。

(二)单行刑法模式

在尖端医疗领域采用单行刑法模式,是指制定一部集中规定了尖端医疗犯罪的罪状和法定刑的专门刑法。相较于刑法典和附属刑法,单行刑法具有

① 柳忠卫:"刑法立法模式的刑事政策考察",载《现代法学》2010 年第 3 期。

② 根据《立法法》第 8 条第 4 项的规定,"犯罪和刑罚"属于只能由法律规定的事项。

如下优势：

第一，单行刑法灵活且具有更大的包容性，可以克服刑法典呆板、无法容纳侵犯新型法益的犯罪的弊端。对于尖端医疗犯罪而言，单行刑法最大的优势正在于可以积极地创制新型法益，能够对疾速发展的尖端医疗技术做出及时的回应。

第二，单行刑法自由且更容易协调，既可以克服独立型附属刑法受医疗法规范的效力等级桎梏的弊端，又可以解决附随型附属刑法与刑法典脱节的问题。全国人大常委会《关于修改部分法律的决定》释放了彻底废除附属刑法的信号，意味着附属刑法不再是立法者所期待的立法模式，制定附属刑法的可能性大大降低，单行刑法模式代表了未来更加可能的方向。

第三，单行刑法集中且清晰的规定罪状并设置法定刑，有利于预防犯罪和司法适用。针对尖端医疗犯罪制定的单行刑法，易于被医学专业人士所知悉和理解，为医学研究和临床实践了提供明确的行为指引，有助于预防犯罪。叙明罪状能够为司法适用提供明晰的依据，契合罪刑法定的要求。

但是，若普遍采用单行刑法模式，则会回到 1997 年以前单行刑法过度膨胀，彼此缺乏协调统一，动摇刑法典权威的老路上去。因此，有学者确立了制定单行刑法的条件，即必须是不适于以附属刑法和刑法典规定的犯罪，才考虑制定单行刑法，具体需要参酌犯罪的严重性、复杂性，且不以违反行政法、经济法为必然前提。因此，该论者认为，有组织犯罪（恐怖活动犯罪）、毒品犯罪、国际条约规定的比较复杂的犯罪，适合由单行刑法加以规定。①

笔者对此深表赞同，尖端医疗犯罪完全符合上述制定单行刑法的审慎性条件。前文已经详尽分析了单一刑法典模式和附属刑法模式规制尖端医疗犯罪的流弊，尖端医疗犯罪涉及人的尊严等重大法益，具有高度的专业性和复杂性，以单行刑法模式予以积极和全面的规制是我国的发展方向。

第三节　尖端医疗犯罪的分类及法定刑配置

一、关于尖端医疗犯罪分类的观点述评

有学者根据表现形式不同，将生命科技犯罪划分为七种类型：商业化的生

① 张明楷："刑事立法的发展方向"，载《中国法学》2006 年第 4 期。

命科技犯罪，违反自愿、知情同意的生命科技犯罪，违反情报（或信息规则）的生命科技犯罪，无资质类生命科技犯罪，渎职类生命科技犯罪，反人类的生命科技犯罪，其他生命科技犯罪。①

有学者则主张，应当增补商业化生命科技犯罪、违反自主决定权或者知情同意权的生命科技犯罪、违反情报规则的生命科技犯罪、反人类的生命科技犯罪。②

笔者认为，上述两种主张均是以行为方式作为分类标准，第一种观点是对生命科技领域全部罪行进行的分类，包含了传统罪名足以规制的部分行为。例如，无资质类生命科技犯罪（非法行医罪）、渎职类生命科技犯罪（医疗事故罪）等，无法体现生命科技犯罪的特点，极易导致立法上的重复和叠加；第二种观点虽然是在生命科技领域"增补"犯罪，但违反情报规则的生命科技犯罪现有立法足以规制，并不需要作出增补。并且忽视了"正当法律程序"在尖端医疗领域的意义，未能将相关犯罪纳入其中。

笔者主张针对尖端医疗领域制定单行刑法，在单行刑法模式下，无须如附属刑法那样只能就所附属的医疗法涉及的技术规定一一对应的犯罪，而是依据行为侵犯的法益进行类型化的规制通过对尖端医疗犯罪进行科学的分类和排序，形成自身内在和谐统一的体系。只有法益才能体现犯罪的本质，这样的分类既符合刑法的基本原理，还能避免对侵犯相同法益但分属不同技术领域的行为进行重复规定。单行刑法的优越性正在于，通过总结尖端医疗领域危害行为的本质和特点并将之类型化，科学地设置兼具概括性和明确性的罪刑规范。

二、尖端医疗犯罪的分类

本书以尖端医疗领域为研究对象，故不纳入传统的医疗犯罪罪名（医疗事故罪、非法行医罪），此外，为了避免立法的重复，现有罪名足以规制尖端医疗相关行为也排除在外（侵犯公民个人信息罪可以规制泄露尖端医疗当事人信息的行为，再如，故意伤害罪可以规制非法摘取活体器官的行为）。将上述两类情形排除以后，以侵犯的法益及其重要性为标准，尖端医疗犯罪可以作如

---

① 刘长秋著：《生命科技犯罪与现代刑事责任理论与制度研究》，上海世纪出版集团2011年版，第37～42页。

② 熊永明著：《现代生命科技犯罪及其刑法规制》，法律出版社2012年版，第69页。

下三类排序：

（一）危害人类的尖端医疗犯罪

危害人类罪（Crimes against Humanity）是针对平民人口进行的广泛或有系统的暴力罪行，侵犯了人类社会的根本利益，严重地破坏了人类的和平和安全。危害人类罪是一项传统的国际罪行，通常包括种族灭绝罪、恐怖主义犯罪、制造生化武器犯罪等。[①] “生命伦理相关的问题，跟战争罪一样，也是个不折不扣的全人类问题或课题。”[②]某些滥用尖端医疗技术的行为在本质上是反人类的，从根本上否定了人类尊严、颠覆了基本伦理秩序、扰乱了人类社会的整体秩序，属于《罗马规约》第7条第1款第10项规定的“故意造成重大痛苦，或对人体或身心健康造成严重伤害的其他性质相同的不人道行为”。

这类行为主要有生殖性克隆人的研究和应用，利用辅助生殖技术实施跨物种的精卵结合，基因操纵，制造基因武器等。危害人类的尖端医疗犯罪通常作为重罪加以处罚。例如，《澳大利亚禁止克隆人法案》规定了生殖性克隆人的法定最高刑为十五年有期徒刑，《法国刑法典》规定了生殖性克隆人的法定最高刑为二十年有期徒刑。

（二）商业化的尖端医疗犯罪

正是因为尖端医疗技术的发展，才使人体器官、组织、细胞的移植和使用成为可能。但是，若将器官、组织、细胞作为金钱的对价物，成为一种可以交换的商品，则使人沦为工具，否定了人作为自在目的的主体地位。“禁止人体部件（Human Part）交易”是重要的生命伦理原则，也普遍获得各国刑法的确认。例如，德国、日本均规定了有关的罪名。

在单行刑法中，对尖端医疗领域的商业化行为规定概括的罪名、进行统一的规制。行为对象包括人体器官、组织和细胞，商业化的具体方式有出售、购买、走私、出租，等等。具体罪名可以规定为非法人体器官交易、商业化代孕母，出售、购买精子、卵子、配子、胚胎，等等。商业化人体器官（组织、胚胎）的行为侵犯的法益是人的不可买卖性，其危害性程度和法定刑介于反人类的尖端医疗犯罪和违反正当法律程序的尖端医疗犯罪之间。

---

① 《罗马规约》第7条第1款。

② 總合研究開発機構、川井健共編：『生命科學の発展と法（生命倫理法試案）』、有斐阁、2001、頁104。

（三）违反正当法律程序的尖端医疗犯罪

在尖端医疗领域，法律正当程序（due process of law）是一项重要准则，[①]即为了保障人的尊严，避免技术和伦理风险，国家对尖端医疗技术规定了一定的资质许可和程序要件。具备特定资质的医生（医学家）在履行正当审批手续，符合一定程序的情况下，方可实施相应的尖端医疗技术。若违反了正当法律程序，则可能构成犯罪。

这类犯罪具有鲜明的法定犯特征，侵犯的是国家对于尖端医疗技术研究和应用的管理秩序。具体表现形式有未经许可制造人类胚胎、未经许可使用剩余胚胎等行为。例如，澳大利亚《禁止克隆人法案》将犯罪区分为绝对禁止的行为和违反许可的行为，后者就是指违反正当法律程序构成犯罪的行为，罪状通常表述为"违反……的规定"、"未经许可"，等等。本类犯罪侵害的法益是医疗管理秩序，在尖端医疗领域属于轻罪，其法定刑也是最轻的。

三、尖端医疗犯罪的法定刑配置

在将尖端医疗技术研究和应用中的相关行为予以入罪化时，除了清晰地表述罪状，还需科学地配置法定刑。

第一，法定刑的配置首先以法益受侵害的程度为根据。

法益侵害程度是配置法定刑的首要根据，这是罪责刑相适应原则的基本要求。例如，生殖性克隆人颠覆了人的产生方式否定人的独特性，被视为尖端医疗领域最严重的犯罪，因而设置了最高的法定刑。再如，违反正当程序条款的犯罪，强制抽取配子的行为相对来说损害法益的程度最轻，因而其法定刑在尖端医疗犯罪中是最低的。其他犯罪对法益的损害介于上述两者中间，应依各自侵害法益程度的高低配置轻重有别的法定刑。

第二，法定刑的配置应当与其他犯罪的法定刑保持均衡。

在不同犯罪之间配置均衡的法定刑是刑罚体系科学化的必然要求，均衡性既表现为相似犯罪的一致性，又表现为具有不同危害性犯罪的差异性。可以从如下从两个方面予以考量：其一，新设置的尖端医疗犯罪的法定刑与刑法中现有类似犯罪的法定保持均衡。例如，《刑法》第 333 条规定了"非法组织卖血罪、强迫卖血罪"，本书在论证了将"非法组织出卖配子、合子、胚胎"入罪

---

① Katsunori Kai, "Model of Regulation on Medical Innovation/Medical Research from the Perspective of Comparative Law"，载《早法》86 卷 4 号（2011）。

化的基础上，在配置本罪的法定性时，充分参考了第333条的法定刑，做了基本一致的立法设计。其二，对于在同一尖端医疗技术领域实施的不同犯罪，法定刑的设置保持均衡。例如，在辅助生殖领域，按照法益侵害程度的高低，予以入罪化的行为分别为跨种植入配子、胚胎罪，商业性代孕罪，组织、强迫出卖配子、合子、胚胎罪以及强制抽取配子、强制授精罪。因而，上述四个犯罪的法定刑配置也显示了从重到轻的序列。再如，若将直接的人体器官交易规定为犯罪，则其法定刑应当轻于"组织出卖人体器官罪"。

第三，法定刑的配置须充分理解总则关于禁止从事职业的规定，无须再另行规定资格刑。

我国《执业医师法》、《医疗事故处理条例》、《中医师、士管理办法（试行）》和《护士条例》对于构成医疗事故的医务人员规定了暂停执业或者吊销资格证书的处罚措施，其性质是行政处罚（分），其内容与职业资格相关。笔者在医疗过失犯罪的研究中，基于"剥夺资格具有预防再犯的特殊预防功能"、"更严厉的惩戒和警戒功能"、"程序上由严谨的刑事诉讼程序程序加以检验"[①]三点理由，主张应当在医疗事故罪中增设剥夺从医资格。然而，该研究也以彼时的刑罚体系为基础，由于我国资格刑仅限于剥夺政治权利的，增设剥夺从医资格等相关资格刑必须刑罚体系作出相应的变革。

以上增设资格刑的三点理由同样适用于尖端医疗领域的犯罪，但是，实定法基础已经发生了改变。2015年11月1日正式施行的《刑法修正案（九）》第1条规定："在刑法第三十七条后增加一条，作为第三十七条之一，'因利用职业便利实施犯罪，或者实施违背职业要求的特定义务的犯罪被判处刑法的，人民法院可以根据犯罪情况和预防再犯罪的需要，禁止其自刑罚执行完毕之日或者假释之日起从事相关职业，期限为三年至五年'。"对于本条措施的性质，理论界目前存在资格刑说、保安处分说和刑罚附随效果说三种主张。无论采取哪种观点，显然，尖端医疗领域的大多数犯罪均与行为人从事其医疗（学）职业有关，符合《刑法》第37条之一的"职业禁止"的适用条件。本条规定置于刑法总则，可以普遍适用于分则的具体罪名。因此，在专门的罪刑条款中配置法定刑时，无须再重复规定禁止从事医疗职业。司法实务中，则须将分则与总则相结合，宣告禁止犯罪人在一定期限内从事医疗职业。

---

① 杨丹著：《医疗刑法研究》，中国人民大学出版社2010年版，第264～265页。

下编　具体尖端医疗技术研究和应用的刑法规制及立法对策

第五章 人类辅助生殖技术应用的刑法规制及立法对策

“繁衍后代的欲望是自然赋予生物的共同特性，血缘关系以善良用心和亲切之情把人们联系起来。”①然而，世界卫生组织预测，不孕症将成为21世纪人类面临的第三大疾病，人类辅助生殖是应对不孕症的重要手段。人类辅助生殖技术介入了生殖的过程，可能割裂由自然生殖所形成的天然血缘联系，使精子、卵子、配子等细胞脱离于人体而存在，改变了生命的孕育方式，极大地冲击了伦理和法律。

第一节 人类辅助生殖技术的应用及规制状况

人类辅助生殖技术（Assisted Reproductive Technology，ART），是指在男女性交以外导致受孕的技术。根据我国《人类辅助生殖技术管理办法》第24条的界定，是指应用医学技术和方法对配子、合子、胚胎进行人工操作，以达到受孕目的的技术，分为人工授精和体外受精—胚胎移植以及各种衍生技术。本节通过总结人类辅助生殖技术的各种类型，明晰该技术所涉

---

① ［古罗马］西塞罗著：《论义务》，王焕生译，中国政法大学出版社1999年版，第55页。

及的基本事实和本质,在此基础上整理各国的立法状况。

一、人类辅助生殖技术概述

(一)人类辅助生殖技术的分类

人类辅助生殖技术主要涉及授精、胚胎移植及其衍生环节。根据授精的位置不同,分为体内授精和体外受精;[①]根据精子来源的不同,分为夫精人工授精和供精人工授精;根据卵子来源的不同,分为采用妻子卵子的人工授精和采用第三人卵子的人工授精;根据怀孕者的不同,分为委托者本人怀孕和代理孕母。可见,辅助生殖技术的应用中精子、卵子和子宫形成了各种形式的组合,表1将清晰地展示各种组合。

表1

<table>
<tr><td rowspan="6">人类生殖</td><td>自然生殖</td><td colspan="3">1. 自卵子+自精子+自子宫</td></tr>
<tr><td rowspan="5">人工生殖</td><td rowspan="2">体内授精
(Artificial Insemination, AI)</td><td>使用丈夫精子
(Artificial Insemination by Husband, AIH)</td><td>2. 自卵子+自精子+自子宫</td></tr>
<tr><td>使用捐赠精子
(Artificial Insemination byDonor, AID)</td><td>3. 自卵子+他精子+自子宫</td></tr>
<tr><td rowspan="3">体外受精
(In Vitro Fertilization and Embryo Transfer, IVF-ET)</td><td>妻子提供卵子(丈夫或捐赠者提供精子)</td><td>4. 自卵子+自精子+自子宫
5. 自卵子+他精子+自子宫</td></tr>
<tr><td>捐赠者提供卵子(丈夫或捐赠者提供精子)</td><td>6. 他卵子+自精子+自子宫
7. 他卵子+他精子+自子宫</td></tr>
<tr><td>捐赠者提供精子和卵子</td><td>8. 他卵子+他精子+自子宫</td></tr>
</table>

① 体内授精和体外受精都是以非性交方式实现生殖。相比较而言,体外授精更多地运用到取卵、授精、受精卵培植、胚胎移植等技术,人工介入的因素更多。通常所称的"试管婴儿",就是指应用体外授精技术孕育的婴儿。

续表

人类生殖	人类生殖	代理孕母(Surrogacy)	9. 自卵子+自精子+(第三人)子宫 10. 他卵子+他精子+(第三人)子宫 11. 他卵子+自精子+(卵子提供者)子宫 12. 他卵子+他精子+(卵子提供者)子宫 13. 他卵子+自精子+(第三人)子宫 14. 他卵子+他精子+(第三人)子宫 15. 他人提供受精卵(他卵子+他精子)+(第三人)子宫

从上述分类可以清晰地看出,虽然辅助生殖技术通过医学手段取代了通过性交形成的自然受孕过程,但依然是精卵结合进行的有性生殖。简言之,改变了生殖的途径但未改变人类繁衍的本质,医学只是起到"辅助"作用而已,这是人类辅助生殖与克隆技术的根本差异。因此,克隆人问题不在本章研究的范围内,下文另列单章讨论。

(二)人类辅助生殖技术评估

1978年世界上首名试管婴儿路易斯布朗在英国诞生,成为人类辅助生殖技术发展的里程碑;我国首名试管婴儿于1988年在湖南医科大学附属医院出生。历经多年的发展,人类辅助生殖技术日臻成熟并获得广泛应用,截至2004年4月20日,全球已有100万通过体外受精技术出生的人,在某些欧洲国家,应用该技术出生的婴儿占新生儿总数的5%。① 在日本,每年新生婴儿中1%左右(约1.2万人)通过体外受精而出生。②

人类辅助生殖在技术上的安全性经过评估已经获得确认。2003年7月,由比利时、丹麦、英国、希腊、瑞典五国组成的研究小组在欧洲人类生殖和胚胎学会(European Society of Human Reproduction and Embryology)年会上发表了关于人类辅助生殖技术的评估报告,这是目前世界上最完整的评估报告。研究小组以辅助生殖技术的风险和并发症为研究对象,关注了多胎妊娠、对取卵妇女的长期影响,对后代的影响以及发病和死亡的状况。该评估报告认为,试

① 郭永松著:《生命科学技术与社会文化:生命伦理学探究》,浙江大学出版社2009年版,第89~90页。

② 日本弁護士連合会:「先端医療・医科学研究に伴う生命倫理上の諸問題とルール策定の必要性」、『人の誕生や受精卵・胚に関する先端医療・医科学研究のルール策定を求める決議』、2003年10月16日,资料来源:http://www.nichibenren.or.jp/activity/document/civil_liberties/year/2003/2003_2.html,最后访问日期:2015年9月16日。

管婴儿（In Vitro Fertilization，IVF）、单一精子卵质内显微注射（Intracytoplasimic Sperm Injection，ISCI）[①]出生的婴儿和自然生殖的婴儿具有相同的安全性；通过记录541个ISCI出生的婴儿、440个试管婴儿、542个自然生殖婴儿从出生到5岁的成长和发育情况，发现他们在身高、体重、疾病、语言能力、行为表现和智商等方面未出现明显差异。研究小组还报告了ISCI和IVF出生的婴儿所在家庭的社会适应情况，该类家庭在婚姻和亲子关系方面并没有对社会和经济发展产生不良影响。[②]

该技术本身是安全的，可是，若技术实施的过程脱逸监管则会成为法律的"西部蛮荒"，其中，最恶名昭彰的是20世纪90年代初期在加州大学尔湾分校生殖健康中心发生的一系列事件，包括盗取妇女的卵子、盗取胚胎植入他人或者提供给动物学家、非法贩卖助孕药物、遗失病历等。此外还有企图掩盖真相、解雇告密者，诈领保险金等事件，主持该中心的三位医生，有两位潜逃至墨西哥及南美。[③] 对于人类辅助生殖技术强化监管力度和规范运作的现实需求，推动了法律的产生。

二、人类辅助生殖技术的立法状况

规制人类辅助生殖技术的前提在于技术本身的正当性，这在不同伦理视域下存在相当的争议。宗教伦理视域从胚胎已是生命、夫妻关系的尊严、性爱的尊严等角度反对辅助生殖技术，而现代世俗伦理视域则基于人的自由和解放接受了辅助生殖技术，该观点在全球化氛围中占据了优势地位。[④] 过去40多年以来，医疗技术在曾经被"禁止进入"的生殖领域取得了重要的跨越，由于该领域具有特别的伦理敏感性，法律必须通过平衡竞争性的利益和观点来

---

① 首次成功采用ISCI技术的婴儿于1988年在比利时出生。该技术采取显微注射的方法，将一只精虫直接注入卵子细胞质使其受精，待发育成胚胎以后再将其移植入怀孕者的子宫。该技术适用于男性重度不孕症，本质上属于试管婴儿的一种措施。

② 报告详情参见 J. A. Landl and J. L. H. Evers，"Risks and complications in assisted reproduction techniques：Report of an ESHRE consensus meeting"，*Human Reproduction*，Vol. 18，No. 2，2003，pp. 455 – 457.

③ Tabitha M. Powledge："人工生殖技术安全吗？辅助生殖科技该要好好管制了"，潘震泽译，载《科学人杂志》2002年第5期。

④ 艾立勤："人工生殖全球化：两个不同伦理视域的比较"，载《台湾医学人文学刊》第4卷第1、2期合刊。

加以有效的规制。① 从各国医学实践和立法状况来看,人类辅助生殖技术本身的正当性获得了普遍的认可。

在立法体例上,各国大多制定了专门法律加以规范;这些规范在属性上,涵盖了涉及亲子关系、精子、卵子、胚胎的法律地位的民事规范,许可、监管技术实施的行政规范,以及惩罚商业化、损害精子、卵子、胚胎等行为的刑事规范,下文在概述主要国家(地区)相关规定简况的基础上,重点关注其罪刑条文。

(一)英国:《人类生殖与胚胎法案》(Human Fertilisation and Embryology Act 1990)、《代孕安排法案》(Surrogacy Arrangement Act 1985)

英国既是世界上辅助生殖技术最发达的国家之一,也是率先制定生殖法律的国家之一。根据沃诺克(Warnock Committee)委员会的报告,②英国于1990 年制定了《人类生殖与胚胎法案》,并于 2008 年进行了较大的修正。该法案的主要内容有:规定了胚胎及其后续发育的相关条款;设置人类生殖和胚胎管理局(HFEA)作为人类生殖的监管机关;确定人类生殖技术下的亲子关系;修改了 1985 年《代孕安排法案》的部分内容。

该法案第 41 条"犯罪"(Offence)规定了与辅助生殖相关的犯罪,大致可以分为三类:第一类是违反第 3 条(与胚胎有关的禁止行为)和第 4 条(与生殖细胞有关的禁止行为)规定的部分行为构成犯罪。例如,非法向人类植入非人类的胚胎、配子,制造人兽混合配子,未经许可在胚胎原条出现以后保留或者使用胚胎,将人类胚胎植入动物,等等。第二类是与辅助生殖信息相关的犯罪。例如,为了获得许可提供错误或者误导性信息,泄露信息等。第三类是违背 HEFA 工作人员提出的提供相关证明、信息的要求,故意阻碍监管机构人员行使权力等。

在刑罚配置上,具有如下特点,第一,第一类是最严重的犯罪,法定最高刑

---

① Marc Stauch, Kay Wheat and John Tingle, *Text, Cases and Materials on Medical Law and Ethics*, London and New York: Routledge Taylor Francis Group, 4th ed., 2011, p. 302.

② 英国政府设立了由道德哲学家 Dame Mary Warnock 领导的咨询委员会,为立法提供咨询意见。1984 年,委员会出具了 *Report of the Committee of Inquiry into Human Fertilisation and Embryology*(简称《沃诺克报告》),成为英国《人类生殖与胚胎法案》的立法基础。报告原文 HER MAJESTY'S STATIONERY OFFICE (HMSO): *Report of the Committee of Inquiry into Human Fertilisation and Embryology*, Cmnd. 9314, 1984, http://www.hfea.gov.uk/docs/Warnock_Report_of_the_Committee_of_Inquiry_into_Human_Fertilisation_and_Embryology_1984.pdf, Lastvisited 2015-3-2。

为10年监禁;第二,法定刑包括两个刑种,即监禁和罚金;第三,刑罚条款的规定方式较为集中,即先规定犯罪的构成要件,对法定刑相同的数个犯罪,最后用一个条文集中规定法定刑;第四,在同一罪名中,根据按照一般程序还是简易程序处理分别对应不同的法定刑,后者的法定刑远远轻于前者。

在英国,辅助生殖领域的另一部重要法律是1985年通过的《代孕安排法案》,该法案界定了“代孕母亲”、“代孕安排”等概念,禁止商业化的代孕以及代孕广告,并规定了相关犯罪。《代孕安排法案》第4条规定了两类犯罪,第一类是发起、参加代孕安排的磋商,提供或者同意商业代孕,收集信息帮助商业代孕等,第二类是商业代孕广告罪。这两类犯罪的主体包括自然人和法人,属于以简易程序处理的轻罪,第一类罪的法定刑是三个月以下监禁,单处或者并处五级以下罚金,第二类罪的法定刑是五级以下罚金。1990年《人类生殖和胚胎法案》第36条和第37条对1985年法案作了部分修正,进一步规定了代理孕母协议的合法化要件,代孕所生子女与受术夫妻的关系等。

(二)德国:《胚胎保护法》(Gesetz zum Schutz von Embryonen-EschG)

德国于1990年颁布了《胚胎保护法》,其立法目的在于维护德国基本法对于人性尊严和生命的保护,防止辅助生殖技术的滥用,保护受精卵和胚胎。该法的主要内容有:禁止滥用辅助生殖技术、禁止滥用胚胎、禁止克隆人技术、禁止以人为方式改变细胞组织与动物遗传因子杂交,界定了胚胎、生殖细胞等相关概念,禁止医师以外的人实施辅助生殖技术,等等。从整体上看,德国已经对滥用辅助生殖技术的行为规定了全面的禁止性规定。因而有学者认为,德国是为生殖技术设置罪名最多的国家。①

根据德国《胚胎保护法》的规定,以研究为目的培育和操作受精卵,实验和操作非配偶间的人工授精和代孕,实验和操作胚胎的性别选择,人工操作人类生殖细胞,实验人兽接种或者混合合成等行为,均构成犯罪。该法间接表明了禁止代孕的立场,无论是否支付对价均一律禁止,为代孕提供中介或者广告的,也构成犯罪。

(三)法国:《新刑法典》(Nouveau Code Penal)

法国《新刑法典》第5卷第1编第1章规定了“在生物医学伦理方面的犯罪”,其大部分内容与辅助生殖技术有关,该章第2节“保护人体”和第3节“保护胚胎”集中规定了辅助生殖领域的犯罪。

---

① 郭自力著:《生物医学的法律和伦理问题》,北京大学出版社2002年版,第265页。

"保护人体"一节主要涉及对配子的保护，包括未经同意从活人身上采集、抽取配子，购买配子，扩散相关人员资料，未对配子进行疾病检测，用新采集精子或捐赠的混同精子进行人工授精，违反捐赠人意愿，未经批准擅自采集、处理、保存和转让捐赠的配子等数个罪名，其法定刑均为监禁和罚金并罚，未经同意从活人身上采集、抽取配子的法定刑最重，为五年监禁并处75,000欧元罚金，其余犯罪的法定刑均为两年监禁并处30,000欧元罚金。[①]

"保护胚胎"一节规定的犯罪主要有，付款取得胚胎、违法取得胚胎，以工业、商业为目的的试管胎儿受孕或者胚胎应用，为研究或实验目的进行胚胎培育，未经批准进行产前诊断、移植前诊断、辅助生殖，扩散相关人员资料，未经法定的传染性疾病检测进行胚胎移植等多个罪名，本节犯罪的法定刑部分高于"保护人体"一节的规定，涉及胚胎出售、取得、培育等方面的犯罪，其法定刑为七年监禁并处100,000欧元罚金，其余犯罪则为两年监禁并处30,000欧元罚金。[②]

（四）美国：各州作出规定

美国各州对于人类辅助生殖技术的规定并不一致，最典型的分歧体现在对于代孕的态度。1985年，新泽西州发生的"Baby M"事件[③]引发了热烈的讨论，相关争论涵盖了代理孕母契约的合法性、医学科技的道德问题，等等。

美国律师公会家庭法分会的收养法委员会和代孕母特别委员会曾经拟制了《模范代理孕母法案》，该法案于1988年8月提交全美律师公会代表大会表决，但未能获得通过。该法案主要有四个功能：第一，承认商业性代理孕母契约是合法有效的；第二，委托夫妇和代孕母亲均有权执行代孕契约；第三，给予代孕母亲适当合理的补偿；第四，所有程序应由各州授权和许可的机构来完成。

---

① 《法国新刑法典》，罗结珍译，中国法制出版社2003年版，第187~189页。

② 同上，第189~190页。

③ 威廉·斯特恩（William Stern）和伊丽莎白·斯特恩（Elizabeth Stern）是一对夫妇，他们因为无法生育，委托了一家不孕不育中心刊登广告寻求代孕母亲。玛丽·贝丝·怀海特（Mary Beth Whitehead）应征成功，双方签订了一份合同，用威廉的精子进行人工授精，孩子出生后玛丽放弃母亲的权利，交由威廉收养；威廉需向玛丽支付1万美元，并支付医疗费用。然而，孩子出生以后，玛丽改变了主意，拒绝交出孩子，双方展开了监护权的争夺。因为孩子名为梅丽莎（Melissa），所以本案被称为"Baby M案"。初审法院认定代孕合同有效，然而，上诉法院推翻了一审判决，认定代孕合同无效。但是基于有利于孩子的理由，将监护权判决予威廉。（*Baby M*，217 New Jersey Superior Court，313[1987]；*Matter of Baby M*，Supreme Court of New Jersey，537 Atlantic Reporter，2d Series，1227[1998]）

(五)加拿大:《辅助生殖法案》(Assisted Human Reproduction Act-AHRA)

加拿大于2004年通过了人类遗传和生殖领域的重要立法《辅助生殖法案》,同时规定了三年的立法审核期,法案于2007年取得了完全的效力。该法案确立了与人类辅助生殖有关的一系列许可、管理、监督和实施制度,以保护和促进健康、安全和价值。法案区分了人类遗传和生殖技术中的两类应用,即禁止不可接受的应用,允许基于对社会负责的态度实施有益的应用。其核心价值是,保护妇女和孩子的健康和安宁,防止对人类生殖的商业化剥削。依法案设立了辅助生殖管理局(AHRAC),该机构负责制订相关条例并监管医疗机构的活动。①

法案第5~9条、第12条②规定了禁止(Prohibited)的行为。第5条禁止人的克隆,禁止跨种移植卵子、精子、胚胎,禁止制造人类/非人类的混种和嵌合体;第6条禁止商业化代孕(包括广告、协助、建议等);第7条禁止买卖精子、卵子和胚胎;第8条禁止未经同意使用生殖细胞制造胚胎、未经同意死后取精、未经同意使用胚胎;第9条禁止获取十八岁以下未成年人的配子;第12条规定了,除了法律有规定的以外,禁止为精卵捐赠者、胚胎的保存和移植、代孕母提供补偿。

在上述禁止行为的基础上,该法案第60条、第61条规定了罪刑条文。第60条规定了,违反法案第5~7条、第9条的行为,构成犯罪,依公诉程序控告的,处50万加元以下罚金,单处或者并处10年以下监禁;依简易程序控告的,处25万加元以下罚金,单处或者并处4年以下监禁。第61条规定了,除了构成第60条规定的犯罪以外,违反本法以及相关法例、法令,构成犯罪的,依公诉程序控告的,处以25万加元以下罚金,单处或者并处五年以下监禁;依简易程序控告的,处以10万加元以下罚金,单处或者并处两年以下监禁。从上述条文可以看出,加拿大关于人工生殖犯罪的规定非常全面和具体。

(六)中国:《人类辅助生殖技术管理办法》

中国大陆在人类辅助生殖领域的基本规范是卫生部于2001年2月20日发布、8月1日正式实施的《人类辅助生殖技术管理办法》。该办法第22条在同一条文中规定了行政责任和刑事责任:有下列行为之一,"构成犯罪的,依

---

① 加拿大遗传学与社会研究中心:"加拿大的辅助性生殖法:一个负责任的政策模型",刘俊香译,载《医学与哲学》2004年第7期。

② 第10条和第11条已经于2012年废除。

法追究刑事责任”,包括:买卖配子、合子、胚胎;实施代孕技术;使用不具有《人类精子库批准证书》机构提供的精子;擅自进行性别选择;实施人类辅助生殖技术档案不健全;经指定技术评估机构检查技术质量不合格;其他。

同日实施的《人类精子库管理办法》第24条也是用同一个条文规定了行政责任和刑事责任:有下列行为之一,“构成犯罪的,依法追究刑事责任”:采集精液前,未按规定对供精者进行健康检查;向医疗机构提供未经检验的精子;向不具有人类辅助生殖技术批准证书的机构提供精子;供精者档案不健全;经评估机构检查质量不合格;其他。

上述行为除了极少数可能构成《刑法》第335条规定的“医疗事故罪”以外,大部分在刑法中找不到可供适用的罪名。上述《人类精子管理办法》是行政规章,无权直接规定罪刑规范,而现行刑法中并无相应的罪名予以衔接,因而《人类精子管理办法》中指引刑事责任的条款实质上是“虚置”的。上述刑事立法的空白需要通过理论的考察和比较法的研究做出积极的填补。

生育既是一个家庭的隐私,也关乎一个社会的未来。在中国,从技术发展水平来看,辅助生殖治疗数量多、经验丰富,发达地区顶尖辅助生殖中心的技术含量、技术服务水平和成功率,已经与一流国家同步。就辅助生殖的临床应用来看,目前尚无公开的全国统计数据。仅以上海为例,2014年,上海有418万已婚育龄妇女,按照不孕症发生率10%、其中有10%~20%需要求助于辅助生殖技术来推算,有4万~8万对夫妻有进行辅助生殖的潜在需求。当年,上海进行了26,346次取卵手术和26,029次移植手术,以及3549例夫精人工授精手术和3684例捐精人工授精手术。然而,纳入国家卫计委统计的合法生殖门诊,截至2012年12月31日仅有358家。① 因此,不孕症和婴儿潮共存、发达的技术和短缺的医疗资源并存、“计划生育”国策与极为看重血缘和传承的东方文化并存,使人类辅助生殖技术在我国面临更加复杂的社会环境。我国的立法需要充分考虑这一现实,制定既符合国际共同准则又切合国情的规范与准则,为人类辅助生殖技术的健康发展提供宽松有序的支撑性政策条件。

各国(地区)均对人类辅助生殖技术做出了积极的规制,具体表现为如下特点:第一,在模式上,除了法国是以《生命伦理法》和《新刑法典》相配合予以刑事上的规制以外,其他国家(地区)在辅助生殖领域均制定了专门的规范,

---

① 数据来源:李珊珊:“造人:辅助生殖在中国”,载《南方人物周刊》2015年第29期。

并且,在专门规范中均规定了刑事责任条款;第二,在层次上,大多数国家(地区)制定了法律(案)规制辅助生殖技术,我国则以行政规章加以规制,层次偏低;第三,在罪名设置上,发达国家规定了严密的刑事法网,包括反人类的辅助生殖行为、商业化行为,等等。比较而言,我国台湾地区和大陆在很多方面仍属空白;第四,在刑罚配置上,刑种以监禁刑和罚金刑为主,但是,各国(地区)的刑罚幅度存在很大的差异;第五,对于代孕问题存在较大的分歧,存在一概禁止、一概允许、禁止商业化以及未作规定等多种态度。

(七)中国香港特区:《人类生殖科技条例》

中国香港特区于2000年通过了《人类生殖科技条例》,主要内容有规管生殖科技程序和管制使用胚胎及配子作研究及其他目的;除了守则有相反的明文规定的情况以外,生殖科技程序只可以对不育夫妇提供;规管代母安排;设立人类生殖科技管理局。

该条例第13条规定了"禁制并非依据牌照进行有关活动",第14条规定了"禁制就代母安排使用捐赠的配子",第15条规定了"与胚胎有关连的禁制、对性别选择和提供生殖科技程序予未婚人士的禁制",第16条规定了"禁制订明物质的商业交易",①第17条规定了"禁制属商业性质的代母安排等"行为。

该条例第39条"罪行"规定了:"(1)任何人违反上述禁止规定,或者违反管理局撤销、吊销、交还牌照等指明的任何条件,即属犯罪,一经首次定罪,可处第四级罚款及监禁六个月;一经再度定罪,可处第六级罚款及监禁两年。(2)任何人为牌照的发给的目的,明知或罔顾后果地提供在要项上属虚假或具误导性的任何资料,即属犯罪,一经定罪,可处第四级罚款及监禁六个月。(3)任何人在违反保密的要求披露任何资料,即属犯罪,一经首次定罪,可处第四级罚款及监禁六个月;一经再度定罪,可处第六级罚款及监禁两年。(4)任何人(a)没有遵从配合管理人员检查的要求,或者蓄意妨碍授权人士行使权力,即属犯罪,一经定罪,可处第四级罚款及监禁六个月。(5)牌照适用的人或持牌人如没有根据本条例获授权而就任何配子或胚胎的提供给予或收取金钱或其他利益,即属犯罪,一经定罪,可处第四级罚款及监禁六个月。"此外,该条第(6)款和第(7)款还规定了本条例犯罪的辩护理由。

---

① 根据该条第3款的规定,所谓"订明物质"(prescribed substance),是指(a)配子或胚胎;或(b)胎儿的卵巢组织或睾丸组织。

从上述规定可以看出，香港因长期受英国法律传统的影响，其辅助生殖法律制度、机构设置等与英国《人类胚胎与生殖法案》基本一致。从刑事责任条款来看，罪名的设置和成立要件也非常相似。但是，英国的法定刑明显重于香港，对于与生殖细胞、胚胎有关的犯罪，英国的法定最高刑是10年，而香港的法定最高刑仅为2年而已。

（八）中国台湾地区："人工生殖法"

1996年台湾地区"卫生署"根据"人工协助生殖技术管理办法"开始着手起草"人工生殖法"草案，草案于2001年首次提交"行政院"审议，此后历经多次修改，直至2007年获得通过并施行。[①]"人工生殖法"是台湾地区规范辅助生殖技术的基本法律。

"人工生殖法"共8章，依次为：总则、管理机构、施行、生殖细胞及胚胎的保护、人工生殖子女的地位、资料的保存、管理和利用、罚则和附则。

罚则部分根据行为社会危害性的大小，分别规定了刑事责任和行政责任。其中，第30条、第31条、第36条是刑事责任条款。第30条规定了与精卵捐赠的人工生殖有关的犯罪，包括可能造成血统紊乱或社会伦常秩序崩解，违反生命伦理，具有极高反社会性的行为，即为直系血亲直系姻亲四亲等内之旁系血亲实施精卵结合、使用专供研究用途之生殖细胞或胚胎，或者以无性生殖方式实施人工生殖的，处5年以下有期徒刑，得并科新台币150万元以下罚金。第31条规定了商业化人体组织和胚胎的犯罪，即意图营利，买卖生殖细胞、胚胎或者居间介绍者，处2年以下有期徒刑、拘役或科或并科新台币20万元以上100万元以下罚金，没收所得之财物；如全部或部分不能没收时，追征其价额或以其财产抵偿。第36条规定了侵犯自我决定权的犯罪，即以诈欺或胁迫的方式使人同意接受第三人的精子或者卵子的，处3年以下有期徒刑，本罪告诉乃论。

由于各方对是否将代理孕母予以合法化存在严重分歧，导致"人工生殖法"迟迟未获得通过，直至将代理孕母问题暂时搁置，该"法"才得以通过。"卫生署"原定对代理孕母问题单独作出规定，但是，由于代理孕母属于辅助生殖技术直接应用的领域，使近年来一直有"立法委员"提出修改"人工生殖

---

① 关于台湾地区"人工生殖法"的审议修改的详细过程，以及历次草案的重要修改内容，详见傅馨仪著："从人工生殖法草案看生命科技对刑法的冲击和影响"，台北大学2004年硕士学位论文，第80～104页。

法”部分条款的议案,呼吁有条件开放代孕。[①]

第二节 人类辅助生殖技术应用中的相关犯罪及立法对策

虽然各国及地区在人类辅助生殖领域的立法体现出不同的社会和政治价值,但是核心原则基本上是一致的。从整体上看,德国的政策更为严格一些,英国的政策则更显宽容,“澳大利亚和加拿大的政策则处于二者之间。”[②]下文结合对各国及地区立法(主要是罪刑条款)的分析,对人类辅助生殖技术领域的新型犯罪展开研究,提出了我国的刑事立法对策。

一、辅助生殖技术应用中的反人类犯罪

人类辅助生殖技术的对象是“人”,目的在于治疗不孕症和预防某些遗传性疾病,涉及配子来源、精卵结合、胚胎移植等环节和衍生技术,其实施过程中可能发生的反人类行为,主要是跨种的杂交、植入和破坏胚胎等行为。

(一)跨种杂交

所谓“跨种”,是指跨越了人和动物的界限,将细胞、配子、胚胎等进行杂交。具体有三种形式:第一种是“胞质杂交”,这是最常见的杂交方式。先从动物的卵细胞中取出细胞核,再把人的细胞核移植进去,代替原来的细胞核。因为绝大部分遗传物质都藏在细胞核内,所以“胞质杂交”所生成的胚胎,99.9%遗传密码都来自于人。第二种称为“嵌合体”或者“奇美拉”(Chimera),把一种动物的胚胎细胞,和另一种动物的胚胎细胞混在一起,应用这种方法不会将人和动物的DNA混合,但理论上可能生成兽面人身的怪物,奇美拉就是希腊神话中狮首、羊身、蛇尾的神兽的名字。第三种是将人和动物的配子杂交,受精卵中两种生物的基因几乎各占一半。这种方式是最高程度的杂交,在操作上也是最具难度。

跨种杂交试验产生的医学利益主要在于,动物卵细胞来源比人类卵细胞丰富得多,可以解决卵细胞短缺的难题,从而提供更多胚胎细胞供研究使用,

---

① 高淑英:“台湾‘代孕’或可入法”,载《北京青年报》2013年12月18日第A21版。

② 加拿大遗传学与社会研究中心:“加拿大的辅助性生殖法:一个负责任的政策模型”,刘俊香译,载《医学与哲学》2004年第7期。

寻找更多治疗人体顽症的方法,扩大人体器官的来源。但是,这些试验可能带来的风险在科学上也是未知的。

然而,跨种杂交具有极大的伦理风险,由于在相当程度上打破了人类和动物的界限,伦理学界存在非常激烈的反对声音。例如,苏格兰人类生物伦理委员会卡勒姆·麦凯勒说:"在人类历史上,动物和人类在物种上从来都互不相干。这种实验已经打破了人和动物之间的物种界限,令人难以接受。"①不过,对于三种不同的杂交方式,伦理学界的接受程度是不同的,更容易获得认可的是"胞质杂交",因为遗传物质的99.9%依然来源于人,伦理上更难接受的是嵌合体和配子杂交。

各国关于跨种杂交的立法存在较大的差异,有的国家规定为犯罪。例如,《加拿大辅助生殖法案》第5(1)(g)条禁止制造嵌合体,第60条规定了,制造嵌合体构成犯罪的,最高可以判处50万加元罚金,并处10年监禁。德国《胚胎保护法》规定了,禁止以人为方式改变细胞组织与动物遗传因子杂交("胞质杂交"),禁止实验人兽接种或者混合合成等。有的国家则持逐渐放开的态度,例如,英国1990年《人类授精与胚胎法案》第3(3)(d)条规定了,不得许可"胞质杂交",第4(1)(c)条规定了,除了获得许可的以外,禁止制造人兽混合配子(即人和动物的精卵结合),上述两类行为统一规定在第40(1)条中,构成犯罪的,处10年以下监禁,单处或者并处罚金。然而,2008年《人类授精与胚胎法案》作了较大的修正,删除了第3(3)(d)条禁止"胞质杂交"的规定,将第4条"与配子有关的禁止行为"修改为"禁止与非人类来源的基因物质有关的行为",第4A(2)条规定了,除了依照许可的以外,禁止混合人兽配子,制造人兽混合胚胎,储存和使用人兽混合胚胎。相应地,2008年法案第29条对"犯罪"也作了修改。根据2008年修正的《人类授精与胚胎法案》,英国已经将"胞质混合"全面放开,人兽胚胎混合或者配子混合也获得了有条件的放开,即未经许可实施的构成犯罪,若符合条件和程序获得了许可,则是合法的。

然而,也有尚未涉及跨种杂交的,例如,法国《刑法典》,台湾地区"人工生殖法"。在我国,上海第二医科大学的盛慧珍教授和北京的陈大元研究员早在2003年就成功地把人的体细胞核转移到已经去掉细胞核的新西兰兔子卵细胞里,创造出了人兔混合胚胎,并提取了胚胎干细胞,成为人类历史上公开承认的首例成功培育的人与动物混合胚胎。尽管我国在《人类辅助生殖技术

---

① 丁雪洁:"人兽杂交绝非科幻片",载《羊城晚报》2011年9月3日第B09版。

规范》第3条“实施技术人员的行为准则”中规定了禁止人类与异种配子的杂交,禁止开展人类嵌合体胚胎试验研究,但仅具有技术操作上的指导意义,不具有法律强制力。

通过分析跨种杂交的形式和比较各国立法,笔者认为,在我国现行立法体例下,不宜将跨种杂交规定为犯罪,主要理由如下:第一,从根本上看,跨种杂交尚未对人类伦理秩序造成根本冲击,并未形成直接的法益侵犯。尽管跨种杂交一定程度上突破了人和动物的界限,但是跨种杂交的产物是细胞和胚胎,从细胞、胚胎到真正发展为人还存在相当的距离和本质的差异;第二,从有效性上看,将跨种杂交犯罪化无法起到有效的规制作用。跨种杂交发生在实验室中,受严格的条件限制,这一试验本身难以被发现也无法做出公正的处罚,将其犯罪化是无效的;第三,从比较法的考察看,各国立法对跨种杂交的态度不同,有的国家禁止,有的国家附条件的许可,有的国家未作规定,说明各国在该问题上的看法存在较大的差异,英国逐渐开放的态度,更是反映了力图对跨种杂交实验进行有效的规制,以充分发挥其科学利益的倾向;第四,从我国的现实来看,对跨种杂交的规制主要通过伦理规范来实现。卫生部于2003年颁布的《人类辅助生殖技术和人类精子库伦理原则》规定了,医务人员不得实施以生育为目的的嵌合体胚胎技术,医务人员不得将异种配子和胚胎用于人类辅助生殖技术;卫生部、科技部于2003年颁布的《人胚胎干细胞研究伦理指导原则》规定了,不得将人的生殖细胞与其他物种的生殖细胞结合。我国通过伦理规范对跨种杂交作了原则性的禁止性规定,主要禁止“以生育为目的”,说明对以实验为目的的跨种杂交并非完全禁止,禁止的只是“以生育为目的”的相关技术,其关键环节在于下文即将讨论的“跨种移植技术”。因此,结合我国相关伦理规范以及《人类生殖辅助技术管理办法》的规定,没有必要将跨种杂交实验予以犯罪化。

(二)跨种植入配子、胚胎

所谓跨种植入,是指将人的配子移植入动物子宫、将动物配子移植入人的子宫,将混合细胞、嵌合体、混合受精卵等移植入子宫。尽管各国对跨种杂交持不同的态度,但是对跨种植入的反对则是一致的,以英国和加拿大为典型代表。

英国2008年《人类授精与胚胎法案》在逐渐开放跨种杂交的同时,对跨种植入作了更加系统和明确的禁止。2008年法案第3(2)条规定了,禁止向女性植入未获得许可的胚胎、未获得许可的配子;[①]第4A(1)条规定了,禁止向女性植入人类混合胚胎、[②]非人类胚胎、非人类配子,第4A(4)条规定了,不得许可将人的混合胚胎植入动物。违反上述禁止规定即构成犯罪,依普通程序定罪的,处10年以下监禁,单处或者并处罚金。

加拿大《辅助生殖法案》也作了系统的规定,在第5(1)条之(g)~(j)依次规定了,禁止将非人类的精子、卵子、胚胎、胎儿移植入人体内;禁止将人类遗传物质或者体外受精胚胎移植入动物体内;禁止移植嵌合体;禁止移植人兽混种。依据该法案第60条的规定,上述行为构成辅助生殖技术领域严重的犯罪,依公诉程序控告的,处以50万加元以下罚金,单处或者并处10年以下监禁;依简易程序控告的,处以25万加元以下罚金,单处或者并处4年以下监禁。

香港《人类生殖科技条例》第15(1)条(c)规定了,禁止将非人类配子或胚胎或其任何部分放置于人体内;第15(1)条(d)规定了禁止将人类配子或胚胎或其任何部分放置于动物体内,违者根据第39条构成犯罪。

但是,《法国新刑法典》和台湾地区"人工生殖法"对此未作出明确的规定。笔者认为,通过比较跨种移植和跨种杂交两类行为,有助于阐明将前者犯罪化的必要性和可行性。第一,从本质上看,跨种植入已经现实地侵害了法益,对人类伦理秩序造成了根本冲击。跨种植入的最终产物是混合了人和动物基因(无论比例多少)的胎儿,该产物完全混淆了人和动物的界限,现实地侵害了法益,否定了人类的基本伦理秩序。人类和动物的本质区别在于,人类拥有无穷智慧和不断创造价值的能力,人类是世界的主宰,是地球上最高等的生物;动物只是为了生存而觅食与繁衍,是地球生灵中的低等生物。人类与动物的杂交繁衍,最终的结果必将导致人类向低等动物退化,而动物却向高等物

---

① 根据该法案3ZA的解释,"许可的卵子"(A Permitted egg)是指妇女卵巢中产生或者提取的卵子,细胞核或者线粒体DNA未被改变;"许可的精子"(Permitted sperm)是指男性睾丸中产生或者提取的精子,细胞核或者线粒体DNA未被改变;"许可的胚胎"(A Permitted Embryo)是指,由许可的卵子和精子结合而成,细胞核或者线粒体DNA未被改变,由胚胎自身细胞分裂而成,无其他细胞加入。对配子和胚胎的限定,实质上排除了杂交细胞和胚胎的移植。

② 根据该法案4A(6)的解释,"混合胚胎"(A Human Admixed Embryo)是指通过下列方式制造的胚胎:(1)取出动物卵子或者细胞的细胞核,或者两个动物原核,放入两个人类原核、人类配子或者其他人类细胞的细胞核、或者人的配子或者其他细胞,从而制造的胚胎;(2)人类配子和动物配子杂交,或者一个人类原核和一个动物原核杂交;(3)由于动物细胞核、线粒体DNA、细胞等进入,导致人的胚胎已经发生了改变。

种快速进化。第二，从有效性上看，跨种植入易于被发现，将其犯罪化能够有效地预防风险。与完全可以单纯地发生在实验室的跨种杂交不同，一旦实施了移植行为，胚胎在子宫内的形成和发育将冲破实验室的封闭环境，胎儿出生本身就有力地证明了跨种植入的事实。因此，将其犯罪化是有效的，有助于实现犯罪预防。第三，从比较法的考察来看，尽管有的国家未作规定，但是，英国《人类授精与胚胎法案》的变迁充分反映了在开放跨种杂交实验的同时，严格禁止跨种植入的态度，从而在利益和风险之间实现一种新的平衡，这是随着医学、社会发展不断调整尖端医疗技术界限的积极做法，非常值得借鉴。第四，从我国在该领域的规定来看，尽管《人工生殖技术管理办法》没有涉及跨种植入的规定，但是相关伦理规范已经有所涉及。《人类辅助生殖技术和人类精子库伦理原则》规定了，医务人员不能实施以生育为目的的嵌合体胚胎技术、不能将异种的配子和胚胎用于人类辅助生殖；《人胚胎干细胞研究伦理指导原则》规定了，不能将人的生殖细胞与其他物种的生殖细胞结合。笔者认为，禁止“以生育为目的”和“用于辅助生殖技术”的异种杂交技术，其关键环节正是禁止植入混种的细胞和胚胎，易言之，若非用于生育目的的，则单纯实验并未被禁止。《人类胚胎干细胞研究的伦理准则（建议稿）》中更是明确指出了，“人体—动物”细胞融合术，在非临床应用的基础性研究中，若满足相关要求，则可以获得允许。但是，禁止将体细胞核移植术所形成的胚胎植入妇女子宫或其他任何物种的子宫。因此，禁止异种细胞、混合胚胎植入子宫的行为符合我国伦理规范的要求，将其犯罪化具有充分的伦理基础。

综上所述，笔者认为，跨种杂交和跨种植入细胞、胚胎是存在关联又彼此独立的不同阶段，通过分析这两类技术的现象和本质，从法益的侵害、犯罪化的有效性、比较法的考察和我国的现实规范依据四个维度展开考察，得出的结论是，跨种杂交不需要犯罪化，跨种植入细胞、胚胎具有犯罪化的必要性和可能性。

在设计罪刑条文时，罪状通过前文的分析已经得到了清晰描述，法定刑的配置需要考虑如下几点：第一，尖端医疗领域的特殊性。尖端医疗领域的特殊性是在对相关犯罪配置法定刑时必须考虑的共通问题，即犯罪发生在尖端医疗技术的研究和应用过程中，实施者是医学研究人员和临床医生，行为虽然带来了法益的侵害，但同时往往具有一定的科学利益。因此，相较于任何人都可以实施的普通犯罪如盗窃、抢劫等，尖端医疗犯罪的法定刑应充分反映出特殊性，不宜作过于严厉的规定，笔者参照英国、加拿大、日本等国家的规定，将尖端医疗犯罪的法定最高刑设定为10年有期徒刑；同时，此类犯罪往往有医疗机构参与其中,除了个人作为犯罪主体以外,单位也应当成为犯罪主体;第二,跨种植入行为的反人类属性。在尖端医疗犯罪中,具有反人类属性的行为无疑是最严重的犯罪,其刑罚配置应当是最严厉的;第三,刑种的选择。综观各国立法,监禁刑和罚金刑是尖端医疗犯罪配置的主要刑种,有的国家还规定了资格刑。我国则可以适用《刑法修正案(九)》第1条增设的"职业禁止"制度。该制度一般性地规定于刑法总则中,具有普遍适用性,则不必在分则个罪中另行规定。

因此,设计本罪条文如下:

[跨种植入配子、胚胎罪]

将动物的配子、胚胎植入人体内,将人类配子、体外受精胚胎移入动物体内,或者植入嵌合体、人和动物混种的,处三年以上十年以下有期徒刑,单处或者并处罚金。①

单位犯前款罪的,对单位判处罚金,并对其直接负责的主管人员和其他直接责任人员,处三年以上十年以下有期徒刑。

二、辅助生殖技术应用中的商业化犯罪

在辅助生殖领域,禁止商业化是一项基本原则。例如,大陆《人类辅助生殖技术和人类精子库伦理原则》第1条第6项规定了"防止商业化原则",澳门《设立在生物学及医学应用方面保障人权及人类尊严之法律制度》(第111/99/M号法令)第19条规定了,"人体之整体或部分均不得成为任何利润之来源"。然而,在实践中,普遍存在与辅助生殖技术关联的商业化行为。下文首先梳理代孕、配子交易等行为的类型及规制;其次,论证其是否具有刑事可罚性;最后,设计具体的罪刑规范。

(一)代孕

1. 代孕的概念

所谓"代孕",通常是指综合采用人工授精技术、体外受精技术、胚胎移植技术以及各种衍生技术,针对委托夫妻的特定生理状况,将精子和卵子在试管中人工授精,通过人工培育形成胚胎以后,植入代孕者子宫内,由代孕者完成

---

① 法定刑下限设定为三年,是参照我国刑法中法定刑幅度的一般设置模式来确定的。罚金明确化是我国刑法改革的重要方向之一,但是,在我国当前普遍未规定罚金刑具体数额的法定刑模式下,本书也暂时不规定罚金刑的数额,一是保持刑法的整体协调,二是没有其他犯罪作为参照的确无法规定明确的数额。

怀孕和分娩的过程。[1] 在代孕中，植入的胚胎通常是源自委托夫妻精卵形成的胚胎，但是，除此以外，还包括植入委托夫妻以外的人提供的精卵形成的胚胎，植入受精卵，植入精子与代孕者卵子结合等代孕形式。[2]

简言之，代孕就是指受他人委托代替他人怀孕并分娩，是伴随辅助生殖技术发展而产生的一种新的现象。代孕客观上导致了母亲职能的分解和身份的断裂，对家庭伦理、社会关系和法律秩序造成了相当的冲击，从而成为辅助生殖领域一个备受关注的突出问题。

2. 代孕问题的立法及实践

从形式上看，关于代孕问题的立法大致有三种模式：第一种模式是，单独立法，即制定专门的代孕法案。例如，英国的 1985 年《代孕安排法案》。第二种模式是，在辅助生殖法中就代孕相关问题做出规定，这是最常见的形式。例如，加拿大《辅助人类生殖法》、香港地区我国《人类辅助生殖技术管理办法》、《人类生殖科技条例》。第三种模式是，未对代孕及相关问题做出规定，使其处于无法可依的空白状态。例如，芬兰、爱尔兰、中国台湾地区。在台湾地区，由于各方存在较大的分歧，在制定“人工生殖法”的过程中不得不将代孕问题暂时搁置，未来是制定专门法案抑或在“人工生殖法”中增加相关条款，至今依然未有定论。

从规范上看，代孕主要涉及两个方面的法律问题：其一，是否允许代孕行为，即代孕本身的合法性；其二，代孕母分娩的胎儿的法律地位，如何认定婴儿与分娩者、委托者的亲子关系，即代孕的后果问题。显然，刑法不会处罚代孕出生的婴儿，刑法关注的是是否需要对代孕行为本身予以刑事禁止。关于代孕的合法性，一般认为，大陆法系国家普遍持禁止态度，英美法系国家的态度则更为开放。[3] 具体到各国的规定，主要有三种立场：

第一种是完全禁止立场，即一概禁止代孕人工生殖，回避了伦理上的争议以及衍生的诸多难题。采取该立场的国家规定了禁止代孕的原则，有的还规定了罪刑条款。例如，德国、瑞典、挪威、意大利，美国的亚利桑那州、新泽西

---

① 杨芳等：“台湾地区代孕合法化之争”，载《台湾法研究》2006 年第 3 期。

② 英国 1985 年《代孕安排法案》第 1 条界定“代孕母亲”（Surrogacy Mother）的概念时，仅指胚胎植入；1990 年《人类授精与胚胎法案》第 36 条对该概念做出了修正，除了植入胚胎以外，还扩大至植入受精卵，植入精子等。

③ 张燕玲著：《人工生殖法律问题研究》，法律出版社 2006 年版，第 73 页。

州、密歇根州，以及澳大利亚的昆士兰州①等。德国1989年《收养介绍法》增加了禁止中介代孕母亲、禁止以中介代孕母为目的的广告和宣传；1991年《胚胎保护法》认为代孕是滥用生殖技术的行为，为代孕母亲进行人工授精或者胚胎移植手术的，处以有期徒刑或者罚金，但代孕母亲在婴儿出生以后继续抚养的，不处罚手术者。瑞典1988年《体外授精法》也规定了禁止代孕。

日本于2006年设置了辅助生殖理想状态委员会，该委员会发布的《以代孕为中心的生殖辅助医疗的课题报告》指出，应当以法律规制代孕，原则上禁止代孕。该报告完整地阐述了禁止代孕的五点理由：(1)医学影响尚不明确。代孕存在危及代孕母亲和胎儿安全的可能性。(2)代孕母亲的"自我决定"存疑。"自我决定"不限于充分了解代孕的身心负担和风险基础上，未受外在压力作出的意思表示。(3)违反"子女福祉原则"。难以确定代孕所生子女受到的身心影响。(4)将女性商品化。支付对价或者以营利为目的的商业性代孕实质上将女性作为了工具和商品。(5)难以作出合适的医疗判断。代孕母亲和委托者所希望得到的医疗是不等同的，导致进行合适的医疗判断非常困难。

第二种是完全开放的立场，即允许代孕，同时尊重当事人之间代孕合同的约定，或者采取准收养模式，确立委托者与婴儿的亲子关系。例如，美国部分州，印度、以色列等。

美国加利福尼亚州许可有偿和无偿的代孕，尽管没有制定专门的关于代孕的法律，但是加州法院灵活运用美国的《统一父母身份法》(Uniform Parentage Act)积累了丰富的关于代孕的经典案例，由于语言、文化等因素以及较为有利的法律环境，该州获得了西方寻求代孕的群体的认同。②

印度于2002年将商业代孕合法化，此后代孕产业开始蓬勃发展。低廉的医疗费用、③大量愿意做代孕母亲的适龄女性以及政府的默许，使印度成为欧

---

① 昆士兰州《代孕亲子法案》(Surrogate Parenthood Act 1988)是英语世界中唯一将一切形式的代孕犯罪化的法律。

② 孟金梅："关于代孕法律问题的国际视角分析——以美国加利福尼亚州为例"，载《北京政法职业学院学报》2009年第2期。

③ 在美国，代孕所需费用在7.5万美元到12万美元。而在印度，代孕费用不足3万美元，代孕母亲只能拿到其中的一小部分，大约为6250美元。(Sam Dolnick, "World Outsources Pregnancies to India", *USA Today*, Dec. 31, 2007; Amelia Gentleman, "India Nurtures Business of Surrogate Motherhood", *New YorkTimes*, Mar. 10, 2008, A9.)

美国家不孕夫妇的希望之地。联合国资助的一项研究估算,代孕每年给印度创造超过4亿美元的收入。2014年,印度议会重新审议《辅助生殖技术法案》,增加一条规定,“结婚两年以上的夫妇才能把通过代孕得到的孩子带出印度”,从而阻碍单身人士或者同性恋者通过代孕获得孩子,有业内人士认为,该门槛可能导致印度代孕产业走向衰败。① 继该项禁止以后,2015年10月印度禁止外国夫妇聘用印度妇女代孕,目前还在试图做出进一步的限制,规定只有印度已婚夫妇及经政府确认为印度裔人士才可以使用代孕服务。

以色列是唯一一个在立法中正面鼓励商业化代孕的国家,要求委托者和代孕母亲在签订代孕协议充分考虑金钱的因素。②

第三种是折中立场,即允许无偿代孕,法律对代孕契约进行规范和限制,但是,禁止商业化代孕。例如,英国、法国、丹麦、希腊、荷兰、澳大利亚(除昆士兰州之外)的大多数州、加拿大、南非、中国香港;有的国家还将商业化代孕规定为犯罪。例如,南非虽未专门就代孕问题进行立法,但《人体组织法》、《儿童地位法》、《儿童照管法》中均规定禁止商业代孕,支持无偿代孕。再如,法国《生命伦理法》规定,代孕限于不能生育的夫妇,同性恋单身妇女禁止代孕。③《法国民法典》还规定,为他人之利益生育或怀孕的任何协定均无效。又如,泰国法律规定了,只能由与生物学父母有血缘关系的人担任代孕母亲,并且禁止商业代孕。泰国医务委员会还规,实施代孕手术的医生必须是皇家医学院毕业的妇产科专业医师,并且持有实施代孕手术许可证,违反这一规定的医生将面临犯罪指控及伦理调查。④

3. 我国的选择

(1)实践状况

从我国现行立法来看,原则上禁止一切代孕。《人类辅助生殖技术管理办法》第27条规定,医疗机构及相关责任人实施代孕技术的,依法追究行政责

---

① 张慧:“印度将为代孕产业设‘门槛’?”,载《青年参考》2014年3月12日第A23版。

② D A Frankel. Legal Regulations of Surrogate Motherhood in Israel, *Medicine and law*, Vol. 20, 2001, p. 605.

③ 张云霞:“代孕规制之法律进路”,资料来源:http://whhsqfy.hbfy.gov.cn/DocManage/ViewDoc?docId=ecaff338-8fa9-4217-a4e3-0867cf765c9a,最后访问日期:2015年3月20日。

④ 俞洁:“泰国‘代孕公寓’被查,发现9名婴儿:律师称孩子父亲为一名日本富翁,此案使泰国代孕产业再度成为关注焦点”,载《新闻晨报》2014年8月8日第A23版。

任和刑事责任。然而,地下代孕产业在我国已经形成也是不争的事实,出现了"黑中介"私自寻找"黑诊所"植入配子或者受精卵,强迫代孕母亲流产,代孕母亲拒绝交出婴儿等纠纷。因此,产生的身份认定和财产处理成为司法上的难题。有研究者通过撷取典型案例,总结了实务中主要的三类处理方法。①

表 2

审理法院	纠纷类型	基本案情	审理结果
厦门市 思明区人民法院	抚养费纠纷	张某因孩子车祸死亡,通过中介与晓玲签订代孕协议付其20万元代孕,晓玲产下一女后拒交出该婴儿,张某不愿负担抚养费,晓玲诉至法院	代孕协议因违反卫生部禁止代孕的规定而无效,判定非婚生女由晓玲抚养,张某每月支付孩子抚养费
常德市 鼎城区人民法院	监护权纠纷	外籍华人胡某妻子无生育,网上发帖找到柳某给其10万元进行爱心代孕:胡某承担其代孕期间费用;孩子出生后柳某放弃抚养权。柳某产子后拒交出婴儿,胡某夫妇诉至法院	代孕协议因不违反法律禁止性规定而有效,判决监护权归原告胡某夫妇享有
柳州市中级人民法院	抚养权 探视权 纠纷	被告覃某与代孕网签订爱心代孕合作协议,覃某向代孕方姚某支付18万元代孕,姚某生子后覃某拒绝姚某探视孩子,姚某诉至法院	调解结案:非婚生子由被告覃某抚养并自行承担抚养费;原告姚某享有探视权

① 张云霞:"代孕规制之法律进路",资料来源:http://whhsqfy.hbfy.gov.cn/DocManage/ViewDoc?docId=ecaff338-8fa9-4217-a4e3-0867cf765c9a,最后访问日期:2015年3月20日。

关于上述案件的判决，最大的分歧在于，行政规章原则上禁止代孕，该规定是否影响代孕协议的效力，进而影响到代孕所生子女的法律地位。该研究者认为，从立法价值、司法实践、社会需求层面来看，全面禁止代孕已经不能满足现实需求和发展的需要，应当将代孕纳入法律规制的轨道。①

2015年4月3日，国家卫生计生委员会联合12个部委发布了《关于印发开展打击代孕专项行动工作方案的通知》（国卫办监督发〔2015〕22号），专项行动的目的在于"净化人类辅助生殖技术服务环境，维护正常的生育秩序，切实维护人民群众健康权益和落实计划生育基本国策"，工作任务主要是查处开展代孕行为的医疗机构、医务人员、社会中介机构，清理和查处开展代孕宣传和服务的互联网络、电视广播、报刊杂志，监管人类辅助生殖技术服务的应用和医疗器械、药品的流通、销售情况。笔者认为，此次专项行动以我国地下代孕产业化导致诸多隐患和纠纷为现实背景，但是，其目的主要在于计划生育管理的需要，各部门执法权限割裂，法律责任缺位，行动的有效性、长效性难以保障。因此，规范代孕行为，必须区分代孕的类型，深入探讨行为的本质，才能设置妥当的法律责任。

（2）理论争议

在我国，理论上对于应否开放代孕、应否将代孕入罪化存在激烈的争议。全面禁止代孕的观点认为，代孕使子宫被工具化、商品化，违背了公序良俗，损害了代孕出生的孩子的利益，因而不宜承认代孕的合法性。刑法应当明令禁止代孕，对于医疗人员违反规定为他人实施代孕手术的，作为犯罪处理；以经济利益为目的，强迫或者利用妇女进行代孕的应予以严惩，建议增设"代孕罪"加以规制。②

有学者从宪法学和法哲学的根据入手，认为国家不应禁止代孕，主要理由如下：第一，不伤害原则是自由民主国家的基本价值共识。人民的自由只要不伤害到他人，国家就不能禁止，而代孕并没有伤害到任何人。第二，民主宪政国家的共同传统是人民享有追求幸福的权利。追求爱情与婚姻、建立家庭、生养子女正是行使权利的行为。第三，依据正义原则，一个正义的制度应该协助社会中处于劣势、不利处境的人，使其获得最大程度的改善，寻求代孕的不孕症患者属于弱势群体。第

---

① 张云霞："代孕规制之法律进路"，资料来源：http://whhsqfy.hbfy.gov.cn/DocManage/ViewDoc?docId=ecaff338-8fa9-4217-a4e3-0867cf765c9a，最后访问日期：2015年3月20日。

② 李善国、倪正茂、刘长秋著：《辅助生殖技术法研究》，法律出版社2005年版，第158页。

四,人民享有自由权利,除了为了防止妨碍他人自由,避免紧急危难,维持社会秩序,增进公共利益以外,不得以法律限制,因而不存在禁止代孕的理由。第五,禁止不等于不会发生,国家应当积极寻求立法解决,履行现代法治国家的保护义务。①

有学者主张我国应当有限开放代孕:“禁止代孕商业化是无可厚非的,但是,在我国严禁一切代孕未免过于武断,不符合我国的生育观和计划生育的基本政策,并且剥夺了无妊娠能力的妇女的生育权和建立家庭权,间接剥夺了健康男士的生育权,无形中导致了社会对这些妇女的歧视性待遇。更何况我国允许的代孕是一种利他主义的代孕行为,体现了社会主义人与人之间的互帮互助精神,因此建议我国应实行法律规制下的代孕。”②

笔者赞同有限开放代孕的观点,但是,上述持该论者所提出的理由并未触及问题的核心。因而,下文在说明代孕的客观益处的基础上,进而阐述无偿代孕和商业代孕的本质差异。

首先,代孕是人类辅助生殖技术进步的产物,其基本功能在于满足因子宫缺失、子宫病变等原因而无法怀孕和生育的女性的需求,在医学上符合该适应症的患者只是小众群体。代孕只能作为人类自然生殖的补充方式来发挥其益处,非基于疾病原因的代孕不应当获得许可,代孕不能成为一个产业、更不能成为制造婴儿的“工厂”。

其次,代孕技术自身是客观和中性的存在,但是,若实施以金钱为对价,则其社会属性必然发生变化。无偿代孕体现的是人和人之间的互助,没有利用者和被利用者之分,也没有将女性子宫作为工具的嫌疑。此时,上文所述不伤害原则、追求幸福的权利、正义原则、自由权等法哲学维度的论证均是成立的。但是,一旦基于商业的利益和目的实施代孕,代孕者和委托者之间不再是基于善的互助互利,而是市场机制下的交换关系:代孕者出租子宫,委托者承租子宫,金钱是租用子宫的对价,子宫成为代孕的工具。人不再是有目的的存在而沦为工具,从根本上否定了人的尊严。依据前文第三章对商业化行为的研究进路,代孕者代替他人孕育和分娩婴儿尽管是基于自我决定权做出的决定,但是这种自愿出租子宫的行为因为贬损了人的尊严、超出其可决定事项的范围、

① 颜厥安:“国家不应禁止代理孕母的法哲学和宪法学根据”,载《应用伦理学研究通讯》第4期(1997年10月)。

② 杜文俊:“生殖工程与法:第四届生命法学理论研讨会综述”,载《政治与法律》2001年第4期。

损害了公序良俗,因而不是正当的。

最后,还须强调的是,商业化代孕会对女性造成实质的、较大的伤害,这是其不可忽视的重要特征。代孕者除了遭受怀胎十月的艰辛和一朝分娩的痛苦,在孕育过程中还与婴儿之间产生了感情的连接。① 但是,由于金钱作为代孕的对价,使这种情感难以获得应有的尊重,代孕者产生一种被剥夺感,无论是身体和心理都遭到了重要的伤害。因此,有反对者认为"代孕是残酷的勾当,是男权社会对弱势女性的操纵。"②

综上所述,本书的立场是,法律应当许可无偿代孕,并且,对代孕所形成的亲子关系予以确认,同时,禁止商业化的代孕。

(3)商业化代孕的刑法规制

商业化代孕必须予以禁止,但是,禁止的强度是限于行政手段还是需要动用刑法手段,即产生了商业化代孕应否作为犯罪处理的问题。笔者认为,商业化代孕贬损了人的尊严,严重伤害了代孕母亲的身体和心理,同时,参照其他国家主流的立法例,应当作为犯罪处理。

我国现有立法严格禁止一切形式的代孕,其相关刑事责任条款体现于《人类辅助生殖技术管理办法》第27条规定:"开展人类辅助生殖技术的医疗机构违反本办法,有下列行为之一的,由省、自治区、直辖市人民政府卫生行政部门给予警告、三万元以下罚款,并给予有关责任人行政处分;构成犯罪的,依法追究刑事责任。"其中的第2项即为"实施代孕技术"。但是,仔细考察我国现行刑法的规定,医疗机构及其责任人员违法实施代孕技术的,③没有恰当的罪名可供适用,行政规章与刑法相脱节,导致该刑事责任条款被"虚置"。

---

① 代孕会造成女性的身体伤害。为了保证成功率,医院通常会一次移植多个胚胎,多胎发生率高,更易于发生娠合并症。这些疾病在妊娠结束后也不一定随之消失,一些损害将是永久性的。在长达近10个月的代孕过程中,代孕母亲罹患心脏病、糖尿病、肝炎等疾病的风险极大增加,移植入宫腔的胚胎还有可能流入输卵管内发生宫外孕危及生命。代孕对女性的情感伤害则表现为,代孕者在分娩婴儿以后,由于情感难以割舍而拒绝将婴儿交给委托夫妻,因此引发的纠纷屡见不鲜,最著名的莫过于前文介绍的发生在美国新泽西州的"Baby M"案。

② 张慧:"印度将为代孕产业设'门槛'?",载《青年参考》2014年3月12日第A23版。

③ 《人类辅助生殖技术管理办法》第21条规定了不具有开展人类辅助生殖技术资格的医疗机构和非医疗机构的法律责任,第22条规定了具有开展人类辅助生殖技术资格的医疗机构违反该办法的法律责任。因此,如果不具有医生资格的人员擅自实施代孕技术,情节严重的,可以直接按照《刑法》第336条定罪量刑;而具有相应资格的医务人员和医疗机构擅自实施代孕技术的,没有成立非法行医的空间,无法追究其刑事责任。

因此,在区分无偿代孕和商业化代孕的前提下,应当制定专门的罪刑条文来规制商业化代孕犯罪。以英国1985年《代孕安排法案》为例,第2条规定了“禁止以营利为基础的代孕”(on a commercial basis),第1款列举了具体行为形式:(a)发起或者参加代孕安排的磋商;(b)提供或者同意代孕;(c)汇集信息帮助代孕。该法案第3条界定了代孕广告的概念,广告的形式,发布广告的经营者、编辑、出版社的范围等。法案第4条第1款规定了“违反本法案的,构成犯罪,依简易程序定罪:(a)以营利为基础代孕的,处五级以下罚金,或者三个月以下监禁,或者二者并罚;(b)代孕广告的,处五级以下罚金。”同时规定了,法人(body corporate)可以成为本罪主体,单位及相关人员承担相应的责任。

参照上述立法,在设计罪刑规范时,罪状的表述应当注意如下几点:其一,必须强调行为人主观上具有牟取经济利益的目的、客观上支付了财产或者财产性利益,阐明行为的具体类型。其二,对于商业化代孕的发生和实施,广告、中介等具有重要的推动作用,有必要以单独条款规定宣传、中介商业代孕的刑事责任。其三,自然人和单位均可构成本罪主体。在配置法定刑时,既可以参考其他国家的规定,也要横向比较我国辅助生殖领域其他相关犯罪。其一,各国(地区)对商业代孕的法定刑配置存在相当大的差别。例如,英国和香港地区属于轻罪,法定最高刑分别为三个月监禁和两年监禁,加拿大则构成重罪,法定最高刑是十年监禁。其二,在辅助生殖领域,商业化代孕的危害性介于反人类的犯罪和违反程序的犯罪之间,其法定刑也应当处于中间位置,从而保证刑罚体系内部的轻重序列。

综上,设计本罪条文如下:

商业性代孕罪:

以牟利为目的,收受他人财物,商议、实施代孕的,或者为商议、实施代孕提供财物的,处五年以下有期徒刑,可以并处罚金。

明知是商业性代孕而发布代孕广告,或者提供中介服务的,依照前款的规定处罚。

单位犯前款罪的,对单位判处罚金,并对其直接负责的主管人员和其他直接责任人员,处五年以下有期徒刑。

(二)买卖配子、合子、胚胎

1. 配子、合子、胚胎的概念

所谓配子,是指人的生殖细胞,男性为精子,女性为卵子;所谓合子,是指精子和卵子的结合体,即受精卵;所谓胚胎,是指已完成授精过程的人类胚胎。获取配子,培养合子、移植胚胎是辅助生殖技术的重要环节,自愿捐赠是获取配子的基本途径。

2. 配子、合子、胚胎交易的相关立法

将买卖配子、合子和胚胎的行为规定为犯罪,是大多数国家(地区)的主流做法。例如,法国《新刑法典》第511－9条、第511－15条分别规定了,付款获得配子、胚胎,或者提供中介为上述行为提供方便条件的,构成犯罪。[①] 再如,加拿大《辅助生殖法案》第12(1)条(a)、(b)规定,禁止任何人支付捐赠精子和卵子、储存和运输体外受精胚胎中发生的费用,该法案第61条将违反上述规定作为犯罪处理。又如,香港地区《人类生殖科技条例》第16条(1)规定了"禁制订明物质的交易","订明物质"除了配子或胚胎以外,还包括胎儿的卵巢组织或睾丸组织。禁制的行为包括:做出或接受付款,为辅助生殖提供订明物质;谋求寻觅为获取付款而提供订明物质的人;提出或者商议相关的安排等等。该条例第39条将违反上述规定的行为作为犯罪处理。最后,台湾地区"人工生殖法"第31条规定:"意图营利,从事生殖细胞、胚胎之买卖或居间介绍者,处两年以下有期徒刑、拘役或科或并科新台币二十万元以上一百万元以下罚金。犯前项之罪者,所得之财物没收之;如全部或者一部不能没收时,追征其价额或者一起财产抵偿之。"

但是,英国则对精卵付费持逐渐开放的制度。人类生殖与胚胎管理局(HEFA)曾于1996年宣布禁止对捐赠精、卵给付必要费用以外的金钱;但是,1998年12月10日,HEFA宣布不再禁止付费提供精、卵,转而采取行政管制措施加以约束。民意调查显示,公众对于付费获取精子和卵子的意识逐渐增强,精、卵的网络和国际交易已经成为事实,更重要的是,为了确保精、卵的筛查及供应品质,HEFA改采收费制度,在新版作业准则中纳入了相关规定。[②]

3. 我国的选择

我国《人类辅助生殖技术和人类精子库伦理原则》第6条第1项规定:"供精、供卵只能是以捐赠助人为目的,禁止买卖,但是可以给予捐赠者必要的误工、交通和医疗补偿。"《人类辅助生殖技术规范》规定,赠卵是一种人道主义行为,禁止实行商业化的供卵。买卖配子、合子和胚胎法律责任,《人类

① 《法国新刑法典》,罗结珍译,中国法制出版社2003年版,第188～189页。

② "各国法律动态",载《生物科技法律研究通讯》第2期(1999年4月)。

辅助生殖技术管理办法》第22条第1项规定,买卖配子、合子和胚胎的,予以行政处罚,构成犯罪的,依法追究刑事责任。然而,与代孕的规定一样,由于刑法规定的缺位,该刑事责任条款是"虚置"的。

(1)配子、合子、胚胎的法律地位

确立胚子、合子和胚胎的法律地位,是论证相关交易行为正当与否的前提和基础。对此,理论上主要存在三种学说:

第一种学说将配子、合子和胚胎等同于人。因为它们是人类生命形成所必不可少的物质,是人类生命的初始,因而应当将其作为人来保护。在德国著名的"精子灭失案"中,联邦法院认为精子具有等同于"身体"的地位,强调其人格权客体的属性。① 德国1990年《胚胎保护法》宣布胚胎自精卵结合之时已经具备了人的地位。第二种学说将配子、合子和胚胎界定为物的范畴。配子、合子和胚其具有财产价值,捐赠者对其享有完全的物权,应当由物权法来加以规制。② 第三种学说则主张,配子、合子和胚胎具有不同于人或者物的独特地位。配子、合子和配套具有发育为生命的可能,但又还没有完全发育为人,因此应当作为特别保护的特殊人格体。③ 如何对其进行保护,正是生命科技法应当面对的问题。

进一步细分的话,精子、卵子和胚胎处于生命发展的不同阶段,在不同国家的文化伦理传统中显现出的人格强弱是不同的,因而法律的保护力度也是不同的。其中,胚胎的法律地位尤为值得关注,主要存在"人的模型"、"细胞模型"、"尊重模型"三类。目前,"尊重模型"已经成为确定胚胎地位的主流观点。④

在我国,2014年在江苏无锡发生的一起"冷冻胚胎继承案",使胚胎的法律地位问题闯入了公众的视野。该案查明的案件事实是:2009年10月13日,沈某(男)与刘某(女)登记结婚。2012年8月,两人因不孕症在南京市鼓楼医

---

① 王康:"位格伦理视角下人类基因的法律地位——基于主体客体化的背景",载《北方论丛》2009年第6期。

② 邱玟惠:"两岸物权法制对人体组织及其衍生物规定之评析",载《月旦民商法》第21期(2008年9月)。

③ 刘长秋:《生命科技犯罪及现代刑事责任理论与制度研究》,上海世纪出版集团2011年版,第188~190页。

④ 陈英钤、李政宪:"日本胚胎干细胞研究管制体系"(上),载《政大法学评论》第104期(2008年8月)。

院实行了体外受精—胚胎移植助孕手术。鼓楼医院在治疗过程中,获取了四枚受精胚胎并冷冻。2013 年 3 月 20 日,沈某驾车途中在道路左侧侧翻,导致刘某当日死亡,沈某也于 2013 年 3 月 25 日经抢救无效死亡。两人的 4 枚受精胚胎仍然在鼓楼医院生殖中心保存。因对受精胚胎的处置权和监管权发生了争议,沈某的父母将刘某的父母起诉至江苏省宜兴市法院,要求依法律规定和风俗习惯,由其行使胚胎的处置权和监管权。审理中,保存涉案胚胎的鼓楼医院被原审法院追加为第三人参加诉讼。

一审判决认为,胚胎是具有发展为生命的潜能、含有未来生命特征的特殊的物,不能像一般之物一样任意转让和继承,不能成为继承的标的。同时,夫妻双方对胚胎行使的权利应当受到限制,必须符合我国的人口和计划生育政策,不得违背社会伦理和道德,必须以生育为目的,不得买卖。因夫妻二人均已死亡,生育目的无法实现,故两人对留下的胚胎享有的受限制的权利不能被继承,驳回了沈某父母的诉讼请求。原告不服一审判决,上诉至无锡市中级人民法院,二审判决将冷冻胚胎的监管和处置权给予沈某父母和刘某父母共同行使,主要理由是:第一,伦理因素。涉案的冷冻受精胚胎不仅含有夫妻二人的 DNA 遗传物质,而且含有双方父母两个家族的遗传信息,双方父母与该胚胎具有生命伦理上的密切关联性。第二,情感因素。双方父母深受“失独”之痛,胚胎是双方家族血脉的唯一载体,承载哀思寄托、精神慰藉、情感抚慰等人格利益。将胚胎交由双方父母保管,既合乎人伦、又可适度减轻丧子女之痛。第三,特殊利益保护。胚胎是介于人与物之间的过渡存在,具有孕育成生命的潜质,比非生命具有更高的道德地位,应当受到特殊尊重和保护。在沈某和刘某意外死亡以后,其父母是世界上唯一关心胚胎命运的主体,而且是胚胎最近、最大、最密切倾向性利益的享有者。因此,上诉人和被上诉人共同行使监管权和处置权,但应当遵守法律、不得违背公序良俗和损害他人利益。至于卫生部关于胚胎禁止买卖、赠送和禁止实施代孕的规定,只是卫生行政管理部门对相关医疗机构和人员在实施辅助生殖技术时的管理规定,不能否定权利人对胚胎享有的权利,鼓楼医院不得以部门规章对抗当事人基于私法所享有的正当权利。①

本案判决作出以后,引起了司法界、理论界和公众的广泛关注,《人民司

① 本案认定的事实和判决理由,详见江苏省无锡市中级人民法院作出的(2014)锡民终字第 01235 号判决书。

法》组织了专题讨论。[①] 由于"人工冷冻胚胎是各国普遍面临的法律与伦理疑难问题,是现代科技发展给人类社会秩序带来的共同挑战",《华东政法大学学报》从比较法的角度,组织学者对法国、日本、意大利、英国人工冷冻胚胎的民法地位展开了集中的研究。在法国法中,胚胎不是物,原则上也不是"法律上的人",而是"生物学意义上的人"。"冷冻胚胎的'父母'任何一方死亡时,另一方不得基于继承权或者其他权利索回胚胎,代孕属于非法。"[②]在日本法中,立法和判例均未明确人工胚胎的法律地位,医疗实践中以知情同意的方式处理胚胎的保存和废弃,学理上认为胚胎"属于人体组成部分",应该受到"人之尊严的公序限制"。[③] 英美法的主流意见是将"冷冻胚胎界定为一种处于人和物之间的中间体",当夫妻双方对冷冻胚胎的监护权和处置权无法达成一致时,其处理有合同模式、同时合意模式和利益衡量模式。[④] 意大利《医学辅助生殖规范》赋予了人工受孕体主体地位,《人工辅助生殖指南》赋予人工受孕体已经出生的人的地位,相对应的是,自然受孕体仅处于受保护的客体地位,因而出现了人工受孕体的地位高于自然受孕体的困境,法院通过判例将"人工受孕体的法律地位降低为受保护的客体",以协调人工受孕体与母亲及家人的利益。[⑤]

笔者认为,本案的判决在诉讼结构、法律适用、术语选择等方面均具有相当的瑕疵,在此不作赘述。本书关注的重心在于两级判决对胚胎的法律地位的确认,该确认必将影响到我国刑法理论对相关交易行为是否入罪化的论证。一审判决将胚胎视为特殊的物,实质上采取了"尊重模型",因而不能成为继承的标的;二审判决回避了继承的标的这一根本问题,直接阐述了胚胎的地位取决于对于当事人的意义,表面上看似对丧子(女)老人的情感的尊重,但实

---

① 杨立新:"人的冷冻胚胎的法律属性及其继承问题",载《人民司法》2014年第13期;刘士国:"人工生殖与自然法则",载《人民司法》2014年第13期;李燕、金根林:"冷冻胚胎的权利归属及权利行使规则研究",载《人民司法》2014年第13期。本案法官的观点,参见张圣斌、范莉、庄绪龙:"人体冷冻胚胎监管、处置权归属的认识",载《法律适用》2014年第11期。

② 叶名怡:"法国法上的人工胚胎",载《华东政法大学学报》2015年第5期。

③ 周江洪:"法制化途中的人工胚胎法律地位——日本法状况及其学说简评",载《华东政法大学学报》2015年第5期。

④ 李昊:"冷冻胚胎的法律性质及其处理模式——以美国法为中心",载《华东政法大学学报》2015年第5期。

⑤ 徐国栋:"人工受孕体在当代意大利立法和判例中的地位",载《华东政法大学学报》2015年第5期。

际上仍然只是将胚胎视为“物”而已，一种寄托当事人情感的“物”，因而可以“处置”和“监管”。“胚胎”的核心意义在于发展为生命的潜能，当事人想要获得对于胚胎的权利并非仅仅止步于胚胎，一旦胚胎发育为生命（姑且不论以是否合法的方式），该生命从出生开始就承载了特定的诉求，也就无法回避被工具化的命运。在通篇判决中，强调的是当事人的丧子（女）之痛，却没有人想到被争夺的胚胎后续将面对怎样的人生，其始终未获得应有的尊重。因此，前述展开比较法研究的学者，均对该判决持批判的态度，认为若该二审判决的立场成为一项法律规则，有可能引发一定的道德风险。

类似地，在美国田纳西州发生的“路易斯·戴维斯诉玛丽·戴维斯”案（Junior Lewis Davis v. Mary Sue Davis）几乎包含了关于受精胚胎涉及的一切法律问题。该案中，丈夫在离异后反对前妻将此前冷冻的胚胎植入子宫，理由之一就是不想让因此出生的小孩从小生活在一个破碎的家庭，这种对胚胎后续命运的关注，真正体现了对于具有生命发展潜能的胚胎的尊重。终审法院根据美国生育协会的伦理指针，将胚胎视作过渡的类型，作为潜在的生命予以珍重。丈夫不愿意成为遗传学上的父亲的权利优先于妻子将胚胎捐赠给他人生育并养育孩子的权利。①

（2）允许自由交易的弊端

有学者主张将精卵商品化，从而解决供应不足的问题；反对的观点认为，精卵商品化易于导致精子质量危机，也可能引起反复供精导致血亲婚配问题。②

从规制的角度看，允许买卖精卵，形成开放的市场不但解决不了供应不足的问题，反而带来更大的弊端，以史为鉴，我国对血液从允许买卖到只能无偿捐赠转变的过程，能够提供有益的参考。1978 年国务院批转卫生部《关于加强输血工作的请示报告》（国发〔1978〕242 号）提出在我国实行公民义务献血制度，义务献血是有偿的，采血单位以“献血营养补助费”的形式向献血者支付报酬。受巨大经济利益驱动，20 世纪 90 年代中后期很多省份出现了职业卖血群体，导致艾滋病经献输血环节传播开来。1998 年正式实施的《献血法》确立了“无偿献血”制度，因失去经济利益的驱动，职业卖血行为得到了相当的遏制和好转，也激励了公民基于善而自愿献血。很多国家也经历了类似的

---

① 王岳、邓虹主编：《外国医事法研究》，法律出版社 2011 年版，第 4 ~5 页。

② 张燕玲：“生殖细胞的法律地位及权利归属新探”，载《唯实》2007 年第 5 期。

从有偿献血到无偿献血转变的过程，德国、日本、瑞士、加拿大等国已经基本上实现了全民无偿献血。

(3) 出卖配子、合子、胚胎的非罪化选择和相关组织、强迫出卖行为的刑事规制

笔者赞同赋予配子、合子和胚胎特殊的法律地位，并从刑事法的角度对相关问题展开论证。① 配子、合子和胚胎是人体组织的一部分，将其商品化的实质是使人成为工具，严重贬损了人的尊严，其特殊的人格地位使其不应当成为交易的对象。禁止配子、合子和胚胎的商品化依然是生命伦理应当遵守的底线。但是，伦理上禁止不等于刑法上的强制，笔者认为，采用行政的手段规制买卖配子、合子和胚胎的行为即可，无须动用刑罚手段。

首先，从行为的本质上看，买卖配子、合子和胚胎没有严重损害法益。自愿的买卖是双方行使自我决定权的表现，因为配子等具有可再生性，不会损害出卖者的健康，所以该自我决定没有超出处分权的范围。尽管损害了公序良俗，但是损害是微小的。笔者认为，这是单纯违反伦理规范的行为，并不存在所谓"被害人"，如哈特所言："如果某种特定的行为不符合一般道德标准，是否仅凭此一情况就已经足够使之成为可由法律惩罚的行为？而如此地强制执行道德，其本身能否获得道德之许可呢？此类不道德行为就应该是犯罪吗？"②可见，基于自愿的配子、合子和胚胎交易没有进行犯罪化的必要。

其次，通过类比相似行为，有助于进一步认识买卖配子、合子和胚胎行为的规制途径。第一，与血液相比，精子、卵子等细胞都是具有可再生性的人体组织。我国《献血法》第 18 条规定，非法采集血液、血站、医疗机构出售无偿献血的血液，非法组织他人出卖血液的，予以行政处罚，构成犯罪的，依法追究刑事责任。《刑法》第 333 条规定，非法组织卖血罪、强迫卖血罪。可见，仅有交易行为不构成犯罪，组织交易者才构成犯罪。第二，与代孕、器官交易等行为相比，尽管也是将人体的一部分作为商品予以交换，但是出卖精卵并未像商业性代孕和出售器官那样造成人的身体和精神的巨大伤害。因此，基于无伤害原则，配子等的交易也没有进行犯罪化的必要。

最后，虽然单纯出卖不作为犯罪处理，但是组织出卖的行为则有犯罪化的

---

① 此处顺带提及的是，破坏、毁弃配子、合子、胚胎的行为，也不应当作为犯罪处理，由于我国不存在堕胎罪，因而在此不作详细论证。

② [英] H. L. A. Hart 著：《法律、自由与道德》，支振锋译，法律出版社 2006 年版，第 5 页。

必要。第一,组织出卖精卵的行为,将出卖者作为其利用的工具贬损了他人的尊严;在此过程中,常常以暴力和胁迫等方式侵犯了他人的人身权利;第二,由于行为的组织性和团伙性,严重扰乱了精卵供应,大大增加了血亲婚配的可能,对公共卫生秩序造成极大的危害;第三,我国刑法中已有将组织行为专门处罚的立法例。例如,除了非法组织卖血罪以外,还规定了组织卖淫罪等罪名。①

综上所述,本书设计罪刑条文如下:

[组织、强迫出卖配子、合子、胚胎罪]

组织他人出卖配子、合子、胚胎的,处五年以下有期徒刑,并处罚金;以暴力、威胁方法强迫他人出卖配子、合子、胚胎的,处五年以上十年以下有期徒刑,并处罚金。②

有前款行为,对他人造成伤害的,依照故意伤害罪定罪处罚。

三、违反辅助生殖程序的犯罪

"法律正当程序(due process of law)是尖端医疗的一项重要准则,设置一定的条件和程序,是管控辅助生殖风险的重要手段。符合一定的程序要件,是行为正当化的标准,易言之,若违反了相应的程序,行为则可能构成犯罪,此类行为又被称为"相对禁止的行为",以违反知情同意程序为典型。

(一)自我决定和知情同意准则

人的尊严体现为人能够做出自我决定。尊重个人的自主权,是基于对所有人都具有绝对价值和每个人都具有决定自己命运的能力的承认。③ 在医疗领域,"患者的意思是最高的法","每一个心智健全的成年人都有权决定其身体接受何种处置",④自治和自我决定的自由意志原理构成了医疗法的核心,确定了医疗行为的正当化根据。⑤

---

① 在西方非犯罪化运动中,卖淫的除罪化是核心问题之一。在我国,卖淫只是违反《治安管理处罚法》的行政违法行为,但是,组织卖淫则构成犯罪。

② 法定刑的配置与组织卖血罪、强迫卖血罪保持一致。

③ 翟晓梅:"安乐死的伦理学论证",载《自然辩证法研究》1997 年第 7 期。

④ "Every person being of adult years and sound mind has a right to determine what shall be done with his own body."这是美国大法官本杰明·卡多佐在"施诺恩多夫诉纽约医院协会"(211 N. Y. 125,105 N. E. 92[1914])一案中写下的著名判词。

⑤ 关于知情同意在医疗行为中的地位和意义,详见杨丹著:《医疗刑法研究》,中国人民大学出版社 2010 年版,第 173 页以下。

"知情同意法则"是"自我决定"的制度化体现,其基本含义是医生对患者详细说明其病情,并充分地说明将要进行的检查和治疗方法等,患者在理解了医生的说明并且未受到任何强制的自由立场下,选择了检查或者治疗的方法,医生根据患者的同意实施医疗行为。患者的同意使具有侵袭性医疗行为得以正当化,但是,不具有患者同意的医疗行为也未必就是不正当的。强制医疗不须获得患者的同意,其正当化根据是公共利益的需要;紧急医疗不能获得患者的同意,其正当化根据是推定的同意;在非强制医疗和非紧急医疗的状态下,患者能够作出同意,医生却未经患者同意(甚至违反患者的意思)擅自采取医疗措施,则构成专断医疗。

关于专断医疗的入罪化问题,冯军教授广泛搜集了德国、日本的判例和学说,阐述细致,分析深入、周延且适切,认为"自我决定权是最高的权利,具有绝对价值,因为它是人的自由的核心……生死问题,应该由生命的拥有者自己来决定,只要这种决定没有直接侵害他人和共同体的利益。"①自我决定权成为对专断医疗施以刑事处罚的基础。冯军教授还结合我国的实例,认为在与专断医疗有关的民事纠纷中,患者一方举证能力弱,医方具有极强的抗辩优势,若将专断医疗入罪化,公安机关和检察机关介入纠纷处理,由于其具有更强的调查、举证和控告的能力,因而能够更好地保护患者的权利。

自我决定权在西方有其深厚的哲学基础和文化传统,虽然早期的西方医界崇尚父权主义,但是自18世纪末至20世纪初以来,英国、美国、德国开始通过个案缓慢地树立知情同意准则,1947年的《纽伦堡法则》开始在世界范围内真正展开知情同意准则,1964年的《赫尔辛基宣言》确立了"尊重患者的自我决定权是医学伦理的最高准则"。在中国,受儒家生命伦理学"不忍人之心"的仁爱思想影响,"不伤害"曾经是生命伦理的首要原则,医者"仁心"在医患之间建立了紧密的信赖关系,但也易于导致了患者放弃自我决定权,妨碍了知情同意权的产生。此外,中国受传统"家文化"影响,奉行家本位的生活信念,使得个人的健康不是其自己一个人的事情,而是整个家庭的事情,家庭成员甚至能够取代患者本人来决定医疗行为是否实施。然而,1992年国务院《关于深化卫生改革的几点意见》拉开了我国"医疗市场化"的序幕,医院成为营利机构,经济利益成为最大诉求,医患纠纷开始大规模爆发,被物化的医患关系

① 冯军:"专断医疗行为的刑事处罚及其界限",载刘明祥主编:《过失犯研究:以交通过失和医疗过失为中心》,北京大学出版社2010年版,第195页。

取代了建立在“仁道德”基础上的亲密信赖。随着医患纠纷的增加和患者权利意识的爆发,管理者和立法者逐渐意识到患者知情同意权的重要性,制定了一系列的法律、法规和规章,冯军教授对此进行了极为全面、详尽、细致的梳理,认为“尽管中国还需要走很长的路才能达到西方医疗文明的标准,但是,作为西方医学伦理最高准则的知情同意准则,已经在中国的法律中扎根,为中国的医疗文明奠定了坚实的法律基础。”①至此,知情同意准则超越了东西方文化的鸿沟,成为人类生命伦理共通的最高准则,也成为对专断医疗施以刑事处罚的伦理基础。

(二)关于强制抽取配子、强制授精的立法和实例

在辅助生殖领域,通常可以排除紧急医疗和强制医疗的情形,医疗行为承受者②的同意成为必备要素。生殖自主权是基本人权之一,其核心是权利主体有权决定生育或者不生育。关于生育权的分析可以从婚姻权、隐私权和正当程序条款三条路径展开,本书的研究集中于正当程序的维度,主要关注强制抽取配子、强制授精等行为的刑事规制。

首先,对于未经同意强制抽取他人精子或者卵子的行为,各国(地区)立法主要有两种模式:第一种模式是,明文规定强制获取精卵的行为构成犯罪。例如,《法国新刑法典》第 511 -6 条规定:“未经本人同意,从活人身上采集或抽取配子的,处五年监禁并处七万五千欧元罚金”。第二种模式是,虽然辅助生殖法中规定了抽取配子必须获得当事人的同意,但是未将强制取精卵的行为规定为犯罪。例如,英国、加拿大、③中国香港地区、中国台湾地区。然而,需要注意的是,即使没有规定强制抽取精卵等罪名,若该国(地区)刑法中有“强制罪”的规定,则有适用“强制罪”追究上述行为的余地。在德国刑法理论界,适用“强制罪”追究专断医疗行为的刑事责任是一种非常重要的解释模式。

其次,所谓强制授精,是行为人指未经妇女同意,使用自己或者第三人的精液为该妇女实施人工授精的行为。有的国家(地区)将该行为明文规定为

---

① 冯军:“病患的知情同意与违法”,载《法学》2015 年第 8 期。

② 在辅助生殖中,提供配子的一方(供体)不同于普通治疗行为中所称的患者,因为供体通常不存在需要治疗的疾病,所以对其更准确的称谓应当是辅助生殖的承受者或者参与者。

③ 加拿大《人类辅助生殖法》第 8 条规定了“未经同意应用生殖物质”(Use Reproductive Material without Consent),违反该条规定则构成犯罪。但是,该条规制的重点在于应用生殖物质,而非此前的采集和抽取环节。

独立的犯罪,例如,《西班牙刑法典》第162条规定:“未征得妇女同意实施生殖活动的,处两年以上六年以下徒刑,并剥夺其从事职业、担任公职及担当任务一至四年的权利。”①《澳门刑法典》第162条“未经同意之人工生育罪”规定:“未经妇女同意,而对其为人工生育行为者,处一年至八年徒刑。”但是,大多数国家对此未作明文规定,我国有学者梳理了基于解释论立场提出的四种观点。其一,强制授精构成强奸罪;其二,强制授精构成不能犯的强奸未遂;其三,强制授精构成强制侮辱、猥亵妇女罪;其四,该行为不构成犯罪。② 笔者认为,在我国现行立法框架下,强制授精不存在性器官接触,不符合强奸罪的成立要件;如果强制猥亵妇女罪以满足性欲为主观要件,③强制授精也未必符合该罪的成立要件。

与强制授精具有一定关联,我国于2013年判决的一起“副教授精液治病案”引发了各界的广泛关注。

被告人马林系广西医科大学第一附属医院“副教授”,其初期在该医院化疗科工作,后被调到医院办公室。马林利用由其本人的精液、酒精、去炎松软膏、红霉素和生理盐水五种物质组成独家秘方,免费为患者治疗妇科疾病。2010年8月,马林开始为被害人赵某实施治疗。马林诊断赵某系脾虚且患有盆腔炎症,在工作室对赵某进行了两次治疗。2010年8月25日,马林帮赵某治疗以后,赵某发现其阴部除了涂有黄色药膏以外,还有乳白偏黄像精液的液体,便质问马林是否对其实施了性侵,遭到马林否认。赵某离开了诊所,当晚在与其男友通话以后,遂向警方报案。经DNA检验,赵某的阴道分泌物中检验出马林的精斑。2012年7月,南宁市青秀区法院一审认定马林犯强奸罪,判处有期徒刑4年;2013年5月17日,南宁市中级法院作出终审判决,认为马林无医师执业资格无证行医,对外谎称是“广西医科大一附院副教授、医生”,利用被害人到其工作室就诊治疗的机会,违背妇女意志,采取欺骗手段强行对赵某进行猥亵,构成强制猥亵妇女罪,判处有期徒刑三年。在该案中,马林实

---

① 《西班牙刑法典》,潘灯译,中国政法大学出版社2004年版,第63页。

② 熊永明著:《现代生命科技犯罪及其刑法规制》,法律出版社2012年版,第127~129页。

③ 关于猥亵妇女罪的主观要件,在理论上存在较大的争议,通说认为,本罪需要以刺激或者满足性欲为目的(陈兴良著:《口述刑法学》,中国人民大学出版社2007年版,第578页);另一种观点则认为,猥亵是具有性的意义,侵犯妇女性的自我决定权的行为,主观不需要具有刺激或者满足性欲的倾向。(张明楷著:《刑法学》,法律出版社2011年版,第786页。)

施行为的方式,精液能否治病等问题成为争议的焦点。[①]

笔者认为,马林未经被害人同意,将精液置入被害人阴道的行为构成强制授精,但是,该行为显然不具有人工生育的目的和效果。由于精液、性器官与性、生育存在天然联系(尽管辅助生殖技术已经割裂了这种联系),其行为被认定为具有性的意义,因而成立强制侮辱、猥亵妇女罪,这是从解释论上得出的妥当结论。

(三)立法对策

专断医疗的核心实质是侵犯了患者的自我决定权,这是刑事处罚的哲学根据。《奥地利刑法典》和《澳门刑法典》是少数就专断医疗规定专门罪名的国家(地区)。《奥地利刑法典》第119条规定:"①未经被治疗人同意,即使是根据医学规则进行治疗的,处6个月以下的自由刑,或360单位以下日额金的罚金刑。②行为人认为,延缓治疗会危及被治疗人的生命或健康,因而未征求被治疗人的同意的,只有当想象的危险未发生,且给予必要的注意能够知道危险不会发生的,始可依本条第①款处罚。③被擅自治疗之人要求追诉的,始可对行为人进行追诉。"[②]《澳门刑法典》在第144条明确规定了内外科手术或者治疗不构成伤害罪的基础上,第150条第1款规定:"第144条所指之人(医生或依法获许可之其他人——笔者注),为着该条所指之目的,在未经病人作出产生效力之同意下进行手术或治疗者,处最高三年徒刑或科罚金。"在未规定专门罪名的国家中,德国的司法实务并存着有罪判决和无罪判决,理论界则存在有罪说、无罪说和折中说的对立。日本、英国和我国则主要以民事方式追究专断医疗者的责任。[③]

在我国,尽管理论界多数观点认为对专断医疗"不具有刑事违法性,不可能构成伤害罪",[④]但是冯军教授以自由主义法哲学为基础,深刻剖析了"生命的本质就是自由",系统梳理了我国确立知情同意准则的制度史,结合我国实例分析了将专断医疗作为民事纠纷处理的现实动因,坚定地主张应当对专断

---

① 相关案情参见董柳:"广西:'教授'精液治病强奸改判猥亵",载《羊城晚报》2013年5月18日第A7版。

② 《奥地利联邦共和国刑法典》(2002年修订),徐久生译,中国政法大学出版社2004年版,第46页。

③ 杨丹著:《医疗刑法研究》,中国人民大学出版社2010年版,第201~209页。

④ 刘明祥:"伤害罪若干问题比较研究",载冯军主编:《比较刑法研究》,中国人民大学出版社2007年版,第367页。

医疗施以刑事处罚,并明确了抑制刑事处罚范围的具体情形,以期待“中国的司法机关将在维护人性尊严上做出更大的贡献”。[①]

人的自我决定权是一种具有绝对价值的最高权利,体现于社会生活的所有领域。侵犯自我决定权的行为,依其从一般到具体的发生领域,可以分为强制行为、专断治疗和强制抽取配子(授精)。对于普通社会生活领域的强制行为,有学者呼吁在我国刑法中增设“强制罪”进行整体规制;[②]对于医疗领域的专断治疗行为,如前所述,学界对是否应予刑事追究存在激烈的论争;对于强制辅助生殖领域的强制抽取配子和强制授精行为,则是尖端医疗刑法研究面临的新问题。

笔者认为,就尖端医疗刑法研究而言,暂且搁置强制罪和专断治疗罪的争论,人类辅助生殖领域强制抽取精卵、强制授精的行为具有明显的犯罪化的必要性和可能性。[③] 这是由此类行为的被害人在辅助生殖中的特定地位及其所侵犯生殖自主权的严重性所决定的。

首先,人类辅助生殖不同于普通治疗行为,强制抽取配子、强制授精行为的被害人并未从中获得医疗实益。

广义的医疗行为,包括通常的治疗行为和其他医疗行为。治疗行为针对的是患有特定疾病的患者,治疗的目的是缓解痛苦、恢复健康、挽救生命。而其他医疗行为,虽然应用了医疗技术,但主要是为了满足特定的需求,与传统治病救人的治疗行为具有质的差异。例如,美容整形手术,人工辅助生殖。当然,治疗行为和其他医疗行为也并非泾渭分明,二者之间可能出现跨界的流动。例如,若将不孕视为一种疾病,那么辅助生殖对于不孕者无疑是重要的治疗行为。

在某些医疗行为的实施过程中,医疗行为实施的对象(参与者)包括供体和受体双方。供体是指提供血液、组织、器官、配子的一方,供体本身不存在需要治疗的疾病,但因为提供了血液、组织、器官、配子等,承受了医疗行为的侵袭,但并未从医疗活动中获得任何实益,甚至健康还会遭受不同程度的损害。相反,获得医疗利益的,只能是接受输血、组织、配子和器官等的受体一方。

---

① 冯军:“病患的知情同意与违法”,载《法学》2015年第8期。

② 张明楷:“日本刑法的发展及启示(代译序)”,载《日本刑法典》,张明楷译,法律出版社2006年第2版,第12页。

③ 这是仅指单纯实施强制行为,未严重伤害身体或者限制自由,否则,可能成立故意伤害罪或者非法拘禁罪。

因此,在普通治疗活动中,专断治疗对于患者涉及生命权、健康权与自我决定权之间的利益衡量。然而,未经供体同意,强制抽取其血液、组织、器官、配子,或者未经妇女同意强制授精的,则是对其自我决定权赤裸裸的强制,并且,这些强制行为除了侵犯自我决定权以外,还可能侵犯供体的自由权、健康权,等等。辅助生殖领域通常不存在强制医疗和紧急医疗的例外,未经供体同意抽取配子,强制授精等行为,是对自我决定权的极大侵犯。

其次,对生殖自主权的侵犯既对被害人造成了严重的精神损害,又对社会形成了严峻的、潜在的伦理风险。

强制抽取配子、强制授精是在辅助生殖领域发生的侵犯人的自我决定权的行为,若进一步细分自主权的领域,笔者认为,强制抽取精卵、强制授精侵犯的是人的身体权和生殖自主权,①而不是性自主权。尽管《澳门刑法典》将"未经同意之人工生育"规定于第5章第1节"侵犯性自由罪"中,但是辅助生殖已经割裂了性和生育的联系,这一传统归类已经滞后于尖端医疗技术的发展。

由于繁衍后代的延续性和血缘的重要性,强制抽取配子对于被害人造成的精神损害无论是强度还是时间均远远超过了对身体的损害。强制抽取配子常常伴随的是配子的商品化,并且,若配子被用于生殖,则极易导致后代血缘的混乱和无序,潜藏着极大的伦理风险。对于遭受强制授精的被害人而言,无论是强制授精行为本身还是由此引发的怀孕结果,均是对被害人精神和身体的极大摧残。

最后,强制抽取配子和强制授精的行为更具有规定专门罪刑条款的必要性。强制抽取血液、器官、配子和强制授精的行为,均侵犯了被害人的自我决定权。但是,比较而言,人类辅助生殖领域的强制行为更具有以专门罪名规制的必要性。第一,相对来说,强制抽取血液对于被害人造成的身体和精神损害,都极其微小,无须入罪化;第二,强制取得供体器官的行为,在侵犯自我决定权的同时严重侵犯了健康权乃至生命权,符合构成故意伤害罪或者故意杀人罪的成立要件,《刑法》第234条之一第2款已经对此作了明确规定。因此,强制抽取配子、强制授精的行为对被害人造成了巨大的精神痛苦,对社会引起了潜在的伦理风险,刑法中有没有罪名可供适用,有必要对此类行为规定专门的罪刑条款。在法定刑的设置上,对生殖自主权的侵犯应当大致相当于故意伤害罪(轻伤),并且,强制授精的,需要考虑造成怀孕等严重后果因而有必要增设加重的犯罪构成。

---

① Carl Wellman, *Medical law and Moral Right*, Dordrecht: Spinger, 2005, p. 123.

[强制抽取配子、强制授精罪]

未经本人同意，使用暴力、胁迫或者其他手段，强行抽取其精子、卵子的，处一年以下有期徒刑、拘役或者管制，并处罚金。

未经本人同意，使用暴力、胁迫或者其他手段，强行授精的，处两年以下有期徒刑，并处罚金。情节较重的，处两年以上五年以下有期徒刑，并处罚金。

第六章　克隆人技术研究和应用的刑法规制及立法对策

克隆人是伴随人类辅助生殖、基因工程等技术发展而兴起的一个尖端医疗领域。克隆技术是无性生殖方式，所克隆出的人不具有基因唯一性。因而，与作为有性生殖辅助手段的人工生殖、与作为治疗和预防手段的人体基因工程具有本质上的差异。本章专门对克隆人技术展开讨论，首先，明确了克隆人技术的概念、本质和分类，梳理国际组织及主要国家的立法状况；其次，分析克隆人技术涉及的相关刑法问题，筛选应当进行犯罪化的行为并设计罪刑条文。

第一节　克隆人技术的研究、应用及规制状况

克隆，即无性生殖(asexual reproduction)，是植物和很多动物的自然繁殖方式，然而，哺乳动物和人却是通过有性生殖(sexual reproduction)来繁衍后代的。1997 年，克隆羊多莉(Dolly)的诞生引起了全世界的广泛关注，这是科学家首次将高度分化的体细胞无性繁殖技术成功应用于哺乳动物，意味着克隆技术具有了应用于人的可能性。该议题引发了激烈的宗教、社会、伦理和法律争议，直至 21 世纪的最初几年，对该问题的规制成为国际社会和各国关注的热点之一。

一、克隆人技术的概念和类型

(一)概念

"克隆"(cloning),在一般意义上是指在没有有性生殖的情况下产生个别机体或细胞的遗传复制品。克隆技术则涉及胚胎分割、体细胞核移植于一个去核的卵细胞、在细胞培养中培育来自一个体细胞的细胞系等环节。①

根据克隆技术实现的机体不同,可以将克隆分为动物克隆和人的克隆。动物克隆试验受到动物福利原则的约束,必须符合伦理评估机制并且考虑生物多样性,②除此以外,伦理和法律上并不存在太大的争议。人的克隆,是指将克隆技术应用于人,产生一个基因组成上与已经存在的人或者曾经存在的人体基因组织完全一致的人类组织、器官或者完整的人体。③ 至于通常所称的"克隆人",可以从两个角度来展开理解:其一,从结果的角度理解,是指应用克隆技术所培育出的人,一旦出生,则取得人的道德地位;其二,从过程的角度理解,是指应用人体胚胎细胞开展克隆技术的试验和应用。本书着眼于从过程的角度来理解,即是否允许、如何规制克隆人技术。

(二)克隆人技术的类型

以实施技术的目的为标准,通常将克隆人技术划分为三种类型,即基础研究、治疗性克隆和生殖性克隆。

所谓"基础研究",即人类胚胎干细胞生物学基础研究(Embryonic Stem Cell research),是指在人和动物身上通过体细胞核转移进行基础研究,包括对基因表达、衰老、细胞"凋亡"、干细胞定向分化、卵细胞质重新编程成年体细胞核机理等问题的研究。④

所谓"治疗性克隆",是指以治疗为目的,提取人细胞中的遗传物质植入一个去核卵细胞中,在试管内培育胚胎干细胞和有可能被使用的尤其是通过移植可以使用的组织。进行治疗性克隆的研究,首先需要克隆人类的胚胎,其次培养胚胎干细胞,然后定向诱导分化成目的细胞。但是,治疗性克隆任何时

① 参见 HUGO 伦理委员会《关于克隆的声明》序言。

② 参见 HUGO 伦理委员会《关于克隆的声明》第 1 条。

③ 罗胜华:"人体克隆的法律政策与制度构建",载《生物法律》2003 年第 4 期。

④ 本概念参考了 HUGO《关于克隆的声明》第 2.2 条、中国国家人类基因组南方研究中心伦理委员会《人类胚胎干细胞研究的伦理准则》(建议稿)第 15 条的规定。

候都不能把胚胎移植入子宫,排除任何妊娠的可能性。[①]

所谓“生殖性克隆”,是指出于生殖的目的,提取人细胞中的遗传物质植入一个去核卵细胞中,将该细胞植入子宫,繁殖出与提供细胞核者相同的遗传机体。[②]

治疗性克隆和生殖性克隆同样应用了细胞核转移技术,二者的根本区别在于目的不同。并且,胚胎后续的发展机制也有较大差异,生殖性克隆能够孕育并且分娩完整的人的个体,治疗性克隆则仅仅制造人的组织和器官。

二、克隆人技术研究和应用的规制

(一)国际性和区域性规制

克隆人技术向自然和人格尊严发起了重大挑战,国际社会规制和指导克隆人技术的宣言和伦理规范主要有:1997 年,联合国教科文组织通过的《世界人类基因组与人权宣言》第 11 条规定了,“违背人的尊严的做法,如人类的生殖性克隆,是不能允许的”;1998 年,世界卫生组织(World Healtn Orqanization,WHO)制定的《医学遗传和遗传服务中伦理问题的国际准则》宣称“生殖克隆(制造一个婴儿的基因组完全来自另外一个个体)受到许多国际团体,包括 WHO 的反对,它在许多社会引起恐慌,不符合目前普遍接受的国际道德准则”;1999 年,HUGO 伦理委员会做出的《关于克隆的声明》系统地提出了关于克隆研究的伦理建议;2005 年,联合国批准通过了不具有强制效力的《关于人的克隆宣言》,宣言敦促,“所有国家禁止有违人类尊严的任何形式的克隆人类活动,其中包括为了医学研究而进行的胚胎细胞克隆”。[③] 对于国际组织出台的上述规制克隆人的规范,有学者认为,其表面意义大于实际意义,因为只是宣示性的禁止,而没有对违反禁止的处罚。[④]

欧洲理事会(Council of Europe)于 1997 年 4 月 4 日正式公布了《生物暨医学应用之人权与人性尊严保护公约》(Convention for the Protection of

---

① 黄丁全著:《医疗、法律与生命伦理》,法律出版社 2007 年修订版,第 481 页。

② 同上,第 480 页。

③ 2005 年 2 月 18 日,联合国法律委员会以 71 票赞成,35 票反对,43 票弃权,通过了这项由洪都拉斯提交的议案。投赞成票的国家主要有美国、德国、荷兰和巴西等,投弃权票的主要是伊斯兰国家,投反对票的主要有比利时、中国、英国、瑞典、日本和新加坡等。各国对禁止生殖性克隆达成了一致,根本分歧在于是否允许治疗性克隆。但是,该宣言不具有强制效力。(邹德浩:“我国为何反对‘克隆人声明’”,载《环球时报》2005 年 2 月 21 日第 24 版。)

④ 张乃根、[法]戴尔玛斯·玛尔蒂主编:《克隆人:法律与社会》(第 3 卷建议),复旦大学出版社 2006 年版,第 9 页。

Human Right and Dignity of the Human Being with Regard to the Application of Biology and Medicine),并于1998年通过了《禁止复制人的附加议定书》(European Protocol on Banning Human Cloning)。该议定书声明“禁止制造与一个已经存在的人(无论生死)具有完全相同基因的人”。该议定书明确禁止了生殖性克隆人,但是,没有必然禁止治疗性克隆人,欧洲理事会将对于议定书中的“人(Human being)”的解释权授予各国议会,由各国法律自行决定是否允许治疗性克隆人。但是,在没有制定胚胎干细胞或者克隆技术专门法律的国家(保加利亚、罗马尼亚),则应当解释为禁止治疗性克隆。①

2009年1月1日《欧洲联盟基本权利宪章》生效,具有拘束欧盟成员国的效力。② 第1章“人性尊严”第3条第2款专门规定了对人类进行医学和生物学处理时,禁止为了营利目的而培养人体的全部或一部,禁止克隆人。

除了欧洲理事会和欧盟以外,其他区域性组织。例如,非洲联盟(Africa Union)、阿拉伯国家联盟(Arab League)等也积极讨论克隆人议题。但是,至今尚未发布正式的声明或者宣言。③

(二)各国及地区规制状况

1. 以立法进行规制

迄今为止,已经有很多国家及地区制定了规制克隆人技术的法律,但是,也有一些国家及地区没有制定直接规制克隆人的法律,或者尚处于立法起草过程中,通过伦理或者其他手段进行规制。

在法律作出明文规定的国家,其立法模式分为专门立法和非专门立法两类。

第一类模式是专门立法,即制订规制克隆人技术的专项法律,以英国、日本、澳大利亚等为代表。

英国于2001年实施了《人的生殖性克隆法案》(Human Reproductive Cloning Act 2001),其立法目的是禁止将非通过受精产生的人类胚胎植入女性身体。法案仅有两条,第1条“Offence”规定了构成犯罪的行为及其刑事责任,第2条“Short Title and Extent”规定了法案的短标题和适用范围。事实上,

---

① Kirstin Matthews, *Overview of World Human Cloning Policies*, [OpenStax - CNX Web site]. August 3, 2007, http://cnx.org/content/m14834/1.1/, Last visited 2015 - 12 - 12.

② 《里斯本条约》赋予了英国、波兰行使所赋予的退出选择权(Opt-out),基本权利宪章在其境内无拘束力。

③ Kirstin Matthews, *Overview of World Human Cloning Policies*, [OpenStax-CNX Web site]. August 3, 2007, http://cnx.org/content/m14834/1.1/, Last visited 2015 - 12 - 12.

该法案的立法目的在于紧急填补1990年《人类授精与胚胎法案》的漏洞,[①]表明了英国禁止生殖性克隆人的立场。

日本于2000年通过了《人类克隆技术规制法》(ヒトに関するクローン技術等の規制に関する法律),以法律的形式对克隆技术做出了积极的回应,形成了完整的胚胎干细研究管制体系。[②] 该法主要对克隆人、跨种杂交、移植等技术作了全面的规制,明确了禁止的行为和相应的刑事责任。

澳大利亚于2002年通过了《禁止生殖性克隆人法案》(Prohibition of Human Cloning for Reproduction Act 2002),并于2008年进行了修正。该法案的核心内容是规定绝对禁止的克隆人行为,以及未经许可不得实施的相对禁止的行为,同时规定了相应的犯罪及其成立要件。

第二类模式是非专门立法,即在有关辅助生殖、胚胎保护的法律中就克隆人的相关问题作出规定,以法国、德国、加拿大等为代表。

法国《生命伦理法》《民法典》《新刑法典》中均有涉及克隆人相关问题的规定,《新刑法典》第511-1条"禁止优生学的处置",第511-18条"禁止为了研究或实验目的试管培育人类胚胎",可以解释为对克隆人技术的禁止。

德国于1990年通过了《胚胎保护法》(Gesetz zum Schutz von Embryonen-EschG),此后于2002年通过了《进口与应用胚胎干细胞时之进口与应用胚胎干细胞之胚胎保护法》(Gesetz zur Sicherstellung des Embryonenschutzes im Zusammenhang mit Einfuhr und Verwendung menschlicher embryonaler Stammzellen),简称《干细胞法》(Stammzellgesetz-StZG)。《干细胞法》将对胚胎的保护进一步落实到胚胎干细胞的进口及应用领域,原则上禁止胚胎干细胞的进口与应用,避免从国内获取胚胎干细胞或者为了获取胚胎干细胞而制造胚胎,只有为了研究的目的,例外允许进口胚胎干细胞。违反许可进口和应用胚胎干细胞的,构成犯罪。[③] 有学者认为,《干细胞法》是妥协的产物,既要符合德国对胚胎一贯严格保护的态度,又要维持德国在该医学研究领域的国际发言权。[④] 2007年,联邦总理下设的伦理审查委员会倡议修改《干细胞

---

① 1990年《人类授精与胚胎法案》只是禁止移植跨种杂交的胚胎,因立法当时克隆技术发展水平尚低,故未规定禁止移植克隆胚胎,2001年法案对此作了补充。

② 张乃根、[法]戴尔玛斯·玛尔蒂主编:《克隆人:法律与社会》(第三卷建议),复旦大学出版社2006年版,第9页。

③ 李震山:"德国'干细胞法'之介评",载《月旦法学》第87期。

④ Brewe, *Embryonalenschutz und Stammzellgesetz*, Heidelberg:2006, S. 14,32-37.

法》,将胚胎进口改为个案审查制,废除以刑罚处罚在国外实施的违反《干细胞法》的行为。联邦众议院于2008年通过了这一修改意见,将许可进口的干细胞的取得基准日,由原来的2002年1月1日延长至2007年5月1日。[①] 该法第13条规定了未经许可进口或者应用胚胎的刑事责任。

加拿大《辅助人类生殖法案》(Assisted Reproduction Act 2004)第3条界定了"人的克隆"(Human Clone)的概念,第5(1)条规定,禁止应用任何技术制造人的克隆,禁止将克隆胚胎植入人体、动物体内或者任何其他人工设施,第60条规定了违反第5条禁令的刑事责任。

2. 以其他手段进行规制

除了上述针对克隆人问题制定法案的国家以外,还有一些国家尚无明确立法,以美国联邦法律和我国为代表。

美国联邦法律中没有直接针对胚胎干细胞研究的规定,其对克隆人技术的态度,主要通过联邦经费是否资助相关研究来表明其立场。2001年,国家卫生研究院(National Insfifute of Health,NIH)发布了补助规则,联邦经费补助仅限于已有胚胎干细胞的研究,对于为了研究而制造胚胎干细胞的,既不资助也不制裁。2006年,美国国会提出法案,要求允许联邦经费资助新的胚胎干细胞研究,但是该法案被乔治·布什总统动用其任期内的第一次否决权予以否决。[②] 2009年3月,奥巴马总统宣布解除对胚胎干细胞研究的限制,允许联邦政府资助使用2001年8月以后建立的数百株新干细胞系的科学研究。在美国各州中,有7个州制定了《特别禁止人类生殖性克隆和治疗性克隆的法令》,有1个州制定了《关于特别禁止生殖性克隆的法令》,有2个州制定了《关于禁止为生殖性克隆和治疗性克隆而使用公共资金的法令》,有5个州制定了《关于特别允许生殖性克隆的法令》。[③] 可见,各州对生殖性克隆持一致的禁止态度,但对于是否禁止治疗性克隆则存在相当的分歧。

---

① 陈英钤、李政宪:"日本胚胎干细胞研究管制体系(上)",载《政大法学评论》第104期(2008年8月)。

② 在禁止联邦经费资助相关研究的同时,事实上意味着私人机构的资助是被允许的。2008年,美国加州的干细胞研究公司Stemagen通过成体细胞核移植技术成功得到了5个人类胚胎克隆,此成果的重要性在于,这是首次成功应用体细胞核克隆出的人类胚胎。(David Cyranosk,"Human Embryos Cloned from Adult Cells",http://www.nature.com/news/2008/080117/full/news.2007.350.html,published on line,17 January 2008,last visited 2015-5-10)

③ 周燕:"我国干细胞研究中的伦理危机与法律困惑及其国家管理的研究",第三军医大学2009年博士学位论文,第125~126页。

3. 我国的规制状况

在我国，对克隆人技术问题的规制主要体现在伦理和技术规范中。《人类辅助生殖技术和人类精子库伦理原则》第4条社会公益原则的要求之一是，医务人员不得实施生殖性克隆技术；《人类胚胎干细胞研究的伦理准则（建议稿）》提出："禁止生殖性克隆，支持治疗性克隆的研究，谨慎对待胚胎实验"；《人胚胎干细胞研究伦理指导原则》第4条规定了，禁止进行生殖性克隆人的任何研究；《人类辅助生殖技术规范》第3条第15项规定了，禁止克隆人。2005年在参加联合国法律委员会关于《关于人的克隆宣言》提案的表决时，我国投了反对票，我国代表旗帜鲜明地表明了我国立场："禁止生殖性克隆人，允许治疗性克隆人"。①

（三）基本立场

每个国家基于各自的宗教、历史、社会等因素，对克隆人表达出不同的立场和态度。对于克隆人所涵盖的三类技术——胚胎干细胞基础研究、治疗性克隆、生殖性克隆，各国的态度覆盖了全面禁止直至完全未作规范。本书根据相关数据库资料，②整理了56个国家（地区）对于克隆技术的基本立场，如表3所示：

表3

序号	国家（地区）	基础研究	治疗性克隆	生殖性克隆	序号	国家（地区）	基础研究	治疗性克隆	生殖性克隆
1	阿根廷	√	×	×	9	哥伦比亚	√	√	×
2	澳大利亚	√	×	×	10	哥斯达黎加	×	×	×
3	奥地利	×	×	×	11	捷克共和国	√	×	×
4	比利时	√	√	×	12	丹麦	√	×	×
5	巴西	√	√	×	13	厄瓜多尔	×	×	×
6	加拿大	√	√	×	14	埃及	√	×	×
7	智利	√	×	×	15	爱沙尼亚	√	×	×
8	中国	√	√	×	16	芬兰	√	√	×

① 邹德浩："我国为何反对'克隆人声明'"，载《环球时报》2005年2月21日第24版。

② 数据来源：The Database of Global Policies on Human Cloning and Germ-line Engineering, http://www.glphr.org/genetic/genetic.htm, Last Visited 2015-5-10。

续表

序号	国家（地区）	基础研究	治疗性克隆	生殖性克隆	序号	国家（地区）	基础研究	治疗性克隆	生殖性克隆
17	法国	√	×	×	37	葡萄牙	√	×	×
18	格鲁吉亚	√	×	×	38	俄罗斯	√	×	×
19	德国	√	×	×	39	新加坡	√	√	×
20	希腊	√	×	×	40	斯洛伐克	√	×	×
21	匈牙利	√	不明	不明	41	斯洛文尼亚	√	×	×
22	冰岛	√	×	×	42	南非	√	×	×
23	印度	√	×	×	43	韩国	√	√	×
24	伊朗	√	×	×	44	西班牙	√	×	×
25	爱尔兰	×	×	×	45	瑞典	√	√	×
26	以色列	√	√	×	46	瑞士	√	×	×
27	意大利	×	×	×	47	中国台湾	√	×	×
28	日本	√	√	×	48	泰国	√	√	×
29	拉脱维亚	√	×	×	49	特立尼达和多巴哥	×	×	×
30	立陶宛	×	×	×	50	突尼斯	√	×	×
31	荷兰	√	×	×	51	土耳其	√	√	×
32	新西兰	√	√	×	52	乌克兰	√	×	×
33	挪威	×	×	×	53	英国	√	√	×
34	巴拿马	√	×	×	54	美国	√	√	×
35	秘鲁	√	×	×	55	乌拉圭	√	×	×
36	波兰	√	√	×	56	越南	√	×	×

说明：1. 本表以各国（地区）的英文首字母为序。

2. “√”表示允许，“×”表示禁止。

3. 在允许胚胎干细胞基础研究的国家中，对于胚胎的要求是不同的。有的允许为了研究而制造胚胎，有的仅允许使用现存的胚胎，有的仅允许使用进口的现存胚胎。

根据表 3 统计,按照从严到宽的态度,全面禁止一切克隆人技术的有 8 个(奥地利、意大利等),允许基础研究、禁止治疗性克隆人和生殖性克隆人的有 30 个(德国、俄罗斯、澳大利亚等),允许基础研究、治疗性克隆人,禁止生殖性克隆人的有 18 个(中国、加拿大、英国、美国等)。可见,在 56 个国家和地区中,只允许克隆人基础研究所占比例最高。

第二节 克隆人技术研究和应用中的相关犯罪及立法对策

通过分析克隆人技术的概念和类型,整理各国的法律、公共政策、伦理和技术规范,可以看出,各国对克隆人技术的规制与其社会、历史、宗教、伦理、法律、国民意识等存在密切关联。下文逐一分析不同类型克隆人技术涉及的主要争议和根本分歧,探讨我国刑事立法应当做出怎样的应对。

一、基础研究涉及的争议

(一)问题的核心

在克隆人技术的基础性研究中,科学家探索基因表达、衰老、干细胞定向分化、卵细胞质重新编程成年体细胞核机理等生命的奥秘,从而为治愈疾病、提升生命质量提供生命科学的原理和机制。关于干细胞多能性和再生机理的基础理论研究主要以胚胎干细胞为对象,基础研究是胚胎干细胞研究的主要领域,经过几十年的发展已经取得了丰硕的成果。

除了意大利等极少数国家禁止以外,世界上大多数国家允许基础研究,双方的分歧主要在于——人的胚胎可否被使用,这是由胚胎的道德地位、生命起源的道德意义所决定的。各国的胚胎研究管制体系,依胚胎的道德地位和法律地位不同,分为三类模型:①

第一类是"人的模型",即自精子和卵子的细胞核相融合的那一刻起,胚胎即享有了与出生者相同的道德和法律地位。采取该模型的典型代表是梵蒂冈天主教会,其主张一旦受孕人即存在,应当作为一个人而获得尊重,将此视为人的基本权利。

---

① 陈英钤、李政宪:"日本胚胎干细胞研究管制体系(上)",载《政大法学评论》第 104 期(2008 年 8 月)。

德国遵循“人的模型”于1990年制定了《胚胎保护法》，赋予完全潜能细胞与出生的人享有几乎相同程度的保护，避免胚胎成为他人的工具。根据该法第8条第1款的规定，受精的、能发育的卵细胞从核结合之时起成为胚胎，此外，还包括从胚胎中提取的全能细胞，能在其他必要条件满足的情况下分裂并发展成个体。由于德国具有深厚的基督教传统，人们普遍认为人的生命始于受精卵，胚胎研究被视为“不人道”的行为。第二次世界大战期间纳粹德国实施的惨绝人寰的人体试验在很大程度上影响了当今德国人的观念。“据一项调查显示，约三分之二的德国人反对人类胚胎干细胞研究。即使在科学界，不少德国科学家对胚胎干细胞研究也持谨慎态度。”①德国《胚胎保护法》的基本原则有：除了生殖的目的以外，不可以在体外做成胚胎，不可以使用体外做成的胚胎；辅助生殖尽可能避免剩余胚胎。受上述基本原则的限制，不能单纯使用胚胎进行基础研究。然而，严格的胚胎管制使得德国在克隆技术的国际竞争处于相对不利的地位。2001年，德国通过了《胚胎干细胞保护法》，允许使用进口的胚胎，使过去极其严格的管制有所松动，胚胎地位从“人的模型”转向“尊重模型”。据报道，德国已有研究机构，“如基尔大学等已经从外国进口了人类胚胎进行研究”。②

第二类是“细胞模型”，许多科学家认为，胚胎就是一组细胞而已，不能享有与人一样的道德和法律地位，美国的私人机构研究曾经采取该模式。过去美国私人机构开展胚胎研究不能获得联邦经费的资助，也没有强制的约束，科学家为了获取干细胞进行研究而摧毁胚胎。2005年，美国国家科学院（NAS）制定了《胚胎干细胞研究守则》，要求研究人员自律性地避免滥用胚胎，使私人研究也逐渐转向“尊重模型”。

运用联邦政府资助开展的胚胎干细胞研究，则经历了一个逐渐松绑的过程。2001年8月，美国时任总统乔治·布什颁布禁令，禁止联邦政府资助人类胚胎干细胞研究。根据该项政令，联邦政府资助的研究经费只能用于在禁令前已经建立的人类胚胎干细胞系。当时，全世界仅有15个实验室拥有21株胚胎干细胞系株符合该禁令。2006年和2007年，美国国会两次提议取消该禁令，都被布什总统否决。2009年3月，奥巴马总统宣布解除对胚胎干细

① 晓云：“德国在人类胚胎干细胞研究和伦理之间寻求平衡”，载《科学新闻》2002年第4期。

② 同上。

胞研究的限制,允许联邦政府资助使用2001年8月以后建立的数百株新干细胞系开展科学研究。但是,继续禁止资助研究者利用早期胚胎分离新的干细胞。

第三类是“尊重模型”,即胚胎既不能享有与已经出生的人一样的道德和法律地位,也因其是潜在可能的生命而不能作为一般细胞来看待,应当随着胚胎发展的不同阶段而采取不同程度的保护。胚胎既不是不可侵犯的,也不是任凭处置的物体。[①] 英国最先采用“尊重模型”,1984年发布的沃诺克委员会报告“混合了功利主义的考虑和判断”,以其为基础制定的《人类授精与胚胎法案》建立了英国的胚胎管制体系。对于胚胎的道德地位和生命起源的道德意义,无法通过自然的事实来确定,而是只能诉诸道德原则和立法决定。因此,胚胎虽然不享有与人相同的地位,但是受到特别保护,必须经过许可,符合相应的条件和程序才能进行基础研究。2006年7月24日,欧盟25国负责科研的部长在布鲁尔召开会议,决定继续有限度地资助欧盟科研人员展开人类胚胎干细胞的基础性研究。日本现行法律虽未明确界定人体胚胎的地位,但通常将“人类受精胚胎”视为“人之生命之萌芽”。[②]

可见,“尊重模型”业已成为确立胚胎地位的主流观点,世界上大多数国家逐渐为基础性的克隆人研究松绑。但是,仍存在一定的条件限制。例如,胚胎的国别(本国的还是进口的),胚胎的来源(专门制造的还是剩余的)、胚胎的时间(不能超过十四天的),等等,不过各国的宽严尺度仍然有所不同。

(二)我国的选择

虽然我国尚未制定明确的立法,但是相关伦理规范采取了“尊重模型”,并且,规定了相对宽松的管制条件,符合我国的宗教、文化传统和国民观念。我国长期实行“政教分离”,对人体胚胎地位的认识和对动物福利的重视与西方基督教传统深厚的国家具有极大的差异,基本不存在基于宗教原因反对人体胚胎研究的观点。《人类胚胎干细胞研究的伦理准则(建议稿)》在鼓励科学家进行基础研究的同时,要求谨慎对待胚胎实验。获取胚胎干细胞的来源包括人工授精多余胚胎,从流产胎儿中获取胚胎生殖细胞(EG),以及应用体细胞核移植术创造胚胎。对于不同来源的胚胎,制定了具体的使用规范。

---

① [美]迈克尔·桑德尔著:《反对完美:科技与人性的正义之战》,黄慧慧译,中信出版社2013年版,第100页。

② 周江洪:“法制化途中的人工胚胎法律地位——日本法状况及其学说简评”,载《华东政法大学学报》2015年第5期。

因此，我国允许克隆人技术的基础研究，该行为本身不具有犯罪化的必要性。至于基础研究中涉及的相关伦理和许可问题，通过伦理规范和行政手段加以管制。

二、治疗性克隆应用涉及的争议

（一）问题的核心

与胚胎干细胞的基础研究被普遍许可不同，由于受到伦理等方面的限制，"无法大规模地开展人类疾病治疗的研究"，"但还是有很多科研人员展开了对人类胚胎干细胞临床应用的研究"。[①] 治疗性克隆是克隆人技术争议的焦点，2005 年联合国法律大会在审议《关于人的克隆宣言》时，各国最大的分歧就聚焦于是否允许治疗性克隆。

治疗性克隆人技术的主要环节包括克隆人类胚胎、培养胚胎干细胞、定向诱导分化为目的细胞。该技术通过培育可供移植的器官和组织，以期解决全球器官严重短缺危机，而且，源于自体的克隆细胞，不会出现决定器官移植成功与否的关键的排异反应。治疗性克隆技术将带来巨大的医疗利益是毋庸置疑，然而，在伦理上主要存在两点争议：第一，是否允许为了治疗性克隆的目的来使用胚胎；第二，允许治疗性克隆是否会导致伦理上的"滑坡"效应。[②]

第一个争议的本质依然是胚胎的道德地位。如前文所述，胚胎既不是人也不是物，依其发展阶段而予以不同程度的保护。在"尊重模式"成为确立胚胎地位的主流模式下，允许使用胚胎实施治疗性克隆技术。

第二个争议涉及治疗性克隆与生殖性克隆的关联和界限，这才是核心争议所在。所谓"滑坡效应"（slippery slope），是指一个做法似乎不可避免地将一个行为或者作用导向另一个，由此带来意想不到的后果。在辩论及修辞上，是指一种逻辑上的谬误；在社会学上，则是指开了一些先例以后，无法控制后续发展的情形。[③]

反对治疗性克隆的观点认为，由于"滑坡效应"，一旦伦理上允许治疗性克隆，下一步必然滑向生殖性克隆。例如，2003 年在柏林召开了"生物医学研

---

① 徐萍等："干细胞研究国际发展态势分析"，载《科学观察》2011 年第 6 期。

② 张乃根、[法]戴尔玛斯·玛尔蒂主编：《克隆人：法律与社会》（第 3 卷建议），复旦大学出版社 2006 年版，第 101 ~105 页。

③ [美]迈克尔·桑德尔著：《反对完美：科技与人性的正义之战》，黄慧慧译，中信出版社 2013 年版，第 100 页。

究和生殖中的克隆技术”研讨会，德国教育和科研部部长布尔曼女士在开幕式上的致辞认为，“目前对克隆技术不同的科研方法和目标的定义还不是很明确，生殖性克隆研究与医疗性克隆研究之间的暧昧关系难以界定，恐怕才是专家们最为头疼的问题，以医治疾患为目的而对人类胚胎进行克隆和以生殖为目的而使克隆胚胎最终成为一个降临人世的生命，两者之间隔着的不过是一张薄薄的纸而已”。① 生殖性克隆否定了人类的定义和人格尊严，其风险无法控制。因此，必须禁止治疗性克隆。②

支持克隆性治疗的观点则认为，治疗性克隆并非必然滑向生殖性克隆。之所以存在滑坡的担心，是因为二者的前期技术路线是一致的，都要通过体细胞核移植技术取得极早期胚胎，然而，二者的后期技术路线完全不同：治疗性克隆是在人工环境下定向培育胚胎干细胞，生殖性克隆则是将胚胎植入子宫。因为人工环境更复杂、微妙并充满变数，所以实际上治疗性克隆的技术难度高于生殖性克隆。只要阻断早期胚胎移植入子宫，治疗性克隆就不会滑向生殖性克隆。③ 退一步讲，即使反对者的担心可能存在，通过厘清二者在技术上的根本差异，澄清伦理上的认识，同时采取严格的管制措施、在保证安全的情况下通过严格的知情同意程序来控制，治疗性克隆也不会伤害到任何人，从而避免治疗性克隆变成基因剥削和滥用的噩梦。④

德国学者在宪法的框架内，阐述了治疗性克隆人研究的合宪性。治疗性克隆人研究会消耗人工胚胎，但制造的人体组织和器官若获得合理化和合法化，关系到人类幸福的最大化。治疗性克隆研究“被置于一种矛盾的状况，其立足点一方面来自德国《基本法》保护的研究自由，一方面则来自胚胎的生命权和人的尊严保护。”⑤然而，研究自由和生命、尊严之间不是利益的比较，可以集成于宪法的保护模式中。宪法保护科学家研究治疗性克隆人的自由，也保护胚胎的生命和人的尊严。但是，生命的保护是分层次的，治疗性克隆合乎

---

① 潘治：“德敦促各国禁止克隆人”，载《人民日报》2003 年 1 月 20 日国际版。

② 张乃根、[法]戴尔玛斯·玛尔蒂主编：《克隆人：法律与社会》（第 3 卷建议），复旦大学出版社 2006 年版，第 102 页。

③ 同上。

④ [美]迈克尔·桑德尔著：《反对完美：科技与人性的正义之战》，黄慧慧译，中信出版社 2013 年版，第 100 页。

⑤ [德]K. A. 施瓦茨：“以人类胚胎干细胞为例研究胚胎保护的法律问题”，印晓慧译，载《中德法学论坛》（2003），南京大学出版社 2004 年版，第 15 页。

胚胎捐赠者的利益,未出生胚胎的生命权保护低于捐赠胚胎者的生命权,胚胎只具有发展为生命的可能性,为了研究消耗人工胚胎的行为并未损害人的尊严。因此,尽管治疗性克隆人研究是德国《基本法》制定时尚未出现的新问题,但可以通过发展对宪法的理解来得出宪法评价,进而通过立法规定相应的程序来扩大对基本权利的保护。

(二)我国的选择

2003年英国伦敦大学英皇学院课题组宣布,人类首次成功培植胚胎干细胞。2003年8月,上海医科大学盛慧珍课题组宣布,通过将人类皮肤细胞与兔子卵细胞融合的方式培育出人类胚胎干细胞,开创了克隆研究的先河。世界各国的科学家在人类胚胎干细胞临床研究上取得了重大进展,尤其是发明了胚胎干细胞的新来源,在不伤害人类胚胎的情况下提取胚胎干细胞,实现了克隆人治疗研究的伦理突围。

我国治疗性克隆人技术的研究处于国际先进水平。2009年2月2日,山东省胚胎干细胞工程技术研究中心宣布,李建远课题组成功克隆出五枚符合国际公认技术鉴定指标的人类囊胚,其中四枚的供体细胞来源于正常人皮肤纤维细胞,一枚来源于帕金森症患者外周血淋巴细胞,这使治疗性克隆研究向前迈进了一大步。该研究不仅解决了克隆技术中的去核、移植等关键问题,而且对所作出的胚胎进行了线粒体定量动态学分析和囊胚线粒体遗传多态性位点SNP鉴定。这是一项非常先进、完整的工作,达到国际领先水平,为糖尿病患者、老年痴呆病患者、帕金森病患者带来了福音。①

治疗性克隆研究具有重大的科学价值、医疗价值和商业价值。我国与其他生物医学发达国家(如美国、英国、日本)一样,允许治疗性克隆人研究。在联合国法律委员会审议《关于人的克隆宣言》时,我国投了反对票,反对禁止一切形式的克隆人技术。我国一贯坚持的立场是:允许治疗性克隆,禁止生殖性克隆。②

《人类辅助生殖技术和人类精子库伦理原则》、《人类胚胎干细胞研究的伦理准则(建议稿)》、《人胚胎干细胞研究伦理指导原则》、《人类辅助生殖技术规范》均明确禁止生殖性克隆人,《人类胚胎干细胞研究的伦理准则(建议

---

① 周燕:"我国干细胞研究中的伦理危机与法律困惑及其国家管理的研究",第三军医大学2009年博士学位论文,第29页。

② 邹德浩:"我国为何反对'克隆人声明'",载《环球时报》2005年2月21日第24版。

稿)》同时规定了,支持治疗性克隆的研究,应建立严格、严密的胚胎干细胞使用法规。

综上,我国无须动用刑事手段来禁止治疗性克隆,只需通过完善伦理和行政管制来保障该技术有序实施。治疗性克隆人研究在伦理上是允许的,但是,这并不意味可以随意处置或者毁坏胚胎或者胚状体,必须按照一定的程序和条件来作出处理,应在符合伦理原则和严格监督管理下实行治疗性克隆研究。

三、生殖性克隆人研究涉及的争议

(一)问题的核心

对于生殖性克隆人技术,各国均持高度一致的反对立场。我国代表在解释对联合国《关于人的克隆的宣言》投反对票的原因时,表示"生殖性克隆人违反人类繁衍的自然法则,损害人类作为自然的人的尊严,引起严重的道德、伦理、社会和法律问题,中国政府积极支持制定一项国际公约,禁止生殖性克隆人。"①

有学者全面整理了禁止生殖性克隆人的依据:第一,从宗教的观点看,一切生命都是上帝或者诸神创造的,生殖性复制挑战了人的神圣性;第二,从生物医学的角度看,复制生殖模式会使人类的后代变成机械的复制品,消融人类的多元性、复杂性和整体性;第三,从人类进化的角度看,无性生殖使得基因本身的力量和质量退化,人类失去了遗传多样性,最终使得人种的退化不可避免;第四,从伦理学的角度看,克隆人的出现从根本上改变人类的亲缘、情感等人类伦理关系,造成了传统家庭模式的崩溃以及人类伦理体系的瓦解;第五,从男女性别比例来看,在具有性别偏向观念的地域,克隆人技术极易被应用于制造人们所偏好的性别的婴儿,造成男女比例失衡;第六,从遗传的观点来看,克隆人有可能出现畸形、早衰、基因突变等问题;第七,从优生学的观点来看,无性生殖是生殖方式的低级阶段,单靠体细胞的无性生殖,子女的质量根本无法超过母体,克隆技术将终止人类多样性进化的可能;第八,从人的本质看,克隆人违背自然的本质,将人降格为物,从而被彻底工具化;第九,从科学探索的观点看,人类对科学的应当保持伦理的高度敏感和重视,不能突破人的伦理

---

① 马宁:"联大通过关于人的克隆宣言,中国代表解释投反对票原因",载《北京青年报》2005年3月10日第A1版。

底线。[①]

笔者认为，上述从多个角度所阐述的风险在本质上可以归结为自然风险和伦理风险。首先，自然风险是指生殖性克隆人技术对个体和人类的生物风险。从生物繁衍的规律来看，从有性生殖变为无性生殖是一种倒退，导致克隆出的个体质量下降、畸形、早衰等；从人类整体来看，无性生殖会导致人种退化、丧失生物多样性、消融人类的多元性和复杂性。其次，伦理风险是指克隆人技术及其产物冲击了伦理和人类的道德地位。克隆人丧失了个体的独特性，因而丧失了人格中最重要的自由意志和人格自我形塑的自由，受到操控而出生的人将被彻底工具化，改变了婚姻、家庭等作为社会价值基础的伦理和法律关系。

然而，也有少部分人支持生殖性克隆技术，认为生殖性克隆人技术是科学发展的必然，能够满足少数人（如同性恋，不孕症）拥有后代的愿望，生殖性克隆作为自然生殖的补充，不会造成人类的整体退化。[②] 但是，反对者坚持认为，与巨大的生物和伦理风险相比，生殖性克隆人具有的上述医疗实益微不足道。[③]

在西方，哲学界的伦理学家和其他相关价值问题专家对克隆人问题进行了独立于公众舆论的比较深入的讨论和研究，深刻影响了各国政府相关政策和法律的制定。例如，美国总统生命伦理委员会（The President's Council on Bioethics）于2002年发布了《人的克隆和人的尊严：伦理咨询报告》（Human Cloning and Human Dignity：An Ethical Inquiry），对美国以及其他国家的克隆人立法产生了重要的影响。在我国，伦理学和法学界对生殖性克隆人技术展开了一定的讨论。

伦理学界普遍认为，克隆人是“不可逾越的伦理禁区”。[④] 有学者分别从不伤害和尊严的角度展开了论证，认为生殖性克隆人技术具有不可克服的生物学障碍，造成被克隆出的个体质量下降，不但遭受身体的伤害，还会遭受心理和社会的伤害，从结果论的立场来看违反了“不伤害原则”。生殖性克隆人是“制造”婴儿，满足的是做出克隆决定的人的情感和愿望，从而使被克隆出

---

① 黄丁全著：《医疗、法律与生命伦理》，法律出版社2007年修订版，第539～551页。

② 同上。

③ 邱仁宗：“人的克隆：支持和反对的论证”，载《华中科技大学学报》（社会科学版）2005年第3期。

④ 甘绍平：“不可逾越的伦理禁区”，载《中国社会科学》2003年第4期。

的人成为满足他人需要的手段，提供子宫孕育克隆胚胎的女性被彻底工具化和物化，从道义论的立场来看否定了“人的尊严”。[①] 有学者以克隆人的尊严为根据，认为克隆人的基因组成是被他人预先决定的，做出决定的他人的自由意志凌驾于被克隆出来的人的自由意志之上，克隆人的自由意志沦为了次等、从属的意志，克隆人的尊严先天受到贬损，无法获得与自然生殖的人对等的尊严和幸福，被降格为“物”。[②] 有学者从克隆人与他人的基因具有同一性出发，认为其唯一性、独特性极大降低，自我欲求、需要、生存价值受到了限制，其作为道德主体所应拥有的自主性、自决权以及与他人一样的平等地位将遭到无情的否定，从而得出禁止生殖性克隆人的结论。[③]

法学界对于生殖性克隆人的研究主要从法哲学、宪法、专利法和刑法等领域展开。法哲学的研究认为，克隆人技术所带来的冲击，要求既有的法律思维和制度做出相应的调整，交叉运用宽容原则、风险理论和正义理论，破除“以人为本”的法律思想，尊重胚胎；突破“当代多数人利益”为前提的法治国理念，尊重未出生者的利益；重新定位“责任原则”；认知多元风险社会中的多元化的法律原则。[④] 法律禁止生殖性克隆人的根据，在于该技术具有将人彻底工具化和商品化的可能。[⑤]

宪法学的研究认为，生殖性克隆人涉及公民的基本权利，是一个非常重要且争议极大的宪法问题。克隆人的出现损害了人本身的生命权价值，而人的生命权是宪法制度存在的基础，从而为禁止生殖性克隆人提供了合宪性根据；[⑥]在制度层面，建议通过制定《克隆人技术管理法》来实现宪法规制。[⑦]

知识产权法的研究主要从可专利性出发，论证了克隆人技术由于贬损了人的尊严，违反了无害原则，从而不具有可专利性。[⑧]

---

① 邱仁宗：“人的克隆：支持和反对的论证”，载《华中科技大学学报》（社会科学版）2005 年第 3 期。

② 翟振明、刘慧：“论克隆人的尊严问题”，载《哲学研究》2007 年第 11 期。

③ 甘绍平：“不可逾越的伦理禁区”，载《中国社会科学》2003 年第 4 期。

④ 李震山：“‘复制人’科技之发展对既有法律思维与制度之冲击——以基本权利保障为例”，载《中外法学》2002 年第 5 期。

⑤ 颜厥安著：《鼠肝与虫臂的管制——法理学与生命伦理探究》，北京大学出版社 2002 年版，第 8 页。

⑥ 韩大元著：《生命权的宪法逻辑》，译林出版社 2012 年版，第 117 页。

⑦ 上官丕亮、孟凡壮：“克隆人立法的宪法规制”，载《北方法学》2013 年第 3 期。

⑧ 胡波著：《专利法的伦理基础》，华中科技大学出版社 2010 年版，第 200 页。

刑法学的研究则聚焦于，是否需要在刑事上禁止生殖性克隆人技术，即刑法规制的必要性，对此，存在“刑法介入论”和“刑法宽容论”的对立。[①] 持“刑法介入论”的研究者，有的从社会危害性出发，认为生殖性克隆人对人类的公共利益和群体利益造成了损害和威胁，是具有严重危害性的行为，应当将其犯罪化。[②] 有的从犯罪控制论的立场来看，“只禁止人类生殖克隆技术是不够的……只有确保违禁行为将受到双重刑事制裁，禁令才具有意义：一方面是由已有国际人权法院（如欧洲人权法院、美洲人权法院或未来的非洲人权法院）或有待创建的国际人权法院，其他地区或联合国内部针对国家违禁行为宣判的制裁措施；另一方面是由本国或国际司法机关根据反人类罪宣判的刑事制裁”。[③] 有的从伦理上的非难性出发，认为生殖性克隆人超出了社会可承受的范围，其本质是一种反社会的犯罪行为，应当予以刑事制裁。[④] 而所谓的“刑法宽容论”，实质上论证的是应当允许生殖性克隆人技术，[⑤]违背了禁止生殖性克隆人技术的基本立场，将一般禁止与刑事禁止混为一谈。

国际社会和世界各国已经一致表达了禁止生殖性克隆人的基本立场，刑法的研究应当着眼于刑事手段的特殊性，即对于生殖性克隆人技术的禁止需要达到何种强度，是仅限于一种宣示性的禁止，还是要求有法律约束力的禁止？法律上的禁止是仅限于民事或者行政手段，还是必须予以最高强度的刑事禁止？

（二）生殖性克隆人的刑事规制

1. 各国的罪刑规范

部分国家将生殖性克隆人技术予以入罪化，通过分析和比较其罪刑规范，可以为我国设计罪刑文提供有益的参考。

英国于2001年实施《人的生殖性克隆法案》（Human Reproductive Cloning

---

① 刘长秋著：《生命科技犯罪与现代刑事责任理论与制度研究》，上海世纪出版集团2011年版，第143～144页。

② 谭家宝、张绪治：“论生殖性克隆人犯罪——对生殖性克隆人的犯罪学评价”，载《英才高职论坛》2006年第1期。

③ 张乃根、［法］戴尔玛斯·玛尔蒂主编：《克隆人：法律与社会》（第二卷比较），复旦大学出版社2004年版，第45～46页。

④ 刘长秋著：《生命科技犯罪与现代刑事责任理论与制度研究》，上海世纪出版集团2011年版，第145～146页。

⑤ 同上，第143～144页。

Act 2001),第1条"犯罪"(Offence)规定了,(1)将非依受精方式[①]产生的胚胎移入妇女子宫的,构成犯罪;(2)构成犯罪,依普通程序起诉的,处以10年以下监禁或者罚金,或者二者并罚。

日本2000年通过的《人类克隆技术规制法》(ヒトに関するクローン技術等の規制に関する法律)第13条规定了,违反第3条的禁令(第3条的规定是,禁止将人类复制胚胎、人类动物杂交胚胎、人类性融合胚胎和人类性集合胚胎置入人体或动物子宫)构成犯罪,处十年以下有期徒刑或者一千万日元以下罚金,或者二者并罚。

澳大利亚于2002年实施并于2008年修正了《禁止生殖性克隆人法案》(Prohibition of Human Cloning for Reproduction Act)。法案第2部分"完全禁止的行为"规定了生殖性克隆人、制造嵌合体、进出口胚胎等13个罪名,该部分"未经许可不得实施的行为"规定了未经许可制造、培育非受精胚胎等4个罪名。其中,规制生殖性克隆人的犯罪列居首位,第9条规定了,"故意将人类克隆胚胎植入人或者动物子宫的,处15年以下监禁"。

加拿大《辅助生殖法案》第60条规定了,违反第5条禁令(第5(1)条的规定是:禁止应用任何技术制造人的克隆,禁止将克隆胚胎植入人体、动物体内或者任何其他人工设施)构成犯罪,(a)依普通程序起诉的,处五十万加元以下罚金或者十年以下监禁,或者二者并罚;(b)依简易程序起诉的,处25万加元以下罚金或者四年以下监禁,或者二者并罚。

法国《新刑法典》第511-1规定了,实行、组织旨在对人进行安排之优生学实际操作的,处20年徒刑。[②] 本罪所称的"优生学操作"包括生殖性克隆人,旨在保护的客体是"人的种类"。

西班牙《刑法典》第161条第2项规定,用克隆的方法进行人类繁殖和进行其他人种选择的活动的,处1年以上5年以下徒刑,并剥夺其公职、从事职业及担当任务六年至十年的权利。[③]

除了上述国家以外,其他国家和地区,例如,哥伦比亚、斯洛文尼亚、美国

---

① 生殖包括有性生殖(精卵结合)和无性生殖(克隆)两种方式。所谓非依受精方式产生的胚胎,就是指克隆技术产生的胚胎。

② 《法国新刑法典》,罗结珍译,中国法制出版社2003年版,第188页。

③ 《西班牙刑法典》,潘灯译,中国政法大学出版社2004年版,第63页。

某些州等也对生殖性克隆人技术做出了刑事规制。①

从上述规定可以看出，各国对生殖性克隆人采取了最严厉的刑事禁止，无论是单行法律还是刑法典，都将生殖性克隆人罪置于生命科技（生命伦理）犯罪的首位，并且规定了最高的法定刑。从罪状表述上看，生殖性克隆人罪的核心行为是将克隆的人类胚胎植入人类或者动物子宫。此外，各国依管制程度不同，可能将制造、培育、进出口胚胎等关联行为也规定为犯罪。

2. 我国的选择

笔者认为，基于行为本质、风险防范、本国实际和比较法考察，我国都应当将生殖性克隆人的行为入罪化。

第一，从行为的本质来看，伦理学研究已经充分论证了，生殖性克隆人技术从根本上否定了人的尊严，严重侵害了法益，对人类甚至生态产生重大影响，只有动用最严厉的刑事手段才能匹配所保护法益的重要性。

第二，从风险防范的角度看，生殖性克隆人技术贯彻到底，就会提倡和刺激犯罪。因为克隆人技术的致命危险在于，人作为被克隆出的产物，不再成其为人而是成为物，物性会毁灭人性。当人被任意克隆时，人类会彻底丧失尊严，人不会尊重自己、他人的人格、生命，不承认任何秩序，相互杀戮也不会受到指责。② 为了预防出现这种局面，必须通过在刑法上禁止生殖性克隆人，明确相应的刑事责任来宣示对人的尊重。

第三，从我国克隆人技术的实况来看，我国的克隆生殖技术处于世界先进水平，并且，我国允许治疗性克隆人，为了防止治疗性克隆滑向生殖性克隆，必须运用刑法规范来划定清晰的界限，引导相关机构和人员克制自身的行为。生殖性克隆人技术在满足好奇心、科技竞争和经济利益方面的诱惑如此之大，仅仅靠伦理、民事、行政手段不足以阻止相关人员的行为，必须采取刑事手段来加以禁止。

第四，比较法的考察表明，在拥有先进克隆人技术的法治国家。例如，法国、英国。均规定了生殖性克隆人的罪刑规范，可供我国刑事立法的镜鉴。因此，正如中法专家联合研究得出的共识，“必须对违反生殖性克隆禁令的行为

---

① Kathryn Wheat, Kirstin Matthews, *World Human Cloning Policies*, www. ruf. rice. edu/ ~ neal/stemcell/World. pdf, Last visited 2015 - 04 - 12.

② 黄丁全著：《医疗、法律与生命伦理》，法律出版社 2007 年修订版，第 539 ~551 页。

进行刑事制裁”。①

如前所述,我国对基础研究和治疗性克隆人的规制主要通过伦理规范和行政管制来完成,需要动用刑法手段加以禁止的只有生殖性克隆人。因此,需要规制的关键行为是将克隆的人类胚胎植入子宫的环节,同时配置与其严重危害性相当的法定刑。由于本类行为通常仅凭个人难以完成,因而单位也应当作为犯罪主体。

综上,设计罪刑条文如下:

[生殖性克隆人罪]

明知是克隆技术制造的人类胚胎,故意植入人类或者动物体内的,处十年以上有期徒刑,②单处或者并处罚金。

单位犯前款罪的,对单位判处罚金,并对其直接负责的主管人员和其他直接责任人员,处十年以上有期徒刑。

---

① 张乃根、[法]戴尔玛斯·玛尔蒂主编:《克隆人:法律与社会》(第3卷建议),复旦大学出版社2006年版,第102页。

② 在尖端医疗领域,生殖性克隆人是最严重的犯罪,故为其配置的法定刑也是最高的,起刑点即为10年,最高刑为15年有期徒刑。

第七章　人体基因技术应用的刑法规制及立法对策

人体基因技术的发展，意味对人体的研究从细胞层次跃入了分子层次，迈入了以基因预测、基因预防、基因诊断、基因治疗为特征的“基因医学时代”。[①] 在前文所述人类辅助生殖、克隆人等领域中，某些技术和环节同样会有基因技术参与其中。本章以人体基因技术本身作为直接研究对象，首先说明基因技术的相关概念及其医疗意义，界定本章的研究范畴，整理国际、国内规制状况；其次提炼出人体基因技术应用中可能涉及的核心犯罪问题，逐一展开刑法学理论的探讨，进而提出立法对策。

第一节　人体基因技术的应用及规制状况

基因技术被广泛地应用于自然界、农作物和人体，向环境伦理、生命伦理和立法提出了巨大的挑战。其中，人体基因技术被应用于医疗领域，成为生命伦理和医疗法律研究的对象。然而，与已经建立了相对成熟完备的规范体系的人类辅助生殖、人体器官移植

---

① 谈大正著：《生命法学导论》，上海人民出版社2005年版，第117页。

等领域相比较,关于人体基因技术的立法显得非常落后。

一、人体基因技术概述

(一)概念

所谓"基因"(Gene),是指遗传的基本物质和功能单位。基因信息的化学载体是脱氧核糖核酸(DNA),DNA 分子的基本单位是脱氧核苷酸,多细胞机体的结合为染色体。简言之,基因是一个化学实体,是具有遗传效应的分子中的一定的核苷酸顺序。基因是遗传信息传递、表达、性状分化发育的依据,位于染色体,并在染色体上呈线性排列。①

所谓"基因技术",是指一切被发展用来认识、解读、操纵、改造基因,以达成一定目的的技术。② 一切生物体,包括人类、植物、动物和微生物等,都可能成为基因技术的研究对象。基因技术具有非常广泛的应用。例如,改良动植物品种,制造人类生活需要的各种产品,影响生态环境,应用于医疗领域等。在我国,公众对基因技术的关注和担忧更多集中于转基因食品。③ 本书以医疗刑法研究为立足点,关注基因技术在医疗领域的应用,即人体基因技术的滥用可能引发的犯罪及刑事责任问题。

基因的发现和基因技术的发展主要有如下几个关键节点:1856 年,奥地利神父孟德尔(Mandel)提出了著名的基因遗传法则;20 世纪 10 年代,美国遗传学家摩根(Morgen)在遗传法则的基础上,进一步发现了基因位于染色体上;及至近代,随着分子生物学和分析方法的应用,美国科学家华生(James Waston)和克立克(Francis Click)于 1953 年对外公布了他们共同发现的 DNA 分子的双螺旋结构。个体存在的独特性是源自 DNA 碱基所排列出的不同序列所衍生出的多元遗传信息,解开碱基系列的排列,就是解开了生命的密码;1977 年,科学家设计出一套 DNA 定序(Genome Sequencing)的方法;2003 年,英、美、日、法、德、中等各国科学家宣布联合完成人类首次 DNA 定序,即"人类基因组计划"(Human Genome Project,HGP),该计划对于人类的意义被认

---

① 宋思扬、楼士林主编:《生物技术概论》,科学出版社 2000 年版,第 9 页。

② 叶俊荣、雷文玫等著:《天平上的基因》,台湾元照出版有限公司 2006 年版,第 20 页。

③ 公众一直对转基因食品的安全存在疑虑,自 2013 年以来,由于方舟子和崔永元对于该问题的论战,再次引起了公众的关注。资料来源媒体专题报道:http://tech.sina.com.cn/z/2013GM/index.shtml,最后访问日期:2015 年 4 月 10 日。

为可以与“登月计划”相媲美。①

人类基因组，是指在人类细胞核内23对染色体上整套的DNA。HGP的目的就是读出人类基因组（30亿对碱基，构成8万～10万条染色体）全部核苷酸的顺序。1986年，美国能源部正式提出实施绘制人类基因组全图、测定人类基因组全顺序的计划；1988年，美国能源部和国立卫生研究院（NIH）达成协议，共同管理该计划；美国、英国、日本、法国、德国、中国的科学家共同参与了该计划的实施，原定于2005年完成的测序最后于2003年提前完成。HGP的成功，将引发“21世纪的医学革命”。②

（二）人体基因技术在医疗领域的应用

人体基因技术的发展，尤其是人类基因组测序对于医疗领域的影响主要表现在如下方面：首先，深入至基因的层次诊断疾病的原因。人体基因技术对于很多疾病发生的“内因”在分子的层次上进行解读，有的疾病，如血友病、镰状红细胞性贫血、多发性神经纤维瘤、囊性纤维化等，被鉴定出属于单基因缺陷引起的疾病。更多的常见病，如常见先天畸形、糖尿病、高血压、心血管疾病、乳腺癌、精神紊乱等，则是多个基因与环境因素相互作用引起的。其次，通过矫正或者置换缺陷基因来治愈疾病。推过向细胞内输入基因物质，对病体内的缺陷基因进行治疗或者置换，从而达到从根本上治愈疾病的效果。再次，借助基因预测预防疾病。通过遗传检测，发现受检者的基因顺序发生了改变，或者片断发生缺失、重排或点突变等，可以推断受检者的某一基因可能引起疾病，或者具有罹患某种疾病的倾向，从而在症状出现以前提前采取预防性的措施，达到“上医治未病”的境界。③ 最后，基于个体独特的基因构建“个性化”医疗。根据药理遗传学的研究，可以根据每个患者基因的独特性，配制不同的药物来进行针对性的治疗，实现最佳疗效。此外，还可以通过基因信息来评估个体的健康状态，有助于完成自身的健康管理，规划婚姻、生育等。

---

① 范建得、洪子洵：“生物科技发展之法律问题”，载《月旦法学杂志》第199期（2011年12月）。

② 邱仁宗：“人类基因组的伦理和法律问题”，载《科技与法律季刊》2000年第3期。

③ 通过基因检测实行预防性治疗的著名病例是，好莱坞影星安吉丽娜·朱莉（Angelina Jolie）切除乳腺。2013年5月14日，安吉丽娜·朱莉在《纽约时报》发表了“我的医疗选择”一文，她表示自己已经接受了双侧乳腺切除手术，以降低患癌风险。基因检测发现她遗传了其母亲BRCA1基因，因此患乳腺癌和卵巢癌的几率比较高，分别是87%和50%，通过预防性切除乳腺手术，罹患上述癌症的风险降低到5%以下。（Angelina Jolie，“My Medical Choice”，*New York Times*，May 14，2013.）

(三)人体基因技术引发的伦理争议

人体基因技术一方面令人们对未来的医疗愿景充满了期待,另一方面其研究和应用也始终与伦理争议相互交缠。"伦理、法律和社会意蕴"(Ethical, Legal, Social Implication, ELSI)研究正是在人类基因组计划中被首次提出来,并正式成为该计划的子课题之一。[①]

关于人体基因技术涉及的主要伦理问题,我国学者进行了系统的归纳。包括人体基因技术的目的(除了诊断、治疗和预防疾病以外,能否应用于优生或者司法)、知情同意、基因隐私和基因歧视、专利容许性、商业化、基因海盗和基因殖民主义、基因治疗的范围和许可(即除了治疗以外,可否应用于基因增强)、克隆人,等等。[②] 上述问题,需要伦理规范作出指引,其中某些重要问题还需通过法律作出决断,对于应当予以高强度禁止的行为,则需要刑法的介入。

二、人体基因技术的规制状况

(一)国际性和区域性规制

HGP的完成依赖多国科学家跨国界的合作,国际社会专门通过了关于人体基因技术的宣言并且发布了多个声明,引导各国人体基因技术的研究和应用。

联合国教科文组织大会于1997年通过了《世界人类基因组与人权宣言》(Universal Declaration on the Human Genome and Human Rights),确立了尊重人的尊严、自由与人权,禁止基于遗传特征的一切形式的歧视的原则;2003年通过了《国际人类基因数据宣言》(International Declaration on Human Genetic Data),其宗旨是在采集、处理、使用和保存人类基因数据、人类蛋白质组数据和提取此类数据的生物标本方面,确保尊重人的尊严、保护人权和基本自由,并兼顾思想和言论自由,其中也包括了研究自由;确定指导各国制定相关法律和政策的原则;为指导有关机构和个人在上述方面的良好实践奠定基础。

国际人类基因组组织(The Human Genome Organization, HUGO)伦理委员会于1997年发布了《关于DNA取样:控制和获得的声明》,1999年发布了《关于克隆的声明》,2000年发布了《关于利益共享的声明》,2001年发布了《关于基因治疗研究的声明》,2002年发布了《遗传研究的正当行为声明》,等

---

① 关于ELSI的详细介绍,本书第一章。

② 邱仁宗:"人类基因组的伦理和法律问题",载《科技与法律季刊》2000年第3期。

等。这些声明中确立和认可了遗传研究正当性的四个原则，即人类基因组是人类共同遗产的一部分；坚持人权的国际规范；尊重参与者的价值、传统、文化和完整性；承认和坚持人类的尊严和自由。其中，《关于基因治疗研究的声明》的目标之一是区分体细胞基因治疗、生殖细胞系治疗（可遗传的基因修改）和增强型基因修改，号召各界广泛讨论为了增强特性和干预生殖细胞系，未来可能利用基因转移技术的适宜性。

（二）各国立法状况

相对而言，基因技术领域的立法整体上非常落后，专门针对人体基因技术的专项立法更是处于空白状态。[①] 有学者将基因技术立法分为单独立法和综合立法两种模式，单独立法是指标题中含有“基因”字样的立法，但这些立法关注的重点通常是基因农业等问题，仅有部分内容涉及人体基因技术（奥地利），甚至可能将人体基因技术排除在规制的范围以外（德国）；综合立法则是指在民法、行政法、刑法、医疗法等传统部门法中规定了涉及人体基因技术的相关条文，以美国为典型代表。[②]

1. 德国

德国于1990年制定世界上第一部《基因科技法》（Gentechnik Anhörungsverordnung-GenTAnhV），亦译为《基因科技管制法》，具体地规定了基因科技研究中应当遵守的一般规范，包括：一般规定、基因设备的技术操作、基因交易、公共规定、义务规定、刑罚和罚款规定以及过渡性的规定等7章。该法主要规范基因工程改造生物及其产品的制造、释放，防止对人及环境造成伤害，强调基因治疗所需的设备必须得到生物安全中心会议的许可。但是，该法排除了基因治疗，将与基因治疗相关的内容纳入药物法的范畴。[③]

德国于2009年通过了《人体基因诊断法》（Gesetz über genetische Untersuchungen bei Menschen-GenDG），限制了基因检测应用的范围，排除其适用于就业、亲子鉴定、保险等领域。

2. 奥地利

奥地利于1994年制定了《基因技术法》，至2000年已有200多个条例涉

① 沈秀芹：“人体基因科技立法研究”，山东大学2010年博士学位论文，第109页。

② 同上，第105页以下。

③ 钟芳桦、黄舒芃：“德国与奥地利基因科技法之初步比较”，载《生物科技与法律研究通讯》第5期（2000年1月）。

及生物技术领域。该法规范了所有涉及基因改造生物的工作、释出、销售、人体基因检测,以及基因信息保护等事项。

该法以专门条款详细地规定了基因治疗应遵循的原则,规定在当前科技水平下,允许以治疗或者预防严重疾病为目的的体细胞基因治疗研究及临床试验,但是,原则上禁止干预胚胎遗传物质的治疗或者试验,不过也不排除特殊情况予以许可。若未按规定取得许可证而实施基因治疗、临床实验,以及违反胚胎保护法规定改变胚胎基因的,则须承担刑事责任。对于体外受精、改造核酸(Ribonucleic Acid,RNA)基因工程以及非基因改造器官移植等不会导致生物体基因变更的医疗措施,不适用该基因科技法,而是由其他法律(人类辅助生殖法)进行规范。①

3. 澳大利亚

澳大利亚总督于 2000 年 12 月 21 日签署了《基因技术法案》(Gene Technology Act 2000),该法案于 2001 年 6 月 20 日正式生效。法案的目的在于规范与基因科技有关的活动,成立基因技术管理局,设立基因技术顾问委员会、基因技术伦理委员会、基因技术公众协商委员会三个支持委员会,除非已经豁免的(经评估其风险非常小)、已经告知其风险是非常小的、已经获得许可或者注册的,否则,禁止一切与转基因(Geneticallg Nodified Organism,GMO)有关的活动。法案第 1 章第 8 条"犯罪"(Offence)原则性地规定了刑事责任,即违反本法的,构成《刑法典》(Criminal Code)第 2 章的相关犯罪,依法定罪量刑。

此外,瑞典、瑞士、俄罗斯、挪威、芬兰等国也以单独立法的形式对基因技术进行了规制。

4. 美国

除了少部分采取单独立法模式的国家以外,世界上大多数国家采取综合立法模式,对传统部门法进行修正和调整,增加了基因技术的相关内容。

以美国为例,其规范基因治疗的主要规范是《公共卫生法案》(The Public Health Service Act)和《联邦食品、药物及化妆品法案》(The Federal Food Drug and Cosmetic Act)。1997 年上述法案进行了修订,将生物科技产品正式列入规范的对象,基因治疗必须接受药物体系的管理,必须取得国家的许可(执

---

① 钟芳桦、黄舒芃:"德国与奥地利基因科技法之初步比较",载《生物科技与法律研究通讯》第 5 期(2000 年 1 月)。

照)才能进行。此外,时任总统乔治·布什于2008年签署了《基因信息无歧视法案》(Genetic Information Nondiscrimination Act 2008),使其成为正式生效的法律。这部法律保护美国民众的基因信息不被滥用和歧视,拥护者称其为“21世纪第一个主要的公民权利法案”。①

5. 基因犯罪规定概览

在采取综合立法模式的国家中,刑法是规范人体基因技术的重要组成部分,很多国家的刑法典用专门的章节或者条文来规定滥用人体基因技术的关联犯罪,典型的有法国、西班牙和芬兰。

法国《新刑法典》第5章“侵犯人之尊严罪”第6节规定了“利用遗传基因进行人之特征或鉴别研究产生的人身伤害”,该节涉及未经同意进行研究,将为医学或科学目的取得的遗传资料信息转作他用,未经同意应用为医学目的获取的遗传因子进行鉴别研究,采用非正当目的获得的遗传因子进行鉴别研究等多种行为;②第5卷第1章的首个罪名“保护人之种类罪”规定了,实行、组织旨在对人进行选择安排之优生学实际操作的,处20年徒刑。③ 第511-20、511-21条规定了与产前诊断相关的犯罪。④

西班牙《刑法典》第5集规定了“与基因操作相关的犯罪”,均涉及人体基因技术的不当应用,包括改变人类基因罪、制造基因武器罪、与基因—生殖相关犯罪等若干罪名。⑤ 此外,第24集第2章“灭绝种族罪”中的相关规定也可能涉及人体基因技术的应用。⑥

芬兰《刑法典》第44章“侵害保护健康和安全的规定”第9条专门规定了“基因技术罪”,但是,该条规定不是针对人体基因技术,而是规制转基因物质或者含该物质的产品的生产、使用、进口、贩卖等行为。⑦ 该法对于人体基因技术的规制体现在生物武器的使用和制造中,第11章“战争罪与反人道罪”第7b条规定了“违反生物武器禁令罪”,⑧在第34a章“恐怖主义犯罪”中规定

① 张忠霞:“美总统签署反基因歧视法案”,载《新华每日电讯》2008年5月22日第008版。
② 《法国新刑法典》,罗结珍译,中国法制出版社2003年版,第95页。
③ 同上,第186页。
④ 同上,第189页。
⑤ 《西班牙刑法典》,潘灯译,中国政法大学出版社2004年版,第62~63页。
⑥ 同上,第211页。
⑦ 《芬兰刑法典》,肖怡译,北京大学出版社2005年版,第119~120页。
⑧ 同上,第40~41页。

了使用生物武器的相关恐怖主义行为。[①]

6. 中国

我国对于基因技术的立法始于20世纪90年代。1993年，国家科学技术委员会发布了《基因工程安全管理办法》，这是我国首部生物安全管理法规，也是基因技术领域的核心法规；在此基础上，农业部于1996年颁布了《农业生物基因工程安全管理实施办法》；1997年施行的《植物新品种保护条例》规定了将植物新品种的保护纳入规范的范畴；1998年施行的《人类遗传资源管理暂行办法》，确定我国可以对人类基因研究中的成果授予专利；2000年，国家环保总局联合科技、农业等部门制定了《中国国家生物安全框架》，提出了我国生物安全的政策体系、法规体系和能力建设的国家框架；2001年，国务院发布了《农业转基因生物安全管理条例》，此后农业部发布了配套的《农业转基因生物安全评价管理办法》、《农业转基因生物进口安全管理办法》和《农业转基因生物标识管理办法》。

在人体基因技术立法方面，除了人类辅助生殖技术法规中做了相关规定以外，主要有1993年发布的《人的体细胞治疗及基因治疗临床研究质控要点》；1999年国家药品监督管理局审议通过了《新生物制品审批办法》，该办法的附录专门规定了"人基因治疗申报临床试验指导原则"，2003年国家药品监督管理局颁布《人基因治疗研究和制剂质量控制技术指导原则》，强调了我国基因治疗仅适用于体细胞而不适用于生殖细胞。

可见，我国目前尚未在法律的层面制定基因技术单行法律，现有法规主要集中于生物安全、农业转基因生物等方面。人体基因技术专项规定主要由较低层次的部门规章加以规制，而且内容非常简单。基因治疗主要纳入药物法和医疗法领域进行管理。《生物制品管理规程》《新药审批办法》和《药品管理法》均规定了涉及基因治疗的条款。至于刑事责任的追究，在我国现行刑法中不存在直接规制滥用人体基因技术的罪名，下一节将对此展开立法论和解释论的分析。

第二节 人体基因技术应用中的相关犯罪及立法对策

人体基因技术在带来巨大医疗利益的同时，其滥用将会对世界、社会和个

---

① 《芬兰刑法典》，肖怡译，北京大学出版社2005年版，第98~99页。

人带来巨大的灾难。其产生的负面影响是不可逆的,不仅影响当代的人,还可能影响到后世的人。本节撷取与人体基因技术滥用具有密切关联的三类最重要的行为,即制造和使用基因武器、泄露基因信息、基因治疗来展开刑事责任理论和制度的思考。

一、制造和使用基因武器

(一)基因武器概述

正如每一类新技术的开发总是会被迅速地应用于军事领域一样,人体基因技术也被用于研究和制造基因武器。尽管基因武器已经远远超出了医疗的范畴,但是其制造和功效均依赖于人体基因技术的应用。制造和使用基因武器属于反人类的行为,西班牙和芬兰将其归类为反人类(种族灭绝)的国际犯罪。

所谓"基因武器",是指在生物遗传工程的基础上,人为地按照军事上的需要,利用基因重组技术,复制大量致病微生物的遗传基因,并制成生物战剂放入施放装置内所构成的武器。① 基因武器能够改变非致病微生物遗传物质,使其产生具有抗药性的致病菌,利用不同人种在生化特征上的差异,使该病菌只能对具有特定遗传特征的人们产生致病作用,从而有选择地消灭敌方有生力量。

与传统武器相比较,基因武器具有杀伤力强、成本低廉、使用方便、战术应用灵活、施放手段和杀伤过程隐蔽、人群针对性强等特点。② 因此,基因武器一旦被真正使用,必将对人类造成毁灭性的影响,因而又被媒体称为"超级杀手"、③"末日武器"、④"人类终结者"⑤,等等。

20世纪90年代,美、俄、英、德和以色列等国开始研究基因武器的可行性。英国政府化学及生物防疫中心的科学家,应用基因技术研究"转基因超级病毒"。以色列科学家利用南非"染色体武器"的研究成果,发现了阿拉伯

① 朱彪、黄尉初:"浅谈现代基因武器发展对军事后勤的影响及其建议",载《解放军预防医学杂志》2004年第6期。

② 彭小龙等:"'超级杀手'基因武器的特性及对策",载《科苑》2007年第10期。

③ 同上。

④ 吴正芝:"基因武器是末日武器?",载《中国国防报》2013年9月10日第014版。

⑤ 袁俊:"基因武器,人类的终结者?",载《科技日报》2005年3月3日第006版。

人,特别是伊拉克人的基因构成,开始研制一种专门对付阿拉伯人的基因武器。①

(二)国际法规制

基因武器的杀伤力是如此巨大,只有国际社会达成共识进行统一的规制,才能预防毁灭性的影响。

1971年12月16日联合国第26届大会通过了《禁止细菌(生物)及毒素武器的发展、生产及储存以及销毁这类武器的公约》(以下简称《禁止生物武器公约》),并于1972年4月10日在华盛顿、伦敦、莫斯科开放签署。该公约于1975年3月26日生效,无限期有效。中国于1984年11月15日加入本公约,截至1993年12月,共有150个国家签署,145个国家批准或者加入。② 对于生物武器的禁止当然包括基因武器。

公约由序言和15条正文组成,主要内容有:(1)缔约国在任何情况下不发展、生产、储存和取得其类型和数量超出预防、保护和其他和平用途范围的微生物或其他生物制剂或毒素,以及为敌对目的或在武装冲突中使用此类制剂或毒素而设计的武器、设备或运载工具;(2)禁止将任何生物制剂、毒素、武器或运载工具直接或间接转让给任何接受者,不得以任何方式协助、鼓励或引导任何国家、国家集团或国际组织制造或以其他方法取得上述任何生物制剂、毒素、武器或运载工具;(3)缔约国必须在公约生效后九个月内尽快将此类制剂、毒素、武器、设备或运载工具销毁或转用于和平用途;(4)任何缔约国如发现其他缔约国有违约行为,可向联合国安理会提出控诉,由安理会负责调查处理;(5)申明本公约参加国确认有效禁止化学武器的公认目标,并为此进行谈判,以促进早日就禁止发展、生产、储存和销毁化学武器等有效措施达成协议;(6)缔约国承诺促进并充分交换关于生物制剂和毒素使用于和平目的方面的设备、材料和科技情报;(7)公约缔结后举行过三次审议会议和多次政府专家会议,讨论修改了部分条款,加强核查机制。该公约对于禁止生物武器、防止生物武器扩散发挥了积极作用,已经成为国际军控条约体系和以联合国为中心的集体安全框架的重要组成部分。③

---

① 袁俊:"基因武器,人类的终结者?",载《科技日报》2005年3月3日第006版。

② 周忠海:"生物科技相关法律问题与《禁止生物武器公约》",载《河南省政法管理干部学院学报》2006年第1期。

③ 同上。

(三)比较法考察

基于落实《禁止生物武器公约》的需要,很多国家(地区)刑法中规定了禁止制造、使用大规模杀伤武器的相关罪名,西班牙、芬兰则针对基因武器规定了专门罪名。

西班牙《刑法典》第160条规定:"使用基因工程学制造针对人类的生物武器或者毁灭性的武器的,处三年以上七年以下徒刑,并剥夺担任公职、从事职业及担当任务七至十年的权利。"[①]此外,第607条"灭绝种族罪"第1项第(4)款规定了,以完全或者消灭某一国民、民族、种族或者宗教成员的群体为目的,"强制对某一群体或者成员实施清理,采取任何方式试图制止其生命延续或者繁殖的",构成种族灭绝罪。[②] 在现代社会中,制止生命延续或者繁殖的群体清理手段,最大的可能就是使用基因武器。

《芬兰刑法典》第11章"战争罪与反人道罪"第7b条规定了,"违反生物武器的禁令罪":"凡1.采用了本章第1条至第3条中未规定的方式,使用生物武器或者有毒武器;2.非法准备、运输或者传递生物武器或者有毒武器;或者3.违反有关研制、生产、储备细菌(生物)武器和有毒武器以及摧毁该武器的国际条约,研制、准备、生产、储备、持有生物武器或者有毒武器,用于散布生物武器或有毒武器的武器、装置或设备,以违反生物武器的禁令罪论处,处以四个月以上六年以下的监禁,除非法律其他地方对该行为规定了相同的或更严厉的处罚。"[③]

蒙古国《刑法典》第300条规定了,"制造、获得或销售大规模杀伤性武器罪",违反国际条约的规定,"获得、制造或者散布生物、化学或其他大规模杀伤性武器的处以五年以上八年以下徒刑"。[④]

上述罪刑条文的规定具有如下特点:其一,在犯罪对象上,芬兰的范围较窄,仅指生物武器;西班牙和蒙古国的规定则包括生物武器在内的一切杀伤性武器;其二,在罪状表述上,芬兰采取叙明罪状,将国际公约的相关规定在国内法中予以确认;西班牙的罪状表述相对简明,但在行为方式中特别说明了使用基因工程学的手段;蒙古国则采取简单罪状,以违反国际公约为前提;其三,在法定刑配置上,三个国家均视本罪为重罪,规定了较重的主刑,西班牙还有针

---

① 《西班牙刑法典》,潘灯译,中国政法大学出版社2004年版,第62页。

② 同上,第211页。

③ 《芬兰刑法典》,肖怡译,北京大学出版社2005年版,第40~41页。

④ 《蒙古国刑法典》,徐留成译,北京大学出版社2006年版,第73页。

对性地设置了相应的资格刑。

(四)中国的立法对策

我国于1984年参加了《禁止生物武器公约》,自1987年以来,中国一直按照公约审议会的决定,逐年向联合国报告与《禁止生物武器公约》有关的建立信任措施方面的资料和情况。[①] 我国是生物武器的受害国,一贯坚决主张全面禁止和彻底地销毁生物武器,反对生物武器的扩散。[②]

我国规制生物武器的基本规范是《生物两用品及相关设备和技术出口管制条例》,对生物两用品及相关设备和技术出口实行严格管制,对附属管制清单所列的物项和技术出口实行许可证制度,以防止其被用于生物武器目的。严格控制致病微生物和毒素的转让、运输、储存和包装,并制定了具体执行措施和违规处罚办法。

但是,目前我国对基因武器的禁止仅限于行政规制,笔者认为,由于基因武器具有巨大杀伤力,参照上述立法例,我国在履行国际条约义务的范围内,有必要对制造、使用基因武器的行为予以犯罪化。[③] 而且,对于该行为的规制应当置于我国刑事立法国际化的整体背景之中,将国际条约的规定予以国内法化,以增强直接适用性。

综上所述,设计罪刑条文如下:

制造、使用基因武器罪:

违反国际条约的规定,制造、使用基因武器等生物武器,或者扩散生物武器及相关技术的,处三年以上十年以下有期徒刑。

单位犯前款罪的,对单位判处罚金,并对其直接负责的主管人员和其他直接责任人员,处三年以上十年以下有期徒刑。

---

① “中国代表团团长胡小笛大使在《禁止生物武器公约》专家组会议上的发言”,2004年7月19日,资料来源日内瓦:http://www.fmprc.gov.cn/ce/cegv/chn/gjhyfy/hy2004/t154260.htm,最后访问日期:2014年6月10日。

② “中国代表团团长胡小笛大使在《禁止生物武器公约》专家组会议上的发言”,2003年8月8日,资料来源:http://www.fmprc.gov.cn/ce/ceun/chn/zgylhg/cjyjk/qt/t40128.htm,最后访问日期:2014年6月10日。

③ 在当下全球现实环境下,对于基因武器的研究行为不宜予以禁止,而应当进行严格的许可和监管,实现基因武器防护的技术储备工作。因此,本罪的实行行为只限于制造、使用行为。例如,美国就认为,《禁止生物武器公约》允许进行保存病原体和防卫目的的研究,为此,美国打着“防卫”的说法,着力研制基因武器。(吴正芝:“基因武器是末日武器?”,载《中国国防报》2013年9月10日第014版。)

（五）我国防控基因武器袭击的体系构建

我国反对任何国家制造、使用、储存生物武器。一方面，刑事立法对制造、使用基因武器的行为予以禁止；另一方面，在全球军备竞赛加剧、国际社会却缺乏一个强力监管机构的背景下，我国也要对可能遭受的基因武器袭击予以有效的防控。具体措施包括：在军备控制上，加强对基因武器的情报追踪；在军事措施上，加强对基因武器危险的评估和预测，提高生物战条件下的生存能力；在基因资源上，提高民族基因资源的保护意识；在技术条件上，加强对基因武器的防御性研究。①

二、非法获取、分析、泄露人体基因信息

（一）人体基因信息的概念、地位和法律性质

人体基因信息，又称为人类基因数据，是指通过核酸分析或其他科学分析手段获得的关于个人遗传特征的信息。

基因信息因其敏感性而具有特殊地位，《国际人类基因数据宣言》第 4 条特别进行了阐释：能够预示有关个人的基因因素；对家庭，包括后代乃至几代人，有时甚至是对当事人所属的整个群体都可能产生重大影响；可能含有某种在采集生物标本时尚不一定了解其意义的信息；可能对某些个人或群体具有文化方面的意义。因此，应当充分重视人类基因数据的敏感性，并制定相适应的措施保护这些数据和生物标本。该宣言第 14 条“隐私与保密性”规定了国家对基因信息承担保护义务，基因信息不被任意查询，基因信息应用于医学研究目的时应切断身份关联，限制基因信息的保存时间，等等。

个体对其基因享有的权利称为基因权利，有学者认为基因权利是一种民事权利，综合了人格权和财产权的内容，包括基因的支配权、基因的隐私权、基因的知情权，以及因基因被应用而获得报酬或分享收益的权利。② 但有学者认为，基因权利应当成为宪法上的基本权利，主要包括“基因隐私权、基因平等权、基因财产权、基因人格权、基因知情权等，是一束权利。”③无论对基因权利的法律属性如何认定，均认可基因隐私权构成基因权利的重要部分，而且，

① 彭小龙等：“‘超级杀手’基因武器的特性及对策”，载《科苑》2007 年第 10 期。

② 熊永明著：《现代生命科技犯罪及其刑法规制》，法律出版社 2012 年版，第 85～87 页。

③ 张小罗、张鹏：“论基因权利——公民的基本权利”，载《政治与法律》2010 年第 5 期。

隐私权是作为权利主体的人对其基因享有的首要权利。[①]

(二)非法获取、分析、泄露基因信息的现实及危害

随着人体基因检测技术的发展,作为检测样本的生物资料越来越易于获得(血液、毛发、唾液等均可成为检测样本),检测时间日益缩短,检测成本大大降低,从而导致了人体基因检测技术的应用普遍化、商业化,对于个人基因隐私的侵犯变得容易和常态。

保护人权与基本自由、尊重人的尊严是采集、处理、使用和保存人体基因信息时应当遵守的基本原则。而非法获取、分析、泄露基因信息的行为,是指未经权利人同意或者无法定理由,获取他人生物材料用于分析基因信息,以及将基因信息泄露给他人的行为。上述行为违背了基因信息的基本保护原则,直接侵犯了权利人的基因隐私权。

基因隐私权,是自然人对其本人的一般与公共利益无关的基因图谱、基因材料样本或者其他基因信息及其物质载体加以控制、不受他人侵犯的一种权利,其本质是个人对于其基因信息的保密、流通、应用所享有的信息的自主决定权。[②] 基因信息的自我控制是个体自治的核心,即由权利人作出生命的自我决定。基因隐私由于其敏感性可以被认为是最重要的隐私,对该隐私的侵犯影响到权利人的医疗、生活、工作、保险等一切领域,不仅影响本人,还会影响其家庭乃至于后代;影响不仅存在于当下,甚至影响到未来。正是由于基因隐私如此重要,因而存在将非法侵犯基因隐私的行为纳入刑事规制的必要性和迫切性。

(三)比较法考察

根据行为方式不同,可以将侵犯基因信息的行为区分为非法获取、分析基因信息和泄露基因信息两类方式,对此展开比较法的分析。

1. 非法获取、分析基因信息[③]

非法获取、分析基因信息,是指未经同意,获取他人生物资料用于基因信

---

① 颜厥安著:《鼠肝与虫臂的管制:法理学与生命伦理探究》,北京大学出版社2002年版,第125页。

② 同上,第125~126页。

③ 基因隐私权的标的是基因信息,而不是基因本身。因此,获取被他人抛弃的组织、器官、体液、毛发的,不构成犯罪,换言之,对于被抛弃的生物材料,只要不干预到基因的层次,就不会侵犯来源者的人格权;只有未经来源者同意,对上述生物资料进行基因分析,进而获取基因信息的,才构成本罪。

息分析的行为,又被称为“基因窃取”(DNA Theft)。[①]

英国于2004年通过的《人体组织法案》(Human Tissue Act 2004)第45条“未经同意的DNA分析”第1款规定,未经同意获取他人的生物资料以用作DNA分析的,构成犯罪;第3款规定,依简易程序定罪的,处不超过制定法最高限额的罚金;依普通程序定罪的,处3年以下监禁,或者罚金,或者2者并罚。

德国于2009年通过的《德国人体基因研究法》第117条规定了,只有执业医生在经过权利人同意以后,才能进行基因检测。第118条规定了,未获得必需的许可进行基因检测的,处罚金或者一年以下监禁。

法国《新刑法典》第226-25条、226-27条分别规定了,未按规定取得当事人同意,为医学目对人的遗传特征进行研究的,或者通过用于医学目的的遗传因子进行鉴别研究的,处1年监禁并处15,000欧元罚金;第226-28条规定了,通过采用非用于医学、科学目的的遗传因子,或者在司法程序中有严格规定的侦查或预审措施之外,对人进行鉴别研究,处1年监禁并处15,000欧元罚金。

美国对基因信息的保护更注重对基因歧视的规制,2008年通过了《基因信息无歧视法案》(Genetic Information Nondiscrimination Act 2008),该法案仅规制雇佣和保险领域的基因歧视行为,提供了民事救济手段,但未对雇佣和保险领域以外的,未经同意获取、分析基因信息的行为予以规制。在各州立法中,仅有10个州的法律可以被解释为规制基因窃取行为,禁止未经同意获取、分析基因信息,但是,在这10个州中仅有5个州将基因窃取行为规定为犯罪,且为轻罪。[②] 因此,有学者认为,基因窃取行为不能按照传统的盗窃罪处理,基因隐私不同于财物、网络数据等传统隐私,应当将其规定为单独的犯罪,即基于分析基因信息的目的,未经同意故意获取、储存他人生物材料的,构成犯罪,并且,应当视作重罪,处以1年以上的监禁。[③]

2. 非法泄露基因信息

对于非法泄露基因信息的刑法规制,大致有两种模式:一种是专门针对基

① Elizabeth E. Joh, “DNA Theft: Recognizing the Crime of Nonconsensual Genetic Collection and Testing”, *Boston University Law Review*, Vol. 91, 2011, p. 665.

② Ibid. pp. 686-688.

③ Elizabeth E. Joh., “DNA Theft: Recognizing the Crime of Nonconsensual Genetic Collection and Testing, *Boston University Law Review*”, Vol. 91, 2011, pp. 692-695.

因信息规定独立的罪名,以法国为代表;另一种是规定一般的泄露信息(隐私)方面的罪名,基因信息当然也涵盖其中,这是包括我国在内大多数国家的做法。

法国《新刑法典》第226－28条第2款规定,扩散有关采用遗传因子对人进行鉴别之资料信息的,处1年监禁并处15,000欧元罚金。

关于个人信息(隐私)予以一般保护的立法,可以作进一步细分。一类是一般主体实施的泄露他人信息的犯罪。例如,德国刑法中有“侵害他人隐私罪”、荷兰刑法中有“泄密罪”;另一类是特殊主体(包括医生)泄露了因职业获悉的秘密(包括病人的医疗信息)。例如,韩国刑法中有“医务人员非法信息公开罪”、马耳他刑法中有“泄露职业秘密罪”、奥地利刑法中有“侵害职业秘密罪”,台湾地区“刑法”中有“泄露业务秘密罪”。

我国采取类似于德国的立法模式,对任何主体非法泄露、获取公民一般信息的,规定了统一的罪名,即刑法第235条之一规定的“侵犯公民个人信息罪”。

(四)中国的对策

1.基因测序在我国的合法化历程

基因测序是获取基因信息的途径和手段,我国基因测序技术的发展相当迅速,立法却远远滞后于技术的进步。

华大基因是全球知名的基因研究机构,参与了全球人类基因组计划“中国部分”、水稻基因组计划、SARS诊断试剂研究等重要项目,同时,也是我国无创产前基因检测领域的龙头机构。但是,该机构提供的无创产前基因检测临床服务,曾经被监管部门三次叫停。

2014年2月9日,中国食品药品监督管理局和国家卫生计生委下发了《关于加强临床使用基因测序相关产品和技术的通知》,将基因测序诊断产品(包括基因测序仪及相关诊断试剂和软件)归为医疗器械类,按照《医疗机械监督管理条例》规定,医疗器械应向国家申请注册,未经注册的不得生产、进口、销售和使用。目前我国的基因测序产品均来自美国,《医疗器械注册管理办法》明文规定了,“境外医疗器械已经通过境外政府医疗器械主管部门的上市批准”。因为华大基因使用的基因测序诊断产品在美国并没有注册,所以也无法在中国获得上市许可,这就导致其因使用未经注册的基因测序诊断产品而被监管部门叫停。

在美国,医疗器械和药品上市需要获得美国联邦食品荐品监督局(Food

and Drug Administration,FDA)批准。但是,FDA 认证不是唯一的途径,还有一项配套的临床实验室改进修正案(Clinical Laboratory Improvement Amendments)标准,即只要对应实验室的人员执照齐全,而且通过了政府认证的严格质量管理,就可以对外提供自己验证过的收费临床服务。

我国将"在境外获得上市批准"作为基因测序仪和试剂获得注册的唯一标准,使产前无创基因测序无法在国内取得合法地位。2013 年国家食品药品监督局和卫计委叫停华大基因产前诊断一个月以后,开始以试点的形式支持基因测序产业,通过授予试点机构基因测序的资质,以保证基因测序产业的有序发展。2014 年 6 月 30 日,国家食品药品监督管理总局首次批准注册第二代基因测序诊断产品,批准了 BGISEQ - 1000 基因测序仪、BGISEQ - 100 基因测序仪和胎儿染色体非整倍体(T21、T18、T13)检测试剂盒(联合探针锚定连接测序法)、胎儿染色体非整倍体(T21、T18、T13)检测试剂盒(半导体测序法)注册为医疗器械。

笔者认为,国内外医疗器械审批制度的差异,以及我国《医疗器械监督管理条例》《医疗器械注册管理办法》的滞后和僵化,使产前基因测序曾经在相当一段时间处于立法空白和监管乏力的状态。国家药监局首次批准第二代基因测序诊断产品是实践的重大进展,但仍需要配套法律予以完善。基因测序只是手段和途径,其产品注册审批属于行政法规制的范畴,由行业主管部门予以监管,刑法关注和保护的重点是基因测序的结果——基因信息。

2. 现有立法已经实现了基因信息的刑法保护

2009 年全国人大常委会通过了《刑法修正案(七)》,增设了保护公民个人信息的相关规定作为刑法第 253 条之一,"国家机关或者金融、电信、交通、教育、医疗等单位的工作人员,违反国家规定,将本单位在履行职责或者提供服务过程中获得的公民个人信息,出售或者非法提供给他人,情节严重的,处三年以下有期徒刑或者拘役,并处或者单处罚金"。"窃取或者以其他方法非法获取上述信息,情节严重的,依照前款的规定处罚。""单位犯前两款罪的,对单位判处罚金,对其直接负责的主管人员和其他直接责任人员,依照各该款的规定处罚。"

2015 年 11 月 1 日正式实施的《刑法修正案(九)》第 17 条对前述规定作了进一步修改,第 17 条第 1 款系新增条款,即"违反国家有关规定,向他人出售或者提供公民个人信息,情节严重的,处三年以下有期徒刑或者拘役,并处或者单处罚金;情节特别严重的,处三年以上七年以下有期徒刑,并处罚金"。

第2款则将此前的第十款修改为:"违反国家有关规定,将在履行职责或者提供服务过程中获得的公民个人信息,出售或者提供给他人的,依照前款的规定从重处罚。"简言之,根据《刑法修正案(九)》的规定,"出售、非法提供公民个人信息罪"、"非法获取公民个人信息罪"被修改为"侵犯公民个人信息罪",主体范围从特定单位的工作人员扩大至一般主体。但是,特殊主体构成从重处罚的身份犯,并且,增设了"情节特别严重"作为加重构成。

可见,尽管人体基因信息是随着基因技术发展才被发现和认识的一类信息,但是,作为个人信息的一部分,甚至是最重要的一部分,当然可以纳入本罪的规制范畴。因此,对于非法获取、分析、泄露人体基因信息的行为,在我国现行刑法体系下有适当的罪名可供适用,且刑法对个人信息的保护体现了严密和严厉的趋势。

本问题的研究是基于基因信息的特殊性、敏感性和重要性作出的解释论分析,目的在于重视基因信息保护,加强刑法惩治,防止民族基因资源信息的流失。近年来,我国基因资源流失的情况较为严重。1997年1月《科学》杂志报道,一家美国公司从中国某山村获取了哮喘家族的致病基因,我国至今未查清该基因是如何被盗取的;1999年在我国浙江某山区,一群外国人打着联合国教科文组织的名义,以每份血清10元的价格,窃取了我国隔离人群的基因样本,等等。①

"安徽基因采样事件"是我国基因资源流失的典型案例。20世纪90年代中期以来,美国哈佛大学公共卫生学院等机构与国内有关机构合作,进行哮喘等疾病的遗传基因研究,主要在我国安徽省安庆地区采集血样,仅"哮喘病样本就达到了600万"。1999年10月,美国联邦政府根据专家对这个项目提出的质疑,启动了一场为时三年的调查。2000年年底,新华社记者深入安徽实地,调查了哈佛大学在安徽抽取当地农民血样的项目,在《瞭望新闻周刊》上发表了"令人生疑的国际基因合作研究项目"的深度报道,对该项目违反知情同意的伦理准则、本土基因资源流失、项目是否获得批准等核心问题进行了调查。② 2001年4月初,在杭州召开了"联合国教科文组织生命伦理与生物技术及生物安全研讨会",有关专家以及项目参与者对上述问题展开了激烈的交锋。2002年4月,新华社记者继续推出该事件的系列报道"哈佛大学在中国

① 邱格屏著:《人类基因的权利研究》,法律出版社2009年版,第64页。

② 熊蕾、汪延:"令人生疑的国际基因合作研究项目",载《瞭望新闻周刊》2001年第13期。

的基因研究违规”，报道了美国卫生与公共服务部下设的“人体研究保护办公室”（Office for Human Research Protections，OHRP）通报的该事件的初步调查结果，承认支持这些研究项目的哈佛大学公共卫生学院等研究机构在中国的基因研究项目在“生命伦理、监督管理和确保参与者安全”等多方面存在问题和违规操作。[①] 2003 年 5 月 2 日，OHRP 通知哈佛公共卫生学院，对该事件的“最后一些问题已经解决，对 HSPH 在中国的遗传和环境流行病学研究的调查已经结束，再也不需要 OHRP 进一步介入此事”，“一些程序存在弱点，但没有迹象对研究受试者造成任何伤害”。[②] 2003 年 9 月，新华社记者针对 OHPR 的上述决定，再次启动调查，对该项目是否合法、是否违背知情同意的伦理准则、受益者是谁、被调查者是否受到伤害等作出了针锋相对的回应。[③]

“安徽基因采样事件”使得我国伦理界、舆论界开始关注生物资源流失的严重性。事实上，我国《人类遗传资源管理暂行办法》（以下简称《办法》）已于 1998 年 6 月正式施行，该办法规定了，使用中国遗传资源的国际合作必须在平等互利原则的基础上进行，必须签订正式的协议或者合同，必须经过中国政府的批准，采集样本要做到知情同意。据此，科学技术部和卫生部联合成立了中国人类遗传资源理办公室，负责该《办法》的实施、登记和管理重要遗传家系和特定地区遗传资源、组织审核涉及人类遗传资源的国际合作项目等工作。该办法的“罚则”部分规定了“国（境）外单位和个人违反本办法的规定，未经批准，私自采集、收集、买卖我国人类遗传资源材料的，没收其所持有的人类遗传资源材料并处以罚款；情节严重的，依照我国有关法律追究其法律责任。私自携带、邮寄、运输我国人类遗传资源材料出口、出境的，由海关没收其携带、邮寄、运输的人类遗传资源材料，视情节轻重，给予处罚或移送司法机关处理。”

《办法》由于效力层次低，仅有权规定行政处罚　　“罚款”，对于情节严重的“根据有关法律追究其法律责任”“移送司法机关处理”的规定非常粗陋，在当时既没有其他法律、尤其是刑事法律予以配套规定，在程序上也缺乏可操作性，从而导致相关人员并未受到我国法律的严肃处理，甚至 OHSP 也未对其

① 熊蕾、汪延：“哈佛大学在中国的基因研究‘违规’”，载《瞭望新闻周刊》2002 年第 15 期。

② 哈佛公共卫生学院：“哈佛公共卫生学院发布美国政府对哈佛公共卫生学院在华遗传研究的调查结论”，载《医学伦理学》2003 年第 9 期。

③ 熊蕾、汪延、文赤桦：“偷猎中国基因的活动：哈佛大学基因项目再调查”，载《瞭望新闻周刊》2003 年第 38 期。

在伦理上作出严正的谴责。

2009年新增、2015年修订的“侵犯公民个人信息罪”为人体基因信息提供了最高强度的保护，肯定了人体基因信息是值得刑法保护的重要法益，有助于树立人们防止本土遗传资源流失的意识，是最有效的防止人体基因技术研究中的海盗主义和殖民主义的措施。

“中央民族大学新生体检采样事件”是最新发生的与基因信息有关的案例。2015年9月，中央民族大学的新生在体检时，被要求填写《基因生物样本资源库采样同意书》，在签署该同意书后，会被提取血液和尿液。该事件受到了媒体的关注。校方对此的解释是，通过获取学生的基因生物样本建立生物基因库，是国家“863计划”的一部分。① 笔者认为，无论出于何种目的，搜集他人的生物资料样本必须获得本人的“知情同意”。在本事件的报道中，可以看出权利人的“知情同意”并未得到充分的重视和保障，学生关于隐私因此而泄露的担忧不无道理。本事件显示了基因信息被非法获取的途径愈加多样，方式也非常便捷，加强尊重和保护基因隐私的意识，强化基因信息的刑法规制非常必要且急迫。

三、基因治疗

（一）基因治疗的概念和分类

人体基因技术的核心应用是医疗领域，人体基因技术的目的和归宿应当是用于造福人类的医疗活动。

根据国际人类基因组组织（HUGO）伦理委员会《关于基因治疗研究的声明》，基因治疗是指通过基因的添加和表达来治疗或预防疾病，这些基因片段能够重构或者纠正那些缺失或者异常的基因功能，或者能够干预致病过程。基因增强，是指意在修改人类非病理特性的基因转移。

广义的基因治疗包括狭义的基因治疗和基因增强，根据实施的对象是体细胞还是生殖系细胞，可以进一步区分为四类，即体细胞基因治疗、体细胞基因增强、生殖细胞系基因治疗、生殖细胞系基因增强。体细胞基因治疗（增强）改变的是身体已分化细胞的程序，这些细胞没有能力将这种改变传递给下一代；生殖系基因治疗（增强）改变的是生殖细胞的程序，改变将被传递到

① 左燕燕：“中央民族大学入学体检采基因样本被指侵犯隐私”，载《新京报》2015年9月17日第A14版。

下一代。

狭义的基因治疗仅是指体细胞基因治疗，排除了生殖细胞系基因治疗和一切基因增强，HUGO《关于基因治疗研究的声明》就是针对狭义的基因治疗做出的。

（二）伦理争议和规制

任何基因治疗技术都是对人的遗传结构的一种人为干预，人的自然体的道德地位要求这种干预需要具有充分的理由。基因伦理学认为，只有健康才能被设定为基因技术干预的合理目标，基因技术干预的正当性通过限定于治疗目的方获保证。①

因此，为了达到健康的目的，即使存在偶尔被滥用的可能性，将基因技术应用于人体并且进一步发展基因治疗技术也是正当的；反之，不是为了达到健康的目的而是出于个人的某种偏好，父母或者其他人在产前或者发育阶段采取了任何影响遗传结构的措施，会间接影响到孩子的个人生活和公共生活时，就是侵犯了孩子的自决权，使其被工具化和客体化；父母所享有的生殖自由不包括任意实行遗传操纵的自由，其界限在于不得通过技术干预来限制孩子的自主权和预先规定其生活道路。因此，基因增强不具有伦理上的正当性。②

基因伦理的基本立场在国际社会的相关规范中得以确认，联合国教科文组织在1994年9月有关基因治疗的报告中提出了四点具体建议：第一，体细胞基因治疗可以被允许，并视为实验性治疗予以规范；第二，以增强为目的的体细胞基因治疗可以被广泛禁止，但不应全面视为不道德而予以反对；第三，生殖细胞系基因治疗目前不可行，但不予以绝对否定；第四，以增强为目的的生殖细胞系基因治疗绝对禁止。③ 概言之，体细胞基因治疗是被允许的，其余的生殖细胞系基因治疗和一切基因增强均被禁止，HUGO伦理委员会关于《关于基因治疗研究的声明》中将体细胞基因治疗区别于生殖系细胞基因治疗和基因增强，表明了支持体细胞基因治疗的态度。下文针对上述基因治疗的具体方式逐一展开刑法学上的分析。

---

① ［德］库尔特·拜尔茨著：《基因伦理学：人的繁殖技术化带来的问题》，马怀琪译，华夏出版社2000年版，第334页。

② 同上，第329～330页。

③ 邱格屏："种系基因治疗的伦理难题与法律调控"，资料来源北大法律网：http://article.chinalawinfo.com/Article_Detail.asp?ArticleID=2171，最后访问日期：2015年6月30日。

(三)体细胞基因治疗的正当性要件

1972年,Fridemann和Roblin首先提出了基因治疗的概念;20世纪80年代,病毒载体技术得到了发展;20世纪90年代,基因治疗进入了临床实验阶段。1990年,美国国家卫生研究院(National Institute of Health,NIH)的研究人员M. Blaese和F. Anderson建议,用体细胞基因疗法治疗因基因功能障碍而导致的儿童严重复合性免疫缺乏症,该治疗方案获得了NIH的基因重组委员会(RNA),NIH的院长以及FDA的批准,成为世界上首个体细胞基因治疗方案。① 此后,全球掀起了体细胞基因治疗的热潮。但是,早期的治疗方案仅限于罕见的单基因突变遗传病,并且,研究者尚未充分认识基因治疗的副作用,研究进展相对缓慢。1999年,患者Andrew Gobea死于基因治疗的临床实验,引发了美国联邦食品药品监督局(FDA)从技术角度和伦理学角度重新评估该疗法。2000年,法国巴黎内克尔(Necker)儿童医院利用基因治疗,使数名有免疫缺陷的婴儿恢复了正常的免疫功能,取得了基因治疗开展近10年来最大的成功。② 2006年以后,基因治疗在科研领域取得很大进展,基因治疗的安全性和有效性得到了保证,截至2014年6月,全球正在进行的基因治疗的临床实验共计2076例,其中已经完成I期安全性测试的临床实验843例,完成II期安全性+有效性测试的临床实验95例。

2012年10月,欧盟批准了西方发达国家第一个基因治疗药物——uniQure公司的Glybera,该药通过纠正患者基因缺陷导致的酶缺失,进而消除反复发作胰腺炎等临床症状。美国FDA下属的生物制品评价与研究中心在2014年、2015年分别授予三个在研基因治疗药物"突破性疗法"资格。2015年,FDA正式批准Imlygic(T-VEC)溶瘤病毒。

在我国,2004年就批准上市了全球第一个基因治疗药物——深圳赛百诺基因技术有限公司的"今又生"(重组人P53腺病毒注射液),用于晚期鼻咽癌患者配合放疗的联合治疗。但由于当时支持上市的临床试验数据非常有限,该药物一直受到质疑,上市以后的临床应用也极为有限,2008年因生产流程问题,中国食品药品监督局吊销了该公司的GMP生产许可。此后,我国的基

---

① 邱仁宗:"人类基因组的伦理和法律问题",载《科技与法律季刊》2000年第3期。

② Cavazzana-Calvo M, Hacein-Bey S, de Saint Basile G, et al., "Gene Therapy of Human Severe Combined immunodeficiency(SCID)-X1 Disease", *Science*, 2000, 288(5466): 669~672. 转引自邓洪新等:"基因治疗的现状、问题和展望",载《生命科学》2005年第3期。

因治疗进入了沉寂期,科研转化能力低下和国内患者无法参与国外临床人体试验是主要障碍。

当前基因治疗的发展趋势是,临床试验的主流适应症是抗肿瘤,所占比例已经从20世纪90年代的34%上升到目前的75%。中国在基因治疗领域曾经处于领先地位,近几年被欧美赶超,欧盟和美国均已有基因治疗药物获得了上市批准。①

我国将基因治疗纳入药物法和医疗法中进行管理,《生物制品管理规程》《药品注册管理办法(试行)》、《新药审批办法》及《药品管理法》中均规定了基因治疗的相关条款。

在限定为健康目的的前提下,体细胞基因治疗技术本身是正当的,但应当符合严格的许可和监管程序。奥地利《基因科技法》对此作了详细规定,体细胞基因治疗及其临床实验,只有在以治疗或者预防严重疾病为目的时,或者依照当前科技水准已经为此目的建立了适当的程序,才可以实行。② 亦即正当的体细胞基因治疗包括如下要素:实施者具备特定资格、行为动机符合法条列举的特定目的、受试者同意。该法还规定了,未经许可实施基因治疗的,构成犯罪,处以罚金刑。③

(四)生殖细胞系基因治疗的争议

虽然同以治疗位目的,但是与体细胞基因治疗相比,生殖细胞系基因治疗却存在广泛的争议,两者的核心区别在于生殖细胞系基因治疗的影响将延续至未来世代。有学者总结了生殖细胞系基因治疗存在的伦理问题,即造成未知且可能无法挽救的风险、侵犯后代的人权、滥用会导致种族净化和奴役、人为造成基因歧视。④ 支持者则认为,生殖细胞系基因治疗为很多疾病提供了真正的治愈机会,是解决某些疾病的唯一有效方法,尊重了父母的自主权。⑤

目前各国对生殖细胞系基因治疗普遍持反对立场,但反对的力度存在差

---

① 张维维:“国际基因治疗的发展历程及趋势”,2015横琴国际医疗健康产业高峰论坛暨投融资大会主题发言,2015年11月13日。

② 钟芳桦、黄舒芃:“德国与奥地利基因科技法之初步比较”,载《生物科技与法律研究通讯》第5期(2000年1月)。

③ 钟芳桦、黄舒芃:“德国与奥地利基因科技法之初步比较”,载《生物科技与法律研究通讯》第5期(2000年1月)。

④ 邱格屏:“种系基因治疗的伦理难题与法律调控”,资料来源北大法律网:http://article.chinalawinfo.com/Article_Detail.asp?ArticleID=2171,最后访问日期:2015年6月30日。

⑤ 邱仁宗:“人类基因组的伦理和法律问题”,载《科技与法律季刊》2000年第3期。

异。奥地利、德国等少数国家硬性排除种系基因治疗,在立法中予以明文禁止;欧盟和美国的立场则相对柔和,不是禁止,而是不资助种系基因治疗研究,并且只限于当前科技水准下不资助。管制通过法律以外的途径来实施。例如,在欧盟"会议决议"、各类技术规范、指导原则中作出规定。①

笔者认为,生殖细胞系基因治疗目前仍处于研究阶段,尚未真正进入临床应用,对于技术风险和伦理问题的研究尚需深入。正如联合国教科文组织在关于基因治疗的报告中所建议的,"生殖细胞系基因治疗目前不可行,但不应予以绝对否定",欧盟、美国也是以当前的医疗水准作为管制的依据。因此,应当谨慎地对该技术实施管制,不宜通过立法,而应以行业规则、技术规范等方式予以指导。我国《人的体细胞治疗申报临床实验指导原则》已经明确规定了,"基因治疗目前不用于生殖细胞",由专业监管机构对此实施管制。因此,刑法无须介入。

(五)基因增强

基因增强,又称为基因改良,是基因治疗技术的副产品,是用医学的方法达到非医学的目的,即父母可以决定或者选择子女的基因组成,将原本神圣的自然生命过程改变为被操控和被设计的过程。

在支持基因改良的观点中,具有影响力的一派是英美政治哲学家中提倡的新"自由主义优生学",主张允许不限制孩子自主权的非强迫基因改良,认为基因改良与借助教育来改善孩子的智力在道德上不存在区别。② 但是,更多的哲学家反对基因增强。哈贝马斯认为,一个被设计的孩子,其出生便丧失了作为一个人的偶然性和独特性,不可能与设计他的父母建立平等对称的关系,因此,基因增强侵犯了自主和平等的自由原则。③ 美国政治哲学家桑德尔在其专著《反对完美》一书中完整地阐述了对基因增强的观点。他以"生命本身是个恩赐"作为贯穿全书的中心,认为基因增强的道德标准在于自然的道德地位和人类面对当今世界的正确立场。基因增强削弱了人的尊严,具体表现为削弱了人性中自由行动的能力,侵蚀了人的作用,其终极表现是对人类行动采取纯然的机械理解,抛弃了人类自由和道德责任。这会导致人对于生命

---

① 邱格屏:"种系基因治疗的伦理难题与法律调控",资料来源北大法律网:http://article.chinalawinfo.com/Article_Detail.asp? ArticleID = 2171,最后访问日期:2015 年 6 月 30 日。

② Ronald Dworkin,"Playing Gold: Genes, Clones, and Luck, in Ronald Dworkin", *Sovereign Virtue*, Cambridge, MA: Harvard University Press, 2000, p. 452.

③ Jurgen Habermas, *The Future of Human Nature*, Oxford: Polity Press, 2003, pp. 64 - 66.

缺乏感恩之心,消解了人类关于天赋的观念,丧失了谦卑、责任和团结等重要的品质。因此,反对基因增强,就是尊重自然之道、尊重自然的礼物、尊重自然的偶然创造、尊重自然的界限。①

联合国教科文组织有关基因治疗的报告建议禁止基因增强,但是,对于体细胞基因增强和生殖细胞系基因增强的禁止力度是不同的。HUGO 伦理委员会《关于基因治疗研究的声明》则号召,应当广泛讨论为了增强特性和生殖细胞系干预而未来可能利用基因转移技术的适宜性。各国对基因增强采取了全面的否定立场,②在我国,相关法规仅涉及体细胞基因治疗,未对基因增强做出明确规定。

笔者认为,基因增强贬低了人的尊严,在伦理上是应当反对的,但是,基因增强技术目前主要用于肌肉、记忆力、身高、性别选择等方面,其现实危害性尚未达到需要刑法介入的程度。并且,该技术尚处于实验室研究阶段,HUGO 对本问题的讨论保持开放的态度,号召各方更广泛的参与。因此,对于基因增强的规制可以通过更灵活的行业规则和伦理规范来进行,法律的规制至多以行政监管手段来实现审慎性的要求。

(六)植入前胚胎遗传学诊断的刑法意义——基于德国案例的考察

植入前胚胎遗传学诊断(Preimplantation Genetic Diagnosis, PGD)是基因治疗的一种方式,其着眼点在于通过基因诊断预防先天缺陷胎儿的出生。由于各国宗教、传统、文化和社会因素的不同,对于 PGD 存在全面禁止、特定许可、行业自律三种模式。我国允许实施 PGD,原本不产生刑法上的问题。德国通常被归类为全面禁止 PGD 的国家,但是,2010 年联邦最高法院在一个案件的判决中首次明确排除了 PGD 的可罚性,该案具有标杆性的意义;不但反映了德国对于人体基因技术管制的松动,而且从刑法释义学和刑事政策学的视角加以观察,该案亦具有重要的比较法参考价值,故下文对该案作一个全面的介绍。

1. PGD 概述

所谓植入前胚胎遗传学诊断(PGD),是指在胚胎植入前对其遗传物质进

---

① [美]迈克尔·桑德尔著:《反对完美:科技与人性的正义之战》,黄慧慧译,中信出版社 2013 年版,第 11 页以下。

② 邱格屏:"种系基因治疗的伦理难题与法律调控",资料来源北大法律网:http://article.chinalawinfo.com/Article_Detail.asp? ArticleID = 2171,最后访问日期:2014 年 6 月 30 日。

行分析,诊断其是否存在异常的诊断方法。① PGD 是人体基因技术和人类辅助生殖技术相结合的产物,在伦理上引起了激烈的争议,我国法学界最早关注并进行系统研究的,是丁春艳博士的论文《胚胎着床前遗传学诊断:伦理与法律的界限》。②

PGD 的优点在于,对人体不具有侵袭性,将遗传学诊断提前到胚胎早期阶段有助于避免堕胎,早期遗传诊断提供了基因治疗的可能性,当然,同时也存在一定的风险。PGD 引发的伦理争议主要有:胚胎是否属于生命,PGD 的应用是否潜在地减损了残障者的生命价值,选择生育一个新生儿的目的是治疗患病的同胞兄姐(即"救命宝宝")会否导致其生命被功利化,以及父母生育自主权的限度。对于 PGD 的规范有三种模式:第一种模式是法律完全禁止。例如,德国、奥地利、爱尔兰和瑞士。第二种模式是经法定的许可方式可以应用该技术。例如,英国、法国、西班牙。第三种模式是由医疗行业自我规范。例如,日本。③

在我国,卫生部于 2003 年颁布的《人类辅助生殖技术规范》第 1 条规定了"体外受精—胚胎移植及其衍生技术规范",其中明确包含了"植入前胚胎遗传学诊断技术"。可见,只要符合相关技术规范,我国是许可实施 PGD 的,因此,该技术在我国不产生刑法学上的问题。

2. 德国联邦最高法院对 PGD 可罚性指标判决述评

德国于 1990 年颁布了《胚胎保护法》(ESchG)。因为联邦只在刑法领域享有优先立法权,所以该法主要规定了以刑罚禁止滥用人类辅助生殖技术和人类胚胎的行为,未能对人类辅助生殖技术做出全面系统的规定。④ 20 余年以来,该法未曾修正过,对于医学技术突飞猛进所引发的新问题,只能通过解释来确定是否可以被抽象的罪刑条文所涵摄。PGD 首次应用于临床是在 1989 年,显然,1990 制定的《胚胎保护法》不可能明确地规定当时最尖端的

---

① 李汶、卢光琇:"植入前遗传学诊断的原理、方法和适应症",载《遗传》2002 年第 3 期。

② 丁春艳:"胚胎着床前遗传学诊断:伦理与法律的界限",载倪正茂、刘长秋主编:《生命法学论要——2007 年"生命科技发展与法制建设》,黑龙江人民出版社 2008 年版,第 315 ~ 338 页。

③ 同上。

④ 1990 年联邦制定《胚胎保护法》时,刑法以外的其他规制手段,归属于各州立法权的范畴。1994 年《德国基本法》第 74 条第 1 款第 26 项作出修正,对于人工授精、基因技术、器官移植等事项,赋予联邦优先立法权,但是,全面的人工生殖法仍未制定,《胚胎保护法》也未曾修正。Taupitz, in: Günter/Taupitz/Kaiser, ESchG, Einf. Rn. B17. 转引自薛智仁:"胚胎植入前遗传诊断之可罚性争议——评析德国法之新发展",载《成大法学》第 21 期(2011 年 6 月)。

PDG 技术，因而，法律状态不明引发了实践中对于 PGD 的争议。

PGD 的实施主要有三个阶段，第一阶段是为了应用 PGD 实施人工授精；第二阶段是从胚胎中采集多能干细胞并检测其基因结构；第三阶段是经确认有基因缺陷而未被植入的剩余胚胎，被丢弃或者任其死亡。[①] 第一阶段的行为可能该当于滥用生殖科技罪的成立要件，该罪是指非基于怀孕目的而人工授精的行为；第二阶段的行为可能该当于滥用人类胚胎罪的成立要件，该罪是指贩卖体外受精胚胎或者取出着床前胚胎，或者非基于维持其存活的目的而交付、取得或者使用的行为；第三阶段处置剩余胚胎的行为，也可能构成滥用人类胚胎罪。

本案被告是在柏林开业的妇产科医师，主要业务是实施辅助生殖。2005 年，一对夫妻向被告要求实施人工体外受精，由于夫妻之一有染色体异位，胎儿有极高可能性罹患三染色体 13 或者 14 症而无法存活，怀孕的结果通常是流产或者产出死胎，或者新生儿出生几天后即死亡。被告考虑到上述危险和这对夫妻的愿望，计划实施 PGD。由于担心构成犯罪，被告在实施诊断前找到一位研究胚胎保护法的大学教授咨询，取得了一份法律鉴定意见书。鉴定意见认为，被告的行为至少不违反《胚胎保护法》第 2 条和第 6 条的规定，但是由于该问题尚未在刑法上得到澄清，建议其实施手术后自首。被告将这份鉴定意见理解为自己的行为没有犯罪的风险，于是在当年年底，在三个已经人工授精五天的胚胎上进行囊细胞采样，取出已经丧失全能性的滋养层细胞，使用荧光原位杂合法检查染色体异常的情况。检查结果显示，一个胚胎的细胞有三染色体 16 症，另一个胚胎的细胞有单染色体 13 症，还有一个胚胎是正常的。经受术妇女同意，被告为其植入了没有基因异常的胚胎。术后，被告为了确定自己的行为是否真的不构成犯罪，于 2006 年 1 月 2 日向柏林检察院自首，检察院于 2006 年 1 月 22 日作出不起诉处分，理由是其行为是出于不可避免的禁止错误，但同时表示无法终局地判断 PGD 是否违反《胚胎保护法》。此后，被告以相同的方法于 2006 年 4 月、5 月分别对另外两对夫妻实施了 PGD。柏林检察院重启对被告的调查，向柏林邦法院提起公诉，一开始被拒绝开启主审程序，经检察院提起即时抗告后，柏林邦高等法院命令开启主审程序。柏林邦法院于 2009 年 5 月 10 日做出判决，认定被告实施的三起 PGD 不

① 陈志忠："生命诚可贵，尊严价更高——关于胚胎植入前基因检测合宪性之辩证"，载《成大法学》第 1 期(2007 年 5 月)。

构成滥用生殖科技罪和滥用人类胚胎罪。柏林检察院以该无罪判决违反实体法为由提起法律审上诉,联邦最高法院刑事第五庭于2010年7月6日以上诉无理由驳回。①

法院认为,被告不构成滥用生殖科技罪。理由是:第一,本罪的主观要件是“不以怀孕为目的”,被告即使不打算植入经检测有遗传缺陷的胚胎,也不影响其在实施人工授精时已有导致妇女怀孕的目的,其最终意图是将正常胚胎植入以使妇女怀孕;第二,被告可能同时具有实施PGD和不移植有缺陷的胚胎的意思,前者是辅助生殖过程中不具有独立性的中间目标,后者不是法律意义上的独立意图。因而,不属于创设本罪可罚性的意图。同时,判决强调,实施PGD必须是为了检测重大基因缺陷避免危险,才不属于创设本罪可罚性的意图。②

法院认为被告不构成滥用人类胚胎罪,理由是:第一,被告为了检测而抽取细胞,不构成本罪所禁止的“非基于维持胚胎存活的目的而使用胚胎”。依《胚胎保护法》的立法目的和规范价值,此处应对“使用”作限缩解释,主要是指研究和分裂全能干细胞,抽取细胞的行为应当排除在“使用”以外;第二,被告没有继续培育剩余的胚胎,非难的重点在于其未采取维持胚胎存活的措施。然而,被告不可能、也无法被期待,违反患者的意愿将剩余胚胎植入其子宫,从《胚胎保护法》也无法推论出,被告负有无限期培育胚胎的义务。因此,不构成本罪。③

台湾法学界对PGD的研究主要从宪法学的视角展开,④刑法学者也对该判决作了非常细致的分析。虽然研究者根据解释论的方法认为判决的理由和结论有待斟酌,但认为该判决否定了PGD每个阶段的可罚性,具有刑事政策上的优越性:只要受术妇女全面享有移植胚胎的自主决定权,实施PGD只是

---

① 案件详情及经过,BGH NJW,2672f. 转引自薛智仁:“胚胎植入前遗传诊断之可罚性争议——评析德国法之新发展”,载《成大法学》第21期(2011年6月)。

② 薛智仁:“胚胎植入前遗传诊断之可罚性争议——评析德国法之新发展”,载《成大法学》第21期(2011年6月)。

③ 薛智仁:“胚胎植入前遗传诊断之可罚性争议——评析德国法之新发展”,载《成大法学》第21期(2011年6月)。

④ 例如,蔡宗珍:“宪法、国家权力与人性图像——以胚胎植入前基因诊断术之合宪性问题为中心”,载国际刑法学会台湾分会主编:《民主、人权与正义——苏俊雄教授七秩华诞祝寿文集》,2005年版,第433~460页;陈仲妮:“‘胚胎植入前基因诊断’之宪法问题”,载《科技法学评论》第6卷第2期(2009年10月)。

提供妇女决定移植与否的前阶段行为，因而没有理由单独予以处罚。[①]

联邦最高法院的判决终局性地否定了 PGD 的可罚性，被誉为“指标性判决”，并且引领了立法。2010 年 7 月，德国联邦议会以 326 票赞成，260 票反对，8 票弃权通过了《胚胎植入前诊断法案》，允许在一定情况下在胚胎植入前进行基因检测。[②]

德国在基因科技和辅助生殖领域一直持严格管制的立场，其对胚胎的保护采取“人的模型”，以人类胚胎享有人性尊严及生命权为核心制定了《胚胎保护法》。然而，否定 PGD 可罚性的“指标性”判决和《胚胎植入前诊断法案》体现出有所松动的管制态度，因应了尖端医疗技术的迅速发展。

（七）启示

上述判决对我们的启示主要在于，德国法院如何将放松胚胎管制的刑事政策通过刑法解释论得以贯彻。德国过去一直遵循“人的模型”实行严格的胚胎管制，但是，随着生命科学的发展，尤其是在与管制较为宽松的其他发达国家的医学和生命科技竞争中，德国科学界希望获得更宽松的研究环境，融入国际法律共同体之中。在逐渐放松胚胎管制、转向“尊重模型”的过程中，为了贯彻这一刑事政策，解释论上对滥用人类胚胎罪从两个方向进行了限缩：其一，将规范禁止的“使用”人类胚胎限定为研究和分裂全能干细胞，为了诊断的目的抽取细胞的行为不是“使用”；其二，应用了期待可能性理论，即不可能期待医师违背患者意愿将诊断以后剩余的胚胎植入受术者子宫。从而否定了医师实行 PGD 的刑事可罚性。

在我国，PGD 的合法性无论在实定法还是社会意识上均获得了认可。在实定法上，“植入前胚胎遗传学诊断技术”被明确纳入卫生部年颁布的《人类辅助生殖技术规范》第 1 条“体外受精—胚胎移植及其衍生技术规范”中；2015 年 1 月 12 日，卫计委妇幼保健服务司发布了《关于辅助生殖机构开展高通量基因测序植入前胚胎遗传学诊断临床应用试点工作的通知》，审批许可了 13 家医疗机构作为开展高通量基因测序植入前胚胎遗传学诊断（PGD）的临床试点，并制定了《高通量基因测序产前筛查与诊断技术规范》。在社会意

① 薛智仁：“胚胎植入前遗传诊断之可罚性争议——评析德国法之新发展”，载《成大法学》第 21 期（2011 年 6 月）。

② 柴野：“胚胎到底有没有‘人格’？德国通过胚胎植入前测试法案”，载《光明日报》2011 年 7 月 11 日第 08 版。

识上，我国没有持续、普遍、深厚的宗教传统，延续 30 余年的计划生育政策使得公众普遍接受了人工流产，现实中较高的出生缺陷率也使得优生具有现实的需求土壤。胚胎的道德地位不同于胎儿、婴儿，基于出生缺陷避免的胚胎植入前基因诊断技术本身是合法的，研究机构和临床机构在实施过程中只须遵守相关的技术规范和伦理规范即可。

因此，我国在认可 PGD 合法性的前提下，需要从德国判决中学习的是，如何认识胚胎的地位，是否需要将胚胎纳入刑法保护的范围。如前文第五章讨论“配子、合子、胚胎的法律地位”评述的江苏“冷冻胚胎继承案”，该案终审判决实质上将胚胎视为“物的模型”将会“引发一定的道德风险”。笔者认为，我国应当从与德国的相反的方向上，强化胚胎管制、转向“尊重模型”，保障这一转化的手段之一是完善刑事保障。在当前刑事立法空白的状态下，只能通过立法论来实现。滥用人类胚胎包括破坏、违规销毁、废弃、买卖等具体行为方式，本书第五章建议增设“组织、强迫出卖胚胎罪”是将胚胎纳入刑事保护的初步尝试。

第八章 人体器官移植技术应用的刑法规制及立法对策

人体器官移植技术,与人类辅助生殖技术、人体基因技术一起,被并列为“现代医学的三大进步”。通过器官移植能够根本上解决器官衰竭、损伤引发的疾病,有助于患者解除痛苦、延缓生命。然而,由于该技术的实施以“人体器官”为载体和对象,引发了相当的伦理和法律争议。本章首先在厘清人体器官移植技术的概念及类型的基础上,概述各国伦理和立法、尤其是刑事规制状况。然后,总结器官移植领域相关犯罪的类型,重点探讨商业化人体器官行为的立法选择。

第一节 人体器官移植技术的应用及规制状况

人类早在远古时代就有了移植器官的梦想,古希腊和古代中国都有用健康器官代替伤病器官的传说;直至现代,随着外科手术高度精细化、器官分离保存技术迅速发展、移植免疫学基础被发现、免疫抑制药物被发明,梦想成为了现实。自20世纪60年代以来,随着人体器官移植技术在临床上被普遍应用,各国制定了相应的规范,详细规定了器官移植的范围、原则、许可、监管和责任等。

一、人体器官移植技术概述

(一)概念和类型

广义的器官移植技术,是指摘除身体上某个器官的全部或者部分,将其移植于同一个体或者其他个体身体上的技术。

在器官移植中,提供器官的个体,称为供体(Donor);接受器官的个体,称为受体(Receipt)。根据供体和受体是否同一,器官移植被分为同体移植和异体异种。所谓同体移植,是指将取自身体上某一部位的器官为自己所用。例如,本人的皮肤移植;所谓异体移植,是指供体的器官移置于其他个体身上。例如,肾脏移植。在异体移植中,根据供体和受体是否为同种生物,可以分为同种移植和异种移植。所谓同种移植,是指供体和受体属于同种生物,通常指人和人之间的移植;所谓异种移植,是指供体和受体属于不同种的生物,主要指人和动物之间的移植,为了解决人体器官短缺问题,科学家正在研究将动物器官移植入人体的可行性。

在上述各类器官移植中,自体移植不存在任何伦理和法律障碍,属于普通的医疗行为;在异体移植中,动物作为器官供体的异种移植尚未进入普遍应用阶段,主要涉及动物福利问题。① 人的异体器官移植,通常称为人体器官移植,是当今医学界应用最广泛的移植技术,也是各国法律规制的重点。

狭义的器官移植,就是指人体器官的异体移植,这是各国法律规制的中心,也正是本书研究的对象。

(二)人体器官的范围

根据《辞海》的解释,器官是指多细胞生物体内由多个不同组织构成的结构单位,具有一定形态特征,能够行使一定生理功能。② 按照人体解剖学的定义,组织,是由许多形态和功能相同或者相似的细胞和细胞间质组成的基本结构。器官,则是由几种不同的组织按一定的规律结合在一起,构成具有特定形态和功能的结构。③ 人体器官是一群特殊的细胞和组织,其结合在一起完成人体的特定功能。

广义的器官,包括心脏、肾脏、肝脏、肺脏、胰腺等脏器,角膜、骨髓、血液等

---

① 杜瑞芳:“异种移植法律问题初探”,载《河北法学》2004 年第 8 期。

② 夏征农主编:《辞海》,上海辞书出版社 1990 年版,第 851 页。

③ 段相林等主编:《人体组织学与解剖学》,高等教育出版社 2012 年第 5 版,第 2 页。

组织,精子、卵子、胚胎等细胞。狭义的器官,则仅是指人体脏器,是与组织、细胞并列的概念。[①] 脏器、组织和细胞由于生理功能不同、对健康和生命的影响不同、可否再生不同,决定了法律的管制方式和管制程度不同。在移植领域,各国(地区)器官移植的相关立法通常会明确界定所规制的“器官”的范围。

从各国(地区)立法例来看,界定“器官”的方式不同、具体范围也有异。以我国为例,不同法域则相关规定各异。第一种模式是,仅“原则性”地规定器官的概念,以香港地区《人体器官移植条例》为代表。该条例“释义”部分界定了“器官”(Organ)的概念,“人体内任何由有结构组织构成的部分(而该等组织如被完全切除,是不能在体内再生的),亦包括任何器官的一部分”。可见,该条例规制的是不可再生器官,排除了血液、细胞等可再生器官。第二种模式是,“原则+列举”式规定,以台湾地区“人体器官移植条例”为代表。该“条例”第3条原则性规定了,“本‘条例’移植之器官,其类目由卫生主管机关依实际需要指定之。本‘条例’所称器官,包括组织”。“人体器官移植条例施行细则”第3条列举了,“以下器官均在可移植的范围之内:泌尿系统之肾脏,消化系统之肝脏、胰脏、肠,心脏血管系统之心脏,呼吸系统之肺脏,骨骼肌肉系统之骨骼、肢体,感官系统之眼角膜、视网膜,此外还包括其他经当局卫生主管机关依实际需要指定之类目”。可见,台湾地区器官移植规范所称的器官包括脏器和角膜等部分组织,其共性是不可再生。第三种模式是,“排除”非属于器官移植法规制的对象,以澳门地区《规范人体器官及组织之捐献、摘取及移植》(2/M/96号法令)为代表。法令第2条规定了,“抽血及输血;卵子及精子捐献;受孕物及胚胎之摘取、转移及处理”不属于本法所称的器官移植的范围。第四种模式是,以“列举+排除”的方式从正反两面来界定器官的范围,以《人体器官移植条例》为代表。该条例第2条规定:“……人体细胞和角膜、骨髓等人体组织移植,不适用本条例。本条例所称人体器官移植,是指摘取人体器官捐献人具有特定功能的心脏、肺脏、肝脏、肾脏或者胰腺等器官的全部或者部分,将其植入接受人身体以代替其病损器官的过程”。可见,大陆的器官移植法规制的器官仅限于脏器,排除了组织。

尽管界定方式不同,但是上述立法均清晰地表达了所规制的器官的范围,并且保留一定的灵活性。就具体范围而言,中国香港地区、台湾地区、澳门地

① 例如,2010年世界卫生大会批准的《WHO人体细胞、组织和器官移植指导原则》采取狭义的器官概念。

区的规定是基本一致的，器官是指脏器和部分不可再生组织，不包括可再生的血液、骨髓、细胞，等等。而大陆所指的器官的范围最窄，仅包括脏器，明确排除了角膜、骨髓等人体组织和细胞。

界定“器官”的范围是研究器官移植犯罪时必须明确的前提，涉及如何认识器官移植法与刑法的关系，是前者必然决定了后者规制的范围，还是二者可能存在不一致？我国《刑法修正案（八）》第37条第1款增加的“组织出卖人体器官罪”是刑法明确规定的首个器官犯罪，张明楷教授敏锐地指出了，界定该罪所指“器官”的范围是认定本罪的首要问题。并且，从目的论解释出发，认为刑法的目的在于保护被被害人的身体健康，只要某种人体组织集合体的丧失会严重侵害健康，该人体组织集合体就可以被评价为“器官”，从而纳入本罪规制的范畴。因此，本罪所称的人体器官一方面，既包括《人体器官移植条例》所称的器官，也包括角膜、皮肤、肢体、骨头等器官；另一方面，血液、骨髓、脂肪、细胞不属于本罪所称的器官。[①] 笔者基本同意该结论，但认为论证可以作进一步的深入：

首先，器官犯罪中“器官”的范围是否取决于器官移植法的规定，应当根据不同的立法模式区别对待。其一，若采取附属刑法立法模式，在器官移植法中规定了刑事责任条款，则相关犯罪所称的“器官”就应当与该法保持一致。例如，香港《人体器官移植条例》第4条规定了“禁止将人体器官作商业交易罪”，德国《器官移植法》第18条规定了“器官交易罪”、第19条规定了“其他刑罚规定”。其二，若采取刑法典模式和单行刑法模式，器官犯罪的规定独立于器官移植法而存在，器官犯罪中“器官”范围可能与器官移植法有所不同。虽然器官移植法是器官移植领域的基本法，刑法只是第二位的保障法，但是由于法的保护目的不同，二者并非必然一致。这种规制上的差异在我国刑法中是有先例可循的。例如，“信用卡诈骗罪”中“信用卡”的范围广于中国人民银行发布的《信用卡业务管理办法》界定的“信用卡”，“重婚罪”中对事实婚姻的态度迥异于婚姻法，等等。

其次，依法的保护目的，需要将哪些“器官”纳入“非法组织出卖人体器官罪”中，应当作审慎的考虑。其一，从供体的角度看，无论是脏器、组织还是细胞的移植，在移出之时都会对健康造成一定影响，只是影响的程度有别；并且，

---

① 张明楷：“组织出卖人体器官罪的基本问题”，载《吉林大学社会科学学报》2011年第5期。

器官可否再生意义重大。其二,从临床应用的角度看,移植技术临床应用的普遍性与诱发犯罪的可能性成正相关关系。脏器、角膜移植是普遍应用的临床技术,而肢体移植包括皮肤、皮下组织、肌肉、神经、血管、骨、骨髓等多组织构成,属于复合组织移植,其技术难度远远超过肾脏等单一组织移植,还未普遍进入临床阶段。① 因此,脏器、角膜移植诱发犯罪的可能性远远大于肢体移植。不过,基于法律的前瞻性考量,也可以原则性地将肢体移植纳入其中。其三,界定"器官"的范围首先要尊重医学科学,以此为基础再作出法律认定。张明楷教授认为,"血液不属于器官……脂肪、细胞超出了'器官'一词可能具有的含义",②就是没有充分考虑"器官"的医学概念而失之严谨。事实上,血液、细胞在医学上属于广义的"器官"的范围,在有的国家(如美国《统一器官移植法》)也被纳入器官移植法规制的范畴。

综上所述,在大陆,"组织出卖人体器官罪"的"器官"范围可以超越《人体器官移植条例》的界定,原则上指与人体健康具有重大关联的不可再生器官,具体包括肾脏、肝脏、胰脏、心脏、肺脏,骨骼、肢体,以及眼角膜、视网膜,等等。同时,刑法规范内部对于器官犯罪中"器官"范围的界定应当保持一致,未来立法若对器官移植的其他相关行为进行犯罪化,则器官的范围应当遵守"组织出卖人体器官罪"的界定。

二、器官移植立法状况

在尖端医疗领域,人体器官移植技术的立法相对成熟。国际社会制定了较为详细的指导原则,2010 年世界卫生大会批准了《WHO 人体细胞、组织和器官移植指导原则》,确立了移植技术应当遵守的 11 条原则,即同意、避免利益冲突、活体捐献人与受益人的关系限制、保护未成年人(无能力人)、禁止商业化、鼓励捐献、医生及医疗机构义务、禁止牟利、公平、移植质量评估监测、保守病人秘密。

这些原则构成了器官移植制度和规范的基础,在各国器官移植立法中有不同程度的侧重和体现。下文介绍主要国家器官移植立法概况,重点关注刑事责任的相关规定。

---

① 裴国献主编:《异体肢体移植》,人民卫生出版社 2009 年版,第 3 页。

② 张明楷:"组织出卖人体器官罪的基本问题",载《吉林大学社会科学学报》2011 年第 5 期。

（一）英国:《器官移植法案》(Human Organ Transplant 1989)、《人体组织法案》(Human Tissue Act 2004)

英国采取对活体器官移植和尸体组织移植分别规范的立法模式。1989年《器官移植法案》(Human Organ Transplant 1989)侧重于对器官移植的禁止和限制,以及相关信息保护;2004年制定、2008年修订的《人体组织法案》(Human Tissue Act)①则主要调整尸体组织的移植。

《器官移植法案》第1条规定了非法器官交易,依简易程序定罪的,处3个月以下监禁或者五级以下罚金,或者二者并罚;为器官交易作广告的,依简易程序定罪的,处五级以下罚金;第2条规定了在不具有基因联系的人之间移植器官,依简易程序定罪的,处3个月以下监禁或者五级以下罚金,或者二者并罚;第4条规定了单位(Body Corporate)可以成为本类犯罪的主体。

《人体组织法案》第5条规定,未经同意摘取尸体器官构成犯罪,依简易程序定罪的,处制定法最高额度以下罚金;依普通程序定罪的,处3年以下监禁或者罚金,或者二者并罚;第32条规定了非法尸体器官交易罪,依简易程序定罪的,处12个月以下监禁或者制定法最高额度以下罚金,或者二者并罚;依普通程序定罪的,处3年以下监禁或者罚金,或者二者并罚;第49条规定了单位可以成为本类犯罪的主体。

（二）美国:《统一解剖捐献法》(Uniform Anatomical Gift Act 1968)《国家器官移植法》(National Organ Transplant Act 1984)

美国形成了两套法律体系来规范器官捐献行为。

1968年统一州法委员会(National Conference of Commissioners on Uniform State Law,NCCUSL)提出了《统一解剖捐献法》的立法范本,该范本于1974年获得了所有州接受。该法规定由专门的器官获取组织(Organ Procurement Organization,OPO)负责收集和管理器官信息。

1984年通过并于1988年、1990年修正的《国家器官移植法》(National Organ Transplant Act)建立了一套器官获取和分配的全国性体系,该法明确禁止器官交易,禁止"基于价值的考量"(valuable consideration)进行捐献。

至于器官移植领域的相关犯罪及其刑事责任的规定,则由各州法律加以

---

① 英国于1961年制定了《移植和人体组织法案》(Transplant and Human Tissue Act 1961),2004年通过的《人体组织法案》全面取代了1961年法案,确立了新的捐献、储存和应用组织的法律框架。

规定。

（三）德国：《器官移植法》（Transplantationsgesetz-TPZ）

德国于1997年通过了《关于器官的捐献、摘取和移植的法律》（Gesetz über die Spende，Entnahme und übertragung von Organen），简称为《移植法》，最近的一次修正在2003年作出。

该法分别规定了死亡器官捐献者、生存器官捐献者的器官摘取规则，确立了特定器官的摘取、介绍和移植体系，明确了提出、资料保护、期限、关于医学认识状态的指标，同时禁止器官交易。该法第7章规定了“刑罚和罚款规定”，其中第18条规定了器官交易罪，进行器官交易或者摘取、移植、被移植所禁止的器官的，处5年以下自由刑或者罚金；职业性实施的，处1年以上5年以下的自由刑。第19条规定了违反规定摘取器官罪，其中，未经同意摘取尸体器官的，处3年以下自由刑或者罚金，未经同意摘取生者器官的，处5年以下的自由刑或者罚金；违反规定公开、加工处理或者利用人身资料的，处1年以下自由刑或者罚金。①

（四）法国：《生命伦理法》（Loi Bioéthique）、《新刑法典》（Nouveau Code Penal）

法国于1976年通过《器官摘取法》（Loi Cavaillet）来规范器官移植行为，对尸体器官移植原则上采取推定同意制。1994年制定、2004年修正的《生命伦理法》将《器官摘取法》纳入其中。对于器官移植相关犯罪的规制，则由《新刑法典》来调整。

法国《新刑法典》第5卷第1编第1章“在生物医学伦理方面的犯罪”第2节“保护人体”的前两条就规定了器官犯罪。第511－2条规定器官交易的，处7年监禁并处100,000欧元罚金；第511－3条规定，未经同意摘取成年活人器官的，或者从未成年活人身上或者从受到法定措施保护的承诺活人身上摘取器官的，处7年监禁并处100,000欧元罚金。对于商业交易和非法摘取行为，法国《新刑法典》对器官、组织、细胞分别做出规定，针对器官的犯罪的法定刑重于针对组织和细胞的犯罪。②

对于违反《公共卫生法典》的规定，在未经批准的机构内进行移植手术，

---

① 冯军译：“德国器官移植法”，载冯军主编：《比较刑法研究》，中国人民大学出版社2007年版，第407～419页。

② 《法国新刑法典》，罗结珍译，中国法制出版社2003年版，第186～187页。

或者违反安全规则为捐献而配送或转让的，无论是器官、细胞还是组织，都规定于同一法条（第 511 - 7，511 - 8 条）中，处 2 年监禁并处 30，000 欧元罚金。①

（五）西班牙：《器官摘取和移植法》（The law 10/1979 27th October about Organs Removal and Transplant）

西班牙于 1979 年通过了《器官摘取与移植法》，并于 1980 年依据该法颁布了行政命令（Royal Decree 426/1980），共同规范器官的摘取和移植。20 世纪 80 年代早期，西班牙的器官移植的数量稳步提高，此后，由于技术和管理的复杂性陷入了困境。为了破解这一困境，西班牙卫生部创新性地设立了统一器官移植组织（ONT），国际上将其称为“西班牙模式”。② 此后，西班牙成为全世界器官捐献率最高的国家，每百万人中有 34 人成为器官捐赠者。③

西班牙对供体的意愿采取推定同意模式，同时尊重个人的选择退出权（Opt-out law），即所有国民死亡后，其器官依法可以成为器官移植的来源，除非该国民于生前签署了拒绝器官捐献书。此种模式能够有效增加器官来源，自西班牙以后，被很多具有浓厚器官捐献传统的国家所采纳。例如，奥地利，比利时、法国、意大利、芬兰、匈牙利、丹麦、波兰、瑞典、以色列、卢森堡、斯洛伐克、希腊、新加坡。④

《西班牙刑法典》第 3 集“伤害罪”中规定了器官移植领域的相关犯罪。第 155 条规定了，“取得被害人自由、自愿、明确要求而伤害被害人的，减轻一至两级判处刑罚”，第 156 条规定了，按照被害人自由、自愿、明确要求而伤害被害人的，若属于法律保护的器官移植的情况，可以免予刑事责任；若移植是为了获得代价或者补偿，则不能免除刑事责任。⑤ 简言之，被害人承诺在伤害罪中原则上只作为减轻刑罚事由。但是，合法的器官移植是例外，可以免除刑事责任，不过，若是商业目的的器官移植，则不能免除刑事责任。

（六）日本：《器官移植法》（臓器の移植に関する法律）

日本于 1979 年制定了针对特定器官的《角膜及肾脏移植法》，1997 年对

---

① 《法国新刑法典》，罗结珍译，中国法制出版社 2003 年版，第 187 页。

② 甲斐克則：「スペインにおける臓器移植—バルセロナでの調査から—」、*Comparative law review*、46（2）、2012 年 12 月。

③ 赖明坤：“世界各国器官移植之立法”，载《台湾器官捐献协会捐导手册》（第 18 章），资料来源：http://www.organ.org.tw/obook/orule.htm#39，最后访问日期：2015 年 4 月 10 日。

④ 同上。

⑤ 《西班牙刑法典》，潘灯译，中国政法大学出版社 2004 年版，第 60 ~ 61 页。

一切器官的移植进行统一立法，制定了《器官移植法》（臓器の移植に関する法律）。2009年日本对《器官移植法》进行了大幅度的修正，于2010年正式施行。最新修正的主要内容有，改变了判断死亡的标准，采用广义的承诺意思表示，取消了禁止15周岁以下的未成年人接受捐献器官的规定，等等。

《日本器官移植法》第20条规定了器官移植相关犯罪，罪名主要有非法出售人体器官罪、非法购买人体器官罪、从事人体器官买卖中介罪和非法为他人实施器官移植罪，法定刑为5年以下自由刑或者500万日元以下罚金，或者二者并罚，法人也可以构成上述犯罪的主体。

（七）韩国：《器官移植法》

韩国于1999年制定了首部《器官移植法》，此后多次进行修改和补充。该部法律总共49条，几乎涵盖了器官移植的所有事项。

韩国《器官移植法》第6条禁止器官商业化行为，列明了买卖、约定、斡旋、教唆、帮助、摘取和移植买卖的器官等具体行为形式，该法第40条规定了器官交易的刑事责任，违反第6条的禁止性规定，分别处以2年以上有期徒役，或者10年以下徒役单处或并处5000万韩元以下罚金。①

（八）中国

1.《人体器官移植条例》、《关于规范活体器官移植的若干规定》

国务院于2007年实施《人体器官移植条例》，以行政法规的形式来规范器官移植技术；卫生部于2009年发布了《关于规范活体器官移植的若干规定》，以部门规章的形式对活体器官移植作了进一步具体的规定。

《人体器官移植条例》恪守其立法权的范围，没有规定具体的罪刑条文。违反条例构成犯罪的，只能依据刑法定罪量刑。因此，该条例与刑法的衔接成为规制器官移植犯罪的关键。笔者在《医疗刑法研究》一书中，梳理了依条例第25条和第32条指引追究刑事责任的行为，可能构成故意伤害罪、盗窃、侮辱尸体罪、滥用职权罪和玩忽职守罪，此外，依据条例第27条的规定，医务人员违反规定导致接受人因器官移植手术感染疾病的，若构成医疗事故，则依照《医疗事故处理条例》追究责任，其中包括追究刑事责任，即可能构成医疗事故罪。②

---

①　莫洪宪、李颖峰："韩国器官移植法对我国的启示"，载《复旦学报》（社会科学版）2010年第6期。

②　杨丹著：《医疗刑法研究》，中国人民大学出版社2010年版，第292～294页。

《关于规范活体器官移植的若干规定》第10条规定了,“涉嫌犯罪的,移交司法机关查处”,包括摘取未满18周岁公民活体器官用于移植、对不符合要求的捐献人与接受人进行活体器官摘取、移植手术的、未按要求履行查验、评估、说明、确认义务、未经同意擅自开展活体器官摘取、移植手术的、未按规定作术后报告、买卖活体器官或者从事与买卖活体器官有关活动的等行为。笔者认为,该规定以医疗机构和医务人员为规范对象,作为行政规章不能直接规定犯罪和刑罚。而且,因为部分行为(器官买卖)在刑法中没有相应的衔接条款,所以该规定的表述与条例不同,不是实体性的“构成犯罪的,依法追究刑事责任”,而是侧重于程序性的表述“移交司法机关查处”,显示了立法的合宪性和科学性。

2010年通过的《刑法修正案(八)》第37条规定了“组织出卖人体器官罪”作为刑法典第234条之一,成为我国在器官移植领域的首个专门罪名。

2. 香港地区:《人体器官移植条例》

香港于1995年通过了《人体器官移植条例》,此后多次进行了修正,成为器官移植领域的基本法律。该条例界定了相关概念,明确禁止器官交易、设定了在生的人之间的人体器官移植的限制、列举了移植手术以及进口器官应提供资料的要求。

该条例第4条规定了禁止器官交易,违反该规定,摘取在生的人或者死者的器官进行交易的,如属首次定罪,可处第五级罚款及监禁3个月,其后各次定罪,均可处第六级罚款及监禁1年。

该条例第5条规定了在生的人器官移植的限制性规定,违反相关程序的,构成犯罪。即未经书面批准,切除在生的人的身体器官或者植入该器官的,如属首次定罪,可处第五级罚款及监禁3个月,其后各次定罪,均可处第六级罚款及监禁1年。医生未提供相关资料而实施手术的,处第五级罚款。

第5条和第6条中规定了提交与器官移植有关的虚假性或者误导性重要资料的,第7条规定了违反进口器官资料提交要求的,一经定罪,可处第五级罚款及监禁3个月。

3. 澳门地区:《规范人体器官及组织之捐献、摘取及移植》

澳门地区的器官移植法是一个以《规范人体器官及组织之捐献、摘取及移植》(2/96/M)为主体,由第4/96/M号法律、12/98/M号法律、第111/99/M号法律和第7/99/M号法律等共同组成的规范体系。

第2/96/M号法律第16条至第22条详细规定了器官犯罪及其刑事责

任,具体罪名有:摘取尸体器官或者组织而杀人罪、器官或者组织之交易及宣传罪、违法收取捐献报酬罪、不法摘取活体器官或组织及移植罪、不法摘取尸体器官或组织罪、摘取、移植活体或尸体器官或组织失职罪。除了摘取、移植活体或尸体器官或组织失职罪是过失犯罪,仅适用罚金刑以外,其他罪名均可判处徒刑或者罚金,并处下列资格刑之一:撤除公共官职或者职务,禁止从事有关职业1年以上5年以下,封闭未经许可施行移植手术的场所2年以下。

4. 台湾地区:"人体器官移植条例"

台湾地区于1987年通过的"人体器官移植条例"是规范器官移植领域的基本和核心规范,分别规定了活体器官移植和尸体器官移植,确立了器官摘取特殊保障、移植审批、保密、人体器官保存库、人体器官组织细胞输出输入等制度。

该"条例"没有规定罪刑条文,只是在第19条规定了违反本"条例"规定而涉及刑事责任者,依有关规定处理之,即指引至刑法来加以规制。因而有论者认为,在器官移植领域,可能适用台湾地区"刑法"中关于杀人罪、伤害罪、废弛职务酿成伤害罪的规定。①

综上所述,各国(地区)在器官移植领域的立法及刑事规制具有如下特点:

第一,各国(地区)在器官移植领域均进行了专门立法,并且,都将滥用或者不当使用器官移植技术的行为进行了犯罪化。但是,相关罪刑条文,有的规定在器官移植法中(英国、德国、中国香港地区),有的则规定在刑法典中(法国、中国、中国台湾地区)。

第二,各国(地区)划定的器官移植犯罪圈大小不一。通常情况下,器官交易、未经同意摘取器官均作为犯罪处理,但是对于一些违反程序的行为,如未经批准实施器官移植手术、提供虚假资料等,有的立法规定为犯罪(如香港地区),有的立法中则未规定为犯罪(我国大陆)。

第三,器官商业化交易是器官移植领域的核心犯罪。禁止器官交易原则(又称为无偿原则)是器官移植领域的基本原则,除了我国仅追究"组织出卖行为"的刑事责任以外,其他国家(地区)对器官交易的关联行为(包括买卖、中介、组织、帮助等)均作为犯罪处理。并且,多数立法将该罪名规定于器官

① 刘长秋著:《生命科技法比较研究——以器官移植法与人工生殖法为视角》,法律出版社2012年版,第57页。

犯罪的首位(如德国、法国)。

第四,各国(地区)立法对于器官移植犯罪法定刑的规定具有较大的差异。以器官交易罪为例,法定刑的刑种通常包括自由刑和罚金刑,但是,刑量的差距较大:法定刑较轻的有英国和中国香港地区,即经简易程序或者初次定罪的,处3个月以下监禁,单处或者并处五级以下罚金;法定刑居中的有德国、日本等,即处5年以下监禁,单处或者并处罚金(德国未明确数额,日本为500万日元以下);法定刑偏重的有法国,即处7年以下监禁,单处或者并处10万欧元以下罚金。

第二节 人体器官移植技术应用中的相关犯罪及立法对策

滥用器官移植技术涉及多类犯罪行为,各国(地区)刑事立法采取不同的规制模式,有的专门规定为单独罪名,有的解释入已有罪名。下文通过系统整理器官移植犯罪的类型,以我国刑法的解释论为前提进而做出立法论的思考。非法器官交易是器官移植领域最普遍和最核心的问题,通过解析我国刑法新增的"组织出卖人体器官罪",深入论证将器官买卖行为入罪化的立法策略。

一、器官移植技术应用中的犯罪类型

(一)观点概述

对于器官移植领域的相关犯罪,研究者基于各自的立场进行了分类研究。有学者根据器官移植所处的状态是否"合法",区分为"合法"状态下的器官移植犯罪和"非法"状态下的器官移植犯罪。前者是指在机构合法、器官来源合法等前提下,在具体操作过程中由于人为因素而实施的侵害他人利益,具有社会危害性的行为。例如,实施移植手术的医生具有重大过失,严重损害他人身体健康或者致人死亡的。后者是指未取得实施移植手术的资格,非法进行器官移植,情节严重的行为。例如,不具有器官移植许可的医疗机构为了营利,无视病人利益开展移植手术,导致病人死亡等严重后果。① 笔者认为,所谓"合法"和"非法"仅与器官移植的行政监管有关,无法反映出不同类型器官犯

---

① 丁书琴:"关于器官移植活动中涉及的犯罪现象的刑事法律认定",载《中国卫生法制》2006年第5期。

罪的本质和特点,此种分类意义不大。

有学者从器官移植的原则和规则入手,将犯罪区分为违反知情同意原则的器官移植犯罪、违反信息类规则的器官移植犯罪、无资质类器官移植犯罪、商业化的器官移植犯罪和其他。[①] 笔者曾经根据《人体器官移植条例》作了类似地分类,将器官移植犯罪分为侵害知情权和自我决定权的犯罪、监管方面的渎职犯罪、非法实施器官移植手术的犯罪、非法人体器官交易犯罪。[②] 上述分类对应了人体器官移植法的基本制度,能够全面地概括器官移植犯罪的主要类型。

此外,也可以按照本书第四章对尖端医疗犯罪的分类方式,将器官移植领域的犯罪分为反人类的器官移植犯罪(如异种器官移植)、商业化器官犯罪(非法器官交易)和违反正当法律程序的器官移植犯罪(如强制摘取器官)。因异种移植器官尚处于实验研究阶段,故相关犯罪的主要是器官的商业化犯罪和违反器官移植正当法律程序的犯罪。

(二)以所处环节为标准的器官移植犯罪分类

然而,上述分类均是针对器官移植技术的整体来展开研究,忽视了器官移植过程包含了若干环节,各个环节可能涉及不同的伦理和法律问题,分别需要有针对性的刑事规制。

实施器官移植手术的流程,主要包括摘取供体器官、储存和运输离体器官、向受体植入器官三个基本环节。每个环节需要应用不同的尖端医疗技术,引发了各异的刑法理论问题,下面依次论述之。

1.摘取供体器官涉及的刑法问题

摘取器官是引发犯罪最多,涉及理论争议最大的环节,知情同意、供体属性、金钱给付等问题相互交错,既需要证立行为正当化的根据,也需要阐明入罪化的理由。

第一,经供体同意的器官摘取。知情同意是医疗行为的基础,在器官摘取中也不例外。依据供体是在生者还是死者,适用不同的同意规则。[③] 按照德

---

① 刘长秋著:《生命科技犯罪及其刑法应对策略研究》,法律出版社2006年版,第143页以下。

② 杨丹著:《医疗刑法研究》,中国人民大学出版社2010年版,第291~292页。

③ 《人体器官移植条例》第8条第1款规定了在生者捐献的同意规则:完全民事行为能力人以书面形式作出同意,且同意未被撤销;《人体器官移植条例》第8条第2款确立了死者捐献的同意规则,公民生前表示不同意捐献的,任何人不得捐献;公民生前未表示不同意捐献的,该公民死亡后,由家属以书面形式共同表示同意。

日刑法理论通说，具备如下要件摘取活体器官的，不构成犯罪：(1)向供体充分说明了器官摘除可能带来的危险；(2)供体基于真实意愿表示了同意；(3)考量了供体的健康状况，只有在摘取器官不会给供体带来生命危险的情况下才能实施。① 摘取器官往往会损害供体的健康，因而第三个要件实质上通过法益比较来限制同意的范围。至于摘取死者器官的，因不涉及健康法益，只须获得本人生前同意或者死后家属的同意即可。

第二，经供体同意的器官摘取，需要进一步区分是无偿还是有偿。器官捐献无偿原则是国际上通行的器官移植的基本原则之一，在供体作出了同意的前提下，应当进一步考察同意是否以财物或者财产性利益为对价。

关于商业化与知情同意的关系，本书第三章论述了伦理上否定将身体部件(Body Parts)商业化的两条进路，第一条进路认为根本不存在自愿，第二条进路认为虽然存在自愿，但是将人作为金钱可以交换的物品，损害了人的自在目的性，因而同意是无效的。笔者进一步说明了商业化贬损了人的尊严，损害了人自我发展的基础，破坏了公序良俗，因而承诺(同意)是无效的。关于器官交易中供体的承诺，有学者展开了论证。张明楷教授认为，"出卖器官的人，都是在处于困境乃至走投无路的情况下被迫出卖自己的器官，其意志受到了处境的压制，表面上是自主决定，实际上存在自主缺陷"。② 因此，刑法上不承认出卖器官的承诺。熊永明教授解读了活体器官移植合法化的五个条件，认为出卖器官的承诺超越了权利人的处分权限，导致承诺无效。③ 笔者认为，上述论证均不够充分，所谓"走投无路的困境"过于抽象，屡见报端的年轻人为了购买"iPhone"出卖肾脏的报道难以证明其系"走投无路"；关于处分权限的论据存在一定的脱节，糅合了弱化公益救助原则、引发生命和健康风险等因素。因此，笔者坚持认为，供体居于出卖而作出的承诺无效，根本原因在于贬损了人的尊严，正如欧洲理事会《关于生物和医学应用之人权与人性尊严保护公约》第21条所宣示的，"人体及其组成部分不得被作为营利目的之用"。

需要注意的是，虽然主张出卖器官的同意是无效的，但是法律规制的重心不再是摘取器官的伤害行为，而是器官交易行为。因而，以财物或者财产性利

① [日]齐藤诚二著：《刑法中的生命保护》，多贺出版社1989年修订版，第196页。转引自刘明祥："器官移植涉及的刑法问题"，载《中国法学》2001年第6期。

② 张明楷："组织出卖人体器官罪的基本问题"，载《吉林大学社会科学学报》2011年第5期。

③ 熊永明："活体器官移植合法化条件解读"，载《云南大学学报法学报》2009年第5期。

益为对价取得供体同意摘取其器官的，不构成故意伤害罪，以各国刑法为实定法依据，可能构成其他犯罪。

在大多数国家将器官买卖规定为犯罪的立法实践中，该行为符合器官买卖罪的成立要件；在我国，目前只有《人体器官移植条例》规定了买卖器官的行政责任，对于买卖器官的行为，实践中曾经出现过以“非法经营罪”起诉的案例。检方认为，收购人体器官进而转卖的行为，从本质上来说是一种经营行为，而人体器官在我国是禁止买卖的，因此构成非法经营罪；①反对者则认为，非法经营罪是破坏市场经济秩序的犯罪，是对合法经营的破坏，我国并不允许存在人体器官买卖的合法市场，从而也谈不上破坏合法经营。② 笔者同意后种观点，在《刑法修正案（八）》生效以后，该案则符合“组织出卖人体器官罪”的成立要件。如果是单纯器官买卖，依我国现行法律的规定，仅构成违法，若要追究刑事责任，必须通过刑事立法进行犯罪化。按照“非法经营罪”定罪量刑的思路，反映出我国实践中将该罪作为“口袋罪”的现实。然而，该观点将器官视作经营的对象，正是在贬损和消解人的尊严。

第三，未经供体同意的器官摘取。摘取器官未获得供体同意的，不具有正当化的根据。有的国家对此规定了专门罪名。例如，德国《器官移植法》第19条“违反规定摘取器官罪”规定了，未经同意摘取在生者或者死者器官的，处以轻重有别的法定刑；③再如，法国《新刑法典》第511-3条第1款规定了未经同意摘取成年活人器官罪。④ 我国虽然没有规定专门罪名，但是可以通过解释纳入已有罪名的范畴。首先，未经同意摘取在生者器官的，损害了供体的健康法益，构成故意伤害罪自无疑义；其次，未经同意摘取死者器官行为的性质，理论上存在一定的争议。⑤ 笔者通过辨明尸体的性质、考察了社会、死者、亲属的立场，认为未经同意摘取尸体器官的行为符合盗窃、侮辱尸体罪的犯罪

① 丁一鹤：“人体器官买卖第一案”，载《检察风云》2010年第10期。

② 王志祥、张伟珂：“论《刑法修正案（八）》中的人体器官犯罪”，载《山东警察学院学报》2011年第3期。

③ 冯军译：“德国器官移植法”，载冯军主编：《比较刑法研究》，中国人民大学出版社2007年版，第416~417页。

④ 《法国新刑法典》，罗结珍译，中国法制出版社2003年版，第187页。第511-3条第2款规定了，从未成年活人身上或者从受到法定措施保护的承诺活人身上摘取器官的，处以与第1款相同的刑罚。

⑤ 刘明祥：“器官移植涉及的刑法问题”，载《中国法学》2001年第6期。

构成，应当按照盗窃、侮辱尸体罪定罪量刑。[①]

上述观点在《刑法修正案（八）》中获得了确认。《刑法修正案（八）》第37条第2款规定，未经本人同意摘取其器官，或者摘取不满18周岁的人的器官，[②]或者强迫、欺骗他人捐献器官的，依照本法第234条（故意伤害罪——笔者注）、第232条（故意杀人罪——笔者注）的规定定罪处罚。该条第3款规定，违背本人生前意愿摘取其尸体器官，或者本人生前未表示同意，违反国家规定，违背其近亲属意愿摘取其尸体器官的，依照本法第302条（盗窃、侮辱尸体罪——笔者注）的规定定罪处罚。这两款条文属于注意性规定，印证了上述解释论的立场。然而，有学者认为，第37条第2款属于拟制性规定，因为摘取某些器官（如皮肤、血液）不构成伤害、行为人的主观意图是追求器官移植、盗窃或者摘取离体器官未损害健康或者生命。[③] 笔者认为，"拟制说"误读了该条规定的性质，理由如下：其一，界定器官的范围是解读该条规定的前提，前文已经阐明了，本条所称的"器官"不包括未对健康造成严重影响的可再生器官；其二，行为人非法摘取器官，移植只是动机，故意的内容是伤害；其三，从文意上看，摘取、欺骗、强迫捐献的器官都只能解释为在体器官，一旦离体，就超出了本条规范的保护范围，成为器官保存和运输环节涉及的法律问题。

2. 侵害离体器官涉及的刑法问题

器官在被摘除从而脱离供体之后，直至植入受体体内之前，处于过渡性的保存和运输环节，此时称为离体器官。离体器官的保存和运输需要以尖端医疗科技为保障，为了保证器官的有用性，必须尽快植入受体。在这个短暂的过程中，可能涉及的刑法问题是：对于侵害离体器官的行为如盗窃、骗取、毁坏离体器官的，应当如何规制。

问题的核心在于确定离体器官的性质。有学者系统整理了处于不同阶段的器官的法律属性，人体内的器官（摘除前，植入后）是人体的一部分，属于人

---

① 杨丹著：《医疗刑法研究》，中国人民大学出版社2010年版，第293～294页。

② 因为未成年人不具有承诺的能力，即使其做出同意也是无效的，因而不以同意为前提，只要摘取其器官的，同样构成犯罪。法国《新刑法典》也有类似规定，511－3条第2款规定了，从未成年活人身上或者从受到法定措施保护的成年活人身上摘取器官的，处7年监禁并处10万欧元罚金。（《法国新刑法典》，罗结珍译，中国法制出版社2003年版，第187页。）

③ 熊永明："《刑法修正案（八）》第37条的理解与适用"，载《山东警察学院学报》2011年第5期。

格权的保护范畴；离体器官则具有物的属性，应当由物权法加以规制。[①] 有学者专门研究了离体器官和组织的法律属性，认为器官一旦脱离了人格的物质载体，就与民事主体的人格脱离了关系，不再是人格的载体，而是具有了物的属性。同时，器官又是一种特殊的物，其特殊性体现为普遍的生命性、限定的独立性、可利用性和有价值性、不可再生性和易损性，属于法律物格中的最高格，即生命物格，应当予以最高强度的保护，需要对离体器官的转移做出限制。[②]

笔者对此深表赞同。侵占或者损害离体器官的，在物权法上应当承担返还原物或者损害赔偿的责任；[③]同时，基于对离体器官予以更高强度保护的需求，刑法也应当积极介入。侵犯离体器官的行为，适用刑法中侵犯财产罪的相关罪名。例如，盗窃离体器官的，构成盗窃罪；诈骗离体器官的，构成诈骗罪；故意毁坏离体器官的，构成故意毁坏财物罪。上述犯罪通常以数额作为定罪和量刑的标准，离体器官属于不可流通物，无法用数额来衡量，在以上述罪名定罪量刑时，根据情节轻重做出认定。同时，侵害离体器官构成犯罪的，以故意为限，过失侵害的不作为犯罪处理，无须承担刑事责任。

3. 向受体植入器官涉及的刑法问题

向受体植入器官是器官移植手术的最后一个环节（后续还需抗排异反应等治疗行为，但是移植手术本身已经结束），也是决定器官移植成败的关键环节。患者接受移植将获得健康或者生命的利益，只要符合医疗行为的一般特征，即具备医学的适应性、医疗技术的正当性、[④]以及患者的同意，就是正当的。然而，在植入环节可能产生的问题是，若被植入的器官存在瑕疵，损害受体健康或者生命的，如何进行规制，简言之，瑕疵器官植入是否涉及刑法规制。

器官存在瑕疵，主要指供体携带艾滋病等严重传染病病毒，受体在植入该瑕疵器官以后可能遭到感染。有论者结合蒙古、俄罗斯、丹麦等国家的刑法规定，认为各国比较重视利用器官植入传播危险疾病的刑事责任。[⑤] 笔者认为，

---

① 郑奇："器官移植中器官的法律属性和规制的变化"，载《中国医学伦理学》2009 年第 6 期；李云波："人体器官移植的物权法解读"，载《学术论坛》2008 年第 8 期。

② 杨立新、曹艳春："脱离人体的器官或组织的法律属性及其支配规则"，载《中国法学》2006 年第 1 期。

③ 同上。

④ 大谷實：『医療行為と法』、弘文堂、1997 年新版補正版、頁 5～7。

⑤ 熊永明著：《现代生命科技犯罪及其刑法规制》，法律出版社 2012 年版，第 166 页。

瑕疵器官的植入,不排除故意的存在,但是作为医疗领域的尖端技术,医生在实施的过程中更多是因为过失未检测出器官携带危险病毒,或者因过失未及时沟通器官携带危险病毒的信息,导致瑕疵器官被移植入受体体内,台湾地区发生的"艾滋患者器官误植事件"是最好的注脚。[①] 对于医生过失植入瑕疵器官的,若医生具有重大过失,严重损害就诊人身体健康或者造成死亡等重大后果,可以按照我国《刑法》第 335 条规定的医疗事故罪追究刑事责任。

综上所述,结合器官移植手术过程中摘取、保存和运输、植入等不同环节的具体情形,对各环节涉及的特定犯罪问题展开有针对性的研究。除此以外,在器官移植中同样还会发生医疗领域的传统犯罪。例如,未经许可实施移植的非法行医,移植监管中的渎职,泄露患者信息。理论界对上述犯罪的研究已经相当深入,故此处不作赘述。

二、反对商业化是器官移植领域刑事立法的中心

经过对器官移植各个环节作抽丝剥茧的分析,本书阐明了正当的器官摘取是基于供体同意的无偿捐献。笔者结合我国现行刑法规定,运用解释论的方法分析了,未经同意摘取他人器官的,可能构成故意伤害罪、故意杀人罪或者盗窃、侮辱尸体罪;侵害离体器官的,依手段不同分别构成盗窃罪、诈骗罪或者故意毁坏财物罪;植入瑕疵器官的,可能构成医疗事故罪。然而,解释论无法解决器官移植领域最突出的商业化问题,对此必须在立法论的维度展开研究。

(一)问题的提出

在人体器官移植技术已经高度发达的当代,全球普遍性的器官短缺却导致很多患者至死也没能等到需要的器官。我国目前年均器官移植数量仅次于美国,居世界第二,移植患者的 1 年生存率和 5 年生存率等指标已居国际领先水平。[②] 然而,器官来源短缺成为制约我国实施器官移植手术的最大困境和瓶颈。"从 2003 年到 2009 年 8 月,仅有 130 位公民逝世后成功捐献器官。

---

① 案情详情,人民网专题"台湾艾滋器官移植事件震惊各界",资料来源:http://tw.people.com.cn/GB/26741/229760/index.html,最后访问日期:2015 年 4 月 5 日。

② 金振娅:"生命从这里延续",载《光明日报》2015 年 4 月 10 日第 06 版。

2010年至2013年三年的时间内,公民死后捐献器官的数量为1448例。”①2014年,我国实现公民逝世后捐赠案例近1700例,捐赠大器官4548个,超过过去半个世纪公民自愿捐献量总和。自2015年1月1日起,中国器官移植彻底停用死囚器官,公民捐献成为唯一合法来源。2015年1月1日到3月3日,有381人完成捐献,捐献了937个器官,如果算上角膜,可达到1200多个,比往年同比增加一倍以上。② 截至2015年3月31日,全国实现公民逝世后捐献案例3715例,捐献器官9912个。③

极度紧缺的器官资源,严重失衡的供需比,导致了异常活跃的器官交易。“日益增长的器官交易市场,是对穷人的剥削”,④这是很多国家无法回避的现实。2011年纽约公民利维·伊扎克·罗森鲍姆(Levy Izak Rosenbaum)在联邦法庭上供认了帮助进行非法移植肾脏的罪行,被视为美国首例证据确凿的黑市人体器官非法交易案。⑤

伦理学上对器官交易存在广泛争论,美国道德政治哲学家桑德尔教授在其系列著作中以翔实生动的例子进行了全面的介绍和论证。允许器官交易的理由之一是基于自由至上主义的自我所有权观念。然而,功利主义观点则强调挽救生命的道德重要性,但是挽救生命以不危害供体的生命为限;⑥禁止器官交易主要基于公平理由和腐蚀理由。公平理由认为,贫困者选择出售器官并非真正自愿,器官市场的形成造成对贫困者的掠夺,这是不公平的;腐蚀的理由认为,这样的市场将人贬低为、客体化为移植器官的一种集合体,所形成的贬损效应是有害而无利的。⑦

---

① 张流常:“器官捐献的法治化之路黄洁夫:明年起停止死囚器官使用”,载《第一财经日报》2014年12月4日,资料来源:http://www.yicai.com/news/2014/12/4048091.html,最后访问日期:2015年11月20日。

② 张国:“原卫生部副部长黄洁夫:我国器官移植供需比1:150系讹传”,载《中国青年版》2015年3月9日第T03版。

③ 金振娅:“生命从这里延续”,载《光明日报》2015年4月10日第06版。

④ Michigan State University. Growing market for human organs exploits poor, *Science Daily*, www.sciencedaily.com/releases/2012/03/120312114028.htm, last visited 2015-9-24.

⑤ Monir Moniruzzaman, “‘Living Cadaversin’ Bangladesh: Bioviolence in the Human Organ Bazaar”, *Medical Anthropology Quarterly*, 2012, 26(1). p.69.

⑥ [美]迈克尔·桑德尔著:《公正:该如何是好?》,朱慧玲译,中信出版社2012年第2版,第77~78页。

⑦ [美]迈克尔·桑德尔著:《金钱不能买什么:金钱与公正的正面交锋》,邓正来译,中信出版社2012年版,第120页。

最终,反对器官交易的观点成为伦理上的共识,国际伦理规范和大多数国家的器官移植立法都将禁止器官交易原则(无偿原则)作为器官移植的重要原则之一甚至首要原则。1985 年 10 月在比利时举行了第 37 届世界医学大会,参会国签署了《制止人体器官交易宣言》,号召各国政府采取有效措施制止人体器官的商业化利用。1987 年 10 月在西班牙马德里举行的第 39 届世界医学大会确认了该宣言,并被世界卫生组织第 WHO40.13 号决议采纳,认为器官交易"违背了最基本的人类价值观,是对《世界人权宣言》和 WHO 宪章精神的践踏和侵犯"。[①] 2010 年批准的《WHO 人体细胞、组织和器官移植指导原则》第 5 条明确了该原则。英国、德国、日本、中国、中国香港、中国台湾地区等国家(地区)的器官移植立法中,均确认了禁止器官交易原则。

原则需要以具体制度为支撑,禁止器官交易原则最终落实为对器官交易的法律制裁措施,否则,没有制裁的禁止只是一纸空文。法律上的禁止包括民事禁止、行政禁止和刑事禁止,民事禁止仅涉及器官交易行为的民事效力,行政禁止和刑事禁止则体现了国家的管制。因此,问题的实质在于,对于器官交易的制裁是行政处罚足矣,还是需动用刑罚手段。在我国,《人体器官移植条例》仅规定了器官交易的行政责任,《刑法修正案(八)》新增的"组织出卖人体器官罪"仅规制"组织出卖行为"。因此,下面通过比较器官与血液、卵子、精子等组织、细胞的差异,分析器官交易涉及各方行为样态,参考其他国家立法,对器官交易展开整体的研究。

1. 器官[②]与血液、卵子、精子等组织和细胞的差异

人体的任何部分都不能作为营利的来源,包括了器官、血液、卵子、精子等,一律不得作为交易的对象。但是,器官与血液、卵子、精子等在生理属性上存在重要差异:首先,对健康的影响不同。摘除器官会严重地影响供体健康,而提取血液、精子、卵子通常对健康不会造成影响或者影响甚微;其次,器官一旦摘除就不可再生,而血液、卵子、精子等可以通过自然生理过程获得补充。上述差异决定了法律上不同的保护强度,前文已经论证了,对于直接买卖血液、卵子、精子的行为没有犯罪化的必要。但是,器官的重要性决定了其需要获得比行政措施更为有力的保护即刑事保护。

① 申卫星、王琦:"论人体器官捐献与移植的立法原则",载《比较法研究》2005 年第 4 期。

② 如前文所述,医疗刑法中的器官是从狭义上进行界定,仅指人体脏器和眼角膜、视网膜等不可再生组织。

2. 器官交易涉及的各方行为样态

器官的交易过程涉及多方参与,厘清各方的行为性质有助于准确认识其危害性。首先,买和卖是交易的核心。交易最终通过买卖双方的对合行为来实现,供体被摘除器官、收取财物;受体植入器官、支付财物。其次,中介、广告促成了交易。由于信息不对称,买卖双方通常无法直接交易,往往通过中介的居间斡旋和广告的信息发布才能促成交易,因而,中介和广告是促成交易的重要环节。再次,实施移植手术帮助交易实现。由于器官移植手术的高度专业性,只有通过专业人士来实施手术,才能完成交易。最后,组织出卖是器官交易的高级形态。组织者将人、财、物、资源、信息等整合起来,打破了一对一的简单交易模型,更易重复性地、较大规模地完成交易,构成器官交易的高级形态。

在我国现行立法中,仅规定了组织出卖人体器官构成犯罪。《刑法修正案(八)》实施以后,对于刑事上是否制裁“非组织的”(或者称为“直接的”)买卖器官行为,学者有不同的解读。有学者认为,新增加的刑事条款将长期以来远离刑事追究的非法买卖人体器官的行为纳入了规制的范围,是我国器官移植刑事立法的重大突破;①另有学者则认为,《刑法修正案(八)》仅规定“组织出卖人体器官罪”,立法者“理性克服了对供/受体直接交易行为的犯罪化冲动,”换言之,直接交易行为不构成犯罪。② 笔者赞同后者的结论,也相信立法者的选择是有意识地做出的,但是,立法论对于直接器官交易应否犯罪化仍然可以做进一步的研究。

组织出卖的行为固然具有更严重的社会危害性,但是买卖双方的需求才是驱动交易的核心动力,广告横行、中介活跃,器官交易黑市的乱象给公众留下更深刻的印象和更直接的冲击。基于器官的重要性和器官交易的肆虐,立法者有必要通过刑事制裁来有力地确认禁止器官交易的规范的效力。因此,直接器官交易和组织出卖行为在性质上都应当作为犯罪处理,但是,可以在刑罚强度上体现出差别,前者的法定刑应当轻于后者。对此,德国《器官移植法》提供了良好的范例。该法第 18 条第 1 款规定,器官交易的,处 5 年以下自由刑或者罚金;第 2 款则规定了,“职业性实施的”处 1 年以上 5 年以下自由

① 熊永明著:《现代生命科技犯罪及其刑法规制》,法律出版社 2012 年版,第 173 页。

② 董桂文:“人体器官犯罪的刑法规制——对《刑法修正案(八)》第 37 条的分析解读”,载《法律科学》2013 年第 1 期。

刑；但是，对于出卖本人器官者、购买器官供本人移植者，可以免除或降低刑罚。①

3. 比较法的考察

世界上大多数国家及地区都将器官交易规定为犯罪，包括直接交易以及各类关联行为；器官交易罪在各国及地区器官犯罪中处于非常重要的地位，很多国家及地区的立法通常将器官交易罪置于器官类犯罪的首位。例如，法国《新刑法典》、德国《器官移植法》、中国香港地区《人体器官移植条例》等；同时，器官交易罪的法定刑在本类犯罪中也是最重的。

综上所述，器官在生理性质上具有血液等组织细胞不可比拟的重要性，直接器官交易行为具有相当的危害性，比较法的考察进一步说明了将器官交易整体纳入刑事规制的通例。因此，笔者认为，应当将以直接买卖为核心的器官交易行为整体纳入刑事规制的范畴。

（二）交易和捐献的刑事法意义

为了进一步说明器官交易犯罪化的必要性，需要分析器官交易和器官捐献的刑事法意义。器官交易和器官捐献在形式上均存在供体的同意、均会发生损害健康的结果，二者区别仅在于有偿与无偿，伦理上即形成了禁止和鼓励两种截然不同的态度。

伦理学的研究认为，器官作为人格载体所具有的道德重要性，使其不能进入市场被估价。用金钱标定价格反而贬损了“器官”和“行善”的无价性。器官本不该是市场机制调节的对象，商业化会排挤一些重要的非市场的道德规范。② 市场排挤非市场规范的著名实例，是英国社会学家理查德·蒂特马斯（Richard Titmuss）比较英国和美国的血液采集系统所做的一项研究。在20世纪70年代，英国的血液采集全部来自无偿献血，美国则部分来自无偿献血，部分由血液银行从愿意卖血的人那里购买。大量数据表明，英国的血液采集系统比美国运转得好。研究者认为，把血液变成一种市场商品的做法，会侵蚀人们献血的义务感，消减人们的利他精神，破坏作为社会生活的现实特征的“礼物关系”。市场化导致人们的献血意愿减少，甚至影响到献血以外更广阔

① “德国器官移植法”，冯军译，载冯军主编：《比较刑法研究》，中国人民大学出版社2007年版，第415页。

② ［美］迈克尔·桑德尔著：《金钱不能买什么：金钱与公正的正面交锋》，邓正来译，中信出版社2012年版，第121～123页。

的生活领域,因而具有宽泛的道德意义。[①] 器官和血液作为人格载体具有高度相似性,使上述研究同样适用于器官交易市场。器官交易不但不能解决器官短缺的困境,反倒更因市场化导致捐献减少,加重短缺危机,并且对其他社会生活领域带来负面影响。

刑法学的研究以供体的同意的效力为切入点,分别说明交易的犯罪化和捐献的正当化。

首先,器官交易之所以被犯罪化,如前所述,是因为出卖行为贬损了人的尊严,损害了人自我发展的基础,违背了公序良俗,供体的承诺归于无效,器官交易行为应当作为犯罪处理。

其次,器官捐献之所以正当化,主要基于如下理由:第一,供体被摘取器官可能发生重伤的后果,虽然权利人同意放弃的法益通常不能包括身体的重大伤害,但是由于器官移植领域的特殊性,例外地允许捐献者作出重伤的承诺。第二,器官捐献的场合需要保护另一优越的重大利益(生命),允许捐献是生命权和自我决定权的双重实现。第三,捐献的承诺在伦理上是善的、利他的行为,是法律许可和鼓励的行为。例如,我国《人体器官移植条例》第 7 条第 2 款规定,“公民享有捐献或者不捐献其人体器官的权利”。因此,器官捐献在伦理上是善的,供体做出捐献的承诺是其行使权利的合法行为,器官捐献是刑法上的正当行为。

在我国,供体自愿捐献是唯一合法的器官来源,但是,现阶段我国的公民身后器官捐献率仅约百万分之零点六,是世界上器官捐献率最低的国家之一。西班牙的公民身后器官捐献率为百万分之三十七,是中国的近 62 倍。原卫生部部长、现中国人体器官捐献与移植委员会主任黄洁夫在著名医学杂志《柳叶刀》(*the Lancent*)撰文分析了我国器官捐赠率低的主要原因,“一是受传统儒家思想——身体发肤,受之父母,不可毁伤——的影响,导致人们对器官捐献热度不高;二是人们对于器官捐献能否公平公正公开存在担忧。后一种原因是最主要的原因。”因此,完善器官捐赠的法律框架体系,建立与我国社会经济发展同步,符合 WHO 准则的器官捐赠分配系统是实现我国器官捐赠法治化的必由之路。[②]

---

① Richard M. Titmuss. *The Gift Relationship: From Human Blood to Social Policy*, NY: Pantheon, 1971, pp. 223 – 255.

② Jiefu Huang etc., “A Piot Programme of Organ Donation after Cardiac Death in China”, *The Lancet*, 9 March 2012, p. 863.

(三)报酬和必要费用的区分

为了准确认定器官交易的特征,本书使用“报酬”和“必要费用”来分别体现买卖和捐献两类不同的法律关系。

报酬是指供体出卖器官所获得的收益,包括财物和财产性利益;必要费用是指为实施器官移植手术所产生的各类花费,包括医疗费、交通费、误工费、丧葬费等费用。二者在形式上都表现为金钱、财物,等等,本质上却是不同的,前者反映了交易关系,后者体现的则是捐赠关系。因此,必须将二者区分开来,既要防止以必要费用的形式掩盖器官交易犯罪的实质,也要通过积极支付必要费用来鼓励捐献。

很多国家及地区器官移植法中明确界定了二者的概念和范围。例如,中国香港地区《人体器官移植条例》第1条“释义”规定:“在本条例中,除文意另有所指外,‘付款’(payment)[①]指以金钱或有价事物付款,但不包括付款以支付或偿还(a)切除、运送或保存所获提供器官的费用;或(b)任何人因提供其身体器官而招致的任何开支或收入方面的损失。”再如,德国《器官移植法》第17条禁止器官交易规定,“(1)禁止用被确定用于治疗的器官进行交易。该句不适用于1. 提供或者接受为实现治疗目的采取的措施所支付的报酬,[②]特别是为摘取、处理、包括为防止感染采取的措施在内的其他调整、保管和输送器官所支付的报酬”。[③] 此外,英国《器官移植法案》等也作了类似规定。

我国《人体器官移植条例》列举了必要费用的范围,第21条规定,医疗机构实施人体器官移植手术,只能向接受人收取摘取和植入人体器官的手术费,保存和运送人体器官的费用;摘取、植入人体器官所发生的药费、检验费、医用耗材费。[④] 除此以外,医疗机构不得收取或者变相收取所移植人体器官的费

---

① 此处的“付款”即本书所称的“报酬”。

② 本段的“报酬”即本书所称的“必要费用”。

③ “德国器官移植法”,冯军译,载冯军主编:《比较刑法研究》,中国人民大学出版社2007年版,第416页。

④ 本条规定的是医疗机构能够收取的费用。此外,接受人有必要向捐献者支付营养费、误工费等因捐献器官发生的支出或者损失。在广东,对于死后器官捐献,行业领域内的基本共识则是,捐献人在捐献前的治疗期间所发生的抢救费用,移植中心予以补贴欠费部分乃至于全额支付,此外,还支付约3万元作为捐献人丧葬、火化的费用补助。(王道斌:“记者采集74例案例,近八成捐献人家属出于经济考量,超三成迫于经济压力捐献器官”,载《南方都市报》2013年10月21日第AII04~06版。)

用[①]。简言之,费用是指因医疗行为产生的费用,而非购买器官的费用。

综上所述,为了明晰器官商业化犯罪的成立要件,罪刑条文中有必要对报酬作出解释。

三、组织出卖人体器官罪解析

器官交易是器官犯罪刑事规制的中心,现行立法已经规定了"组织出卖人体器官罪"。因此,应当先明确本罪的成立要件,分析"组织出卖"的本质,厘清"组织出卖"与"直接出卖"的界限,才能准确提出"直接"器官交易行为的刑法立法对策。

(一)研究综述

在《刑法修正案(八)》起草和实施的过程中,新增的"组织出卖人体器官罪"成为理论界研究的热点,集聚了相当数量的研究成果。代表性的论文有《刑法修正案(八)器官犯罪规定之解析》(陈家林,《法学论坛》2011 年第 3 期)、《组织出卖人体器官罪的基本问题》(张明楷,《吉林大学社会科学学报》2011 年第 5 期)、《略论我国刑法新增设的器官犯罪》(赵秉志,《法学杂志》2011 年第 9 期)、《刑法中的人体器官犯罪——对〈刑法修正案(八)〉第 37 条的理解》(莫洪宪等,《人民检察》2011 年第 9 期)、《人体器官犯罪的刑法规制——对〈刑法修正案(八)〉第 37 条的分析解读》(董桂文,《法律科学》2013 年第 1 期),等等。

对于器官移植领域的首个罪名,当前的研究均是从解释论的立场展开了条分缕析的解读,主要涉及罪名确定、[②]犯罪归属、构成要件、相似罪名辨析等基本问题。构成要件各个要素的分析是研究的焦点,围绕"人体器官"的范围,被组织的"他人"的范围、人数、意愿,以及"组织出卖"行为的立法意图、性质、内涵等来展开。其中,"组织出卖"是认定本罪最重要的客观要件特征,研究者们均一致地认为,"组织出卖"不是"单纯出卖"。因此,行为人直接将本

---

① 此处的"费用"即本书所界定的"报酬"。

② 我国立法未规定罪名,因此,《刑法修正案(八)》公布以后,理论界对第 37 条第 1 款的罪名展开了讨论,直至《最高人民法院、最高人民检察院关于执行〈中华人民共和国刑法〉确定罪名的补充规定(五)》发布,才正式确定本款罪名为"组织出卖人体器官罪"。

人的器官出卖给他人的,或者单纯购买人体器官的行为,均不构成本罪。[①] 因此,进一步阐明"组织出卖"的本质,有助于划清与单纯交易行为的界限。

(二)"组织出卖"的本质分析

有研究者从语义学的角度分析了"组织"的含义,认为本罪的"组织"作动词用,强调行为的聚合功能,即将分散化的器官交易因素(人或物)通过组织行为的手段加以聚集,从而使器官交易的各种因素(人力资源因素、器官来源因素、配型信息因素等)呈现系统化和整体化,提高器官交易的可能性,促成器官交易顺利实现。简言之,借助组织行为的聚合功能对器官交易起到实质性促进作用。罪状中之所以使用"组织出卖"一词,其立法意图是将组织化的器官交易区分于单纯一对一的买卖器官;在立法技术上,是将总则共犯理论中的"组织行为"通过分则条文的规定定型化为"实行行为",使其本身成为正犯行为,体现了对法益的保护;在具体行为方式上,表现为多元化的招募、雇用、领导、指挥、强迫、引诱、容留,等等,其核心在于有助于发挥各种要素的聚合功能。[②]

笔者认为,上述分析深刻揭示了组织行为的本质,与此对应的,就是一对一、偶发、不存在要素聚合、单纯的、直接的买卖行为。[③] 但是,对于居间的中介是否属于"组织"行为,存在不同的观点。有观点认为,从事人体器官买卖的中介行为,就成立"组织出卖人体器官罪";有观点则认为,单纯介绍他人出卖人体器官,既无拉拢、利诱,也未掌握资源,只是单纯知道供体有出卖的意愿,并将其介绍给有需要的受体,这种行为就只是一种单纯的居间撮合行为,不能成立"组织出卖器官罪"。

笔者同意后一种观点,对于中介行为应当区别对待,为出卖器官提供"一条龙"服务的职业"黑中介",符合"组织出卖"的特征;但是,单纯提供信息促成交易的,不符合"组织出卖"的特征,而是直接买卖器官的帮助行为。下文

---

① 张明楷:"组织出卖人体器官罪的基本问题",载《吉林大学社会科学学报》2011 年第 5 期;董桂文:"人体器官犯罪的刑法规制——对《刑法修正案(八)》第 37 条的分析解读",载《法律科学》2013 年第 1 期。

② 董桂文:"人体器官犯罪的刑法规制——对《刑法修正案(八)》第 37 条的分析解读",载《法律科学》2013 年第 1 期。

③ 有学者称为"单纯的"出卖、购买器官(张明楷:"组织出卖人体器官罪的基本问题",载《吉林大学社会科学学报》2011 年第 5 期);有学者称为"直接的"出卖、购买器官(董桂文:"人体器官犯罪的刑法规制——对《刑法修正案(八)》第 37 条的分析解读",载《法律科学》2013 年第 1 期)。

在设计直接器官买卖的罪刑条文时，明确将单纯的“中介”纳入行为方式之一，通过定型化的立法技术使其成为“实行行为”。

（三）我国处理本罪的实证分析

“组织出卖人体器官罪”是2011年5月1日施行的《刑法修正（八）》新增的罪名，也是我国在尖端医疗领域唯一的专门罪名。对该罪名实施四年半以来的司法状况展开实证研究，发现本罪的实践特点和审判难点。

1. 研究方法和说明

研究以刑事裁判文书为研究对象，以网络检索以主要搜索方式，共获取裁判文书29份，对刑事裁判文书进行甄别、归类和分析。

（1）网络检索的首选和核心途径是中国裁判文书网（http://www.court.gov.cn/zgcpwsw/），数据检索方法如下：进入高级检索，在关键词栏输入“组织出卖人体器官罪”，案件类型栏选择“刑事案件”，判决时间的起点确定为该数据库的最早上传时间“2014年1月1日”，最晚为“2015年11月20日”，获取检索记录59条。其中，因数据匹配策略失效，有28记录与本罪无关，7条记录重复，获取有效记录24条。

将“中国裁判文书网”作为样本来源，具有权威性、全面性、及时性和便捷性。根据最高人民法院于2013年颁布的《关于人民法院在互联网公布裁判文书的规定》，全国法院自2014年1月1日起统一在中国裁判文书网发布生效裁判文书，是官方权威的裁判文书数据库，目前已有28个省、市、自治区实现了辖区内三级法院生效裁判文书全部公开。各级法院制定了工作流程保障上传裁判文书的及时性，互联网提供了最便捷的检索和下载途径。中国裁判文书网将成为法学实证研究的全样本数据来源，其意义之大“超出了许多人的想象”。①

（2）网络检索的次要途径是北大法意网中国裁判文书库

“中国裁判文书网”上传裁判文书的起始时间是2014年1月1日。因此，还需要检索2011年5月1日2013年12月31日的裁判文书。本研究选取北大法易网中国裁判文书库为检索对象，案件类型为“刑事”，检索关键词为“组织出卖人体器官罪”，共检索到记录12条，其中，有8条记录与“中国裁判文书网”重复，有效记录为4条。

---

① 白建军：“大数据对法学研究的些许影响”，载《中外法学》2015年第1期。

2. 案件基本情况

检索的裁判文书分为两类,第一类是一审或者二审的判决书(裁定书),详细地载明了法院认定的案件事实和量刑结果;第二类是刑罚变更(减刑、假释)裁定。这类刑罚变更裁定虽然没有载明案件的事实,但载明了原判决的时间、案号、量刑等,尽管2011年5月1日《刑法修正案(八)》生效,但实践中开始出现本罪判决是在2012年以后。并且,相当多的地区首例案件判决在2013年以后。因此,从2014年1月1日以后上传的刑罚变更裁定中,能够看到减刑(假释)裁定依据的原生效判决的案号和裁判时间,从而获得2014年以前判决的案件信息。表4能够大致反映本罪在实践中发生的总体状况。

表4

案号	裁判时间	被告人人数	主要行为方式	量刑	备注
(2014)鄂江夏刑初字第00127号	2014年8月1日	邓某某等12人	2012年年底至2013年8月间,被告人邓某某、陈某某与"许某"(另案处理)合谋通过给他人进行肾脏移植的方式出卖人体器官,由邓某某负责购买手术器械、药品,并租赁武汉市江夏区私房作为手术室,由陈某某担任主刀医师实施肾脏移植手术。后邓某某又邀约被告人彭某担任麻醉师,被告人姚某担任手术助手,协助被告人陈某某进行手术,由被告人鲁某、耿某担任手术护士,负责手术准备和辅助工作,由被告人张某、黄某、欧某通过互联网介绍联络"供体"和"受体"进行手术,由被告人朱某租用车辆接送人员,由被告人边某、潘某对手术后的"供体"进行看护	邓某某:有期徒刑7年,并处罚金人民币10万元;陈某某:有期徒刑6年,并处罚金人民币8万元;其余10人判处有期徒刑1年2个月至2年2个月不等,并处罚金1万元至3万元不等	湖北首例

续表

案号	裁判时间	被告人人数	主要行为方式	量刑	备注
(2013)雁刑初字第00439号	2014年5月19日	王某甲	2009年11月,王某甲通过互联网为需要进行肾移植手术的范某某找到提供肾脏的“供体”,伪造“供体”户籍证明、身份证明和户口本,在公证处进行近亲属捐献公证。范某某在陕西省人民医院成功完成肾移植手术,王某甲得赃款2万元;2011年10月,王某甲通过网络找到供体,带到山东济南进行移植,得赃款2万元	有期徒刑2年,并处罚金5万元	陕西首例
不详	2012年4月20日	苏伟杰	2010年初,苏伟杰跟上了实力较强的上线——为病患和医院之间“搭桥”的中介人阿健(另案处理),并跟随他来到江苏南京。苏伟杰专门负责帮阿健寻找、供养卖肾者。其中所有开销、费用由阿健负责,苏伟杰则在每次阿健交易成功后,收取2万元左右的辛苦费。在此期间,苏伟杰联系到了十几个供体,由阿健成功组织了七八例“移植交易”,苏伟杰从中获利十几万元	有期徒刑4年,并处罚金10万元	江苏首例

续表

案号	裁判时间	被告人人数	主要行为方式	量刑	备注
(2013)杭江刑初字第74号	2013年4月23日	吕某等9人	自2011年11月起,吕某为牟利在互联网上发布长期收购肾源的信息,招募供体,先后在杭州市江干区租赁房屋集中供养供体,通过安排体检、配型、肾脏摘除等手术,至2012年5月28日案发时,已组织10余名供体摘除肾脏并出卖,并查获招募至出租房内等待出售肾脏的供体20余人。吕某获利16万余元。沈某、向某某等人先后参与其中,分别为吕某招募、管理供体,跟随手术,接送供体等	吕某:有期徒刑10年,并处罚金10万元;沈某:有期徒刑5年6个月,并处罚金5万5千元;向府成:有期徒刑4年9个月,并处罚金5万元;白某等6人被认定为从犯,处1年至2年6个月不等的有期徒刑,并处3千至2万5千元不等的罚金	浙江首例
(2014)一中刑终字第2489号	2014年8月20日	郑某等人	2009年年底至2010年年初,被告人郑某与北京304医院泌尿外科主任叶某接洽,确定由304医院作为其所提供他人已摘除肾脏的移植手术实施地点。同年3月,郑某与周某达成组织出卖器官的合意。同年4月至8月,周某承租了徐州市某社区卫生服务中心,非法实施人体肾脏摘除手术数十例,由郑某将摘除后的肾脏送往北京304医院实施了移植手术。在此期间,招募被告人赵某作为肾脏摘除手术的主刀医师,被告人赵某邀约被告人	郑某:有期徒刑12年,罚金200万元;周某:有期徒刑9年,罚金50万元;赵某:有期徒刑7年6个月,罚金15万元;李某某等另12人:判处3年6个月至7年6个月不等的有期徒刑,并处1万至15万元不等的罚金	特大案件

续表

案号	裁判时间	被告人人数	主要行为方式	量刑	备注
			杨某某参与实施肾脏摘除手术，被告人杨某某召集单位同事赵某（江苏籍，另案处理）作为麻醉师，协助完成手术；被告人郑某招募被告人支有光负责供体的术后护理工作。2010 年 9 月至 12 月，被告人郑某承租北京市海淀区某住宅作为非法实施人体肾脏摘除手术的地点，实施人体肾脏拆除手术 22 例，由被告人郑某将摘除后的肾脏送往北京 304 医院，实施了肾脏移植手术。除了以上人员以外，另招募了王某某、王某某在此从事供体手术前后的护理工作		
（2012）泰刑初字第 0352 号	2012 年 12 月 20 日	王某某等 4 人	2011 年 9 月至 2012 年 2 月期间，被告人王某某纠集被告人刘某、孙某某、李某某至泰兴市黄桥镇等地，组织他人出卖活体肾脏。被告人刘某、孙某某主要利用互联网发布收购肾源广告以招揽供体，被告人李某某主要负责收取供体的手机和身份证、管理供体、为供体提供食宿、安排供体体检及抽取配型血样等，被告人王某某主要负责联系受体中介将活体肾脏卖出。四名被告人先后组织朱某某、徐某、钟某某、杨某某等多名供体出卖活体肾脏，同时“圈养”供体钟某某、杨某某直至案发	王某某：有期徒刑 5 年，并处罚金 4 万元；刘某：有期徒刑 3 年，并处罚金 2 万 5 千元；孙某某：有期徒刑 2 年 10 个月，并处罚金 2 万 2 千元；李某某：有期徒刑 2 年 6 个月，并处罚金 2 万元	

续表

案号	裁判时间	被告人人数	主要行为方式	量刑	备注
(2012)鄱刑初字第235号	2013年1月7日	邓某某等4人	2012年4月,邓某某通过互联网与李某昌取得了联系并提议共同做“圈养供体”卖肾的生意,联系了被告人张某红出资一万元一起做。2012年6月30日,邓某某与李某昌两人在鄱阳县租了一套民房用于集中供养供体。之后,邓某某、李某昌通过他人介绍或网上直接联系等方式,陆续招揽到任某、王某、程某等十几名供体来鄱阳供养在租用的民房中,由张某红负责看管并照料“供体”的日常生活。邓某某、李某昌先后安排了任某、王某等十几人到医院做了身体检查及抽血采样,由邓某某将抽取的血样送到湖南长沙给“王博士”做供体配型。在湖南期间,邓某某因缺少资金又电话联系了被告人李某发一起参与,李某发先后给了邓某某7000元钱用于组织出卖人体器官活动	邓某某:有期徒刑4年,并处罚金1万元;李某昌:有期徒刑2年,并处罚金5千元;周某红:有期徒刑2年,并处罚金5千元;李某发:有期徒刑6个月,并处罚金2000元	在公安部统一协调指挥,18个涉案地公安机关采取集中统一行动中,被查获

续表

案号	裁判时间	被告人人数	主要行为方式	量刑	备注
(2013)裕刑初字第00118号	2014年1月17日	朱某等17人	2012年3月,朱某与石家庄市某医院院长于某商定在该院手术室非法进行肾移植手术,由朱某提供手术医疗器械及药品,联系手术主刀医生,预交20万元作为医疗合作金,每做一台手术给该院4万元费用,该医院负责提供手术室、医生助手及麻醉师、护士以及卖肾者术后的康复治疗。2012年3月至7月,朱某伙同其他人联系肾源和买主,通过相应检查合格后,由医生中介鄂某等人联系手术主刀医生刘某等人,再由于某安排在石家庄市某医院手术,先后非法进行肾移植手术10台,非法获利250余万元	有期徒刑9年,并处罚金50万元	
(2014)漳刑终字第86号	2014年6月23日	李某某等9人	2010年3月至2012年3月5日间,李某某、张某某等雇请他人通过在互联网上发布收买人体肾脏的信息,以每只肾脏4万元价格与供体(卖肾者)谈妥后,在出租房内对供体进行集中管理,并组织体检,将体检信息交给谢庆祥(已判决),由谢某某对供体与受体的体检信息进行对比配型,配型成功后,谢某某让受体往其指定银行账号汇入7万~7.5万元的中介费和4.5万元的手	李某某:有期徒刑5年,并处罚金20万元;张某某:有期徒刑5年,并处罚金20万元;丁某某:有期徒刑5年,并处罚金20万元;其余6人判处1年9个月至3年不等有期徒刑,并	同案犯谢某另案处理,判处有期徒刑1年,缓刑1年6个月,

续表

案号	裁判时间	被告人人数	主要行为方式	量刑	备注
(2014)漳刑终字第86号	2014年6月23日	李某某等9人	术费,后组织被告人丁某某、黄某甲、何某甲等医生对供体、受体进行肾脏移植手术。被告人曾某某负责接送供体,并提供协议书给供体签协议,被告人陈某甲负责接送受体并管理,实施肾脏移植手术达19例,"圈养"供体20余名	处1万至3万元不等罚金。有两人获缓刑	并处罚金5000元。(2014)龙刑初字第389号
不详	2013年6月	徐某等2人	2012年4月、5月,徐某为牟取非法利益,通过互联网等形式散布出售人体肾脏信息,联系到肾病患者刘某,商定以26万元的价格向其出售一个人体肾脏,并在同年6月、7月先后3次收取其订金8万元。后徐某在联络肾脏供体与刘某的过程中被公安人员抓获。2012年7月中下旬,曹某(另案处理)带领两名肾脏供体到广州意图进行非法肾脏交易,徐某向曹某介绍医生以让肾脏供体和患者进行体检,后曹某于同月25日被公安人员抓获	有期徒刑1年6个月,缓刑2年,并处罚金5000元	同案犯曹某另案处理

续表

案号	裁判时间	被告人人数	主要行为方式	量刑	备注
(2013)易刑一初字第42号	2013年10月28日	靳某某等2人	刑罚变更裁定未载明案件事实	靳某某:有期徒刑2年,并处罚金5万元;刘某某:有期徒刑1年10个月,并处罚金人民币5万元	(2015)保刑执字第1130号;(2015)保刑执字第1100号
(2013)东中法刑二终字第115号	2013年3月26日	陈某某等2人	刑罚变更裁定未载明案件事实	周某某:有期徒刑10年,剥夺政治权利1年,并处罚金人民币50万元;陈某某:有期徒刑3年,并处罚金人民币6万元	(2015)佛中法刑执字第1680号;(2014)韶中法刑执字第6788号

续表

案号	裁判时间	被告人人数	主要行为方式	量刑	备注
(2012)槐刑初字第23号	2012年8月24日	傅某某	刑罚变更裁定未载明案件事实	有期徒刑3年	(2014)济刑执字第1824号
(2012)槐刑初字第217号	2012年11月21日	张某某	刑罚变更裁定未载明案件事实	有期徒刑1年10个月	(2015)济刑执字第225号
(2013)嘉南刑初字第215号	2013年6月21日	杜某某	刑罚变更裁定未载明案件事实	有期徒刑2年6个月,并处罚金人民币2万元	(2014)浙湖刑执字第2401号(假释)

续表

案号	裁判时间	被告人人数	主要行为方式	量刑	备注
(2014)聊刑一终字第27号	2014年7月7日	黄某某等2人	刑罚变更裁定未载明案件事实	黄某某：有期徒刑2年10个月，并处罚金人民币8000元。吴某某：有期徒刑2年10个月，并处罚金人民币8000元	(2015)聊刑执字第626号；(2015)聊刑执字第611号
(2013)临兰刑初字第217号刑事判决	2013年5月4日	张某某等4人	刑罚变更裁定未载明案件事实	张某某：有期徒刑3年，并处罚金5万元；李某某：有期徒刑3年，并处罚金4万元；周某某：有期徒刑2年，并处罚金2万元；丁某某：有期徒刑2年；	(2015)临刑执字第229号；(2015)临刑执字第288号；(2014)临中法刑执字第568号；(2014)临中法刑执字第302号

续表

案号	裁判时间	被告人人数	主要行为方式	量刑	备注
(2013)桂市刑一终字第43号	2013年3月28日	蒋某某等2人	刑罚变更裁定未载明案件事实	蒋某某:有期徒刑6年,并处罚金2万元;张韦义:有期徒刑3年6个月,并处罚金1万元	(2015)柳市中刑执字第5117号;(2015)柳市中刑执字第940号
(2013)宁刑终字第129号	2013年11月5日	秦某某	刑罚变更裁定未载明案件事实	有期徒刑1年,并处罚金1万元	(2014)锡刑执字第03540号
(2011)临刑初字第375号	2012年1月6日	李某某	刑罚变更裁定未载明案件事实	有期徒刑5年,并处罚金3万元	(2014)淄刑执字第2075号

(1)实践特点

在表4中,刑事裁判载明案件事实和证据的案件有10宗;在19份变更刑罚裁定中,有2份裁定有对应的原判决书,故纳入统计的刑罚变更裁定是17份,其中,有以同一案件同一原判决为依据针对同案犯做出数份变更裁定,所以实际对应的案件是10宗。因此,检索和收集到的“组织出卖人体器官罪”

案件数量共计20宗。根据裁判文书载明的案件事实,本罪在实践中具有如下特点:①具有极其严重的社会危害性。所有案件非法出卖的器官均是肾脏,这与肾病患者人数多需求大,肾脏移植手术成熟有关,因摘取器官对供体健康造成的危害是重大的。涉案的器官数量多。例如,北京郑某案出卖的肾脏高达51枚,漳州李某某案非法出卖的肾脏有19枚,而且,多个案件中有数名甚至数十名供体被“圈养”。②跨区域流动性明显。为了将出卖的肾脏符合配型要求,多数案件流动作案跨越数个省份甚至跨越国境。例如,江西鄱阳邓某某案是公安部在打击跨越18个省份的非法出卖人体器官网络的过程中被发现的。③以多人共同犯罪为主,行为人之间有明确分工,形成了严密的利益链条。本类案件大部分是数人共同犯罪,统计范围内同案被告人人数最多的是北京郑某案和石家庄朱某案,被告人均多达17人。犯罪大多数是分工明确的规模化运作,主要包括招募供体、带领供体体检配型、圈养供体、寻找受体、安排(实施)手术等环节,形成了“一条龙式”运作。④互联网成为犯罪实施的重要平台和工具。组织出卖器官最重要的两环节——招募供体和寻找符合配型的受体,都是通过QQ群和相关网站发布消息。⑤对医疗机构的监管缺位,有医务人员参与实施犯罪。在统计范围内,部分器官的摘取、所有器官的植入都是在正规医院实施的。例如,西安王某甲案在陕西省人民医院实施,北京郑某案在北京304医院实施,反映出医疗机构的伦理审查和监管的缺位和乏力。在部分案件中,医务人员领导或者参与了组织出卖器官的行为,主要是外科医生、麻醉医生、护理人员卷入其中。⑥部分供体加入了犯罪的行列。被摘取器官的供体原本是犯罪的受害人,但是,在本类案件中,出现了较明显的被害人向犯罪人转化的趋向。例如,杭州吕某案、武汉邓某某案中,部分被告人先是被招募为供体,在出卖了本人的器官以后,受到金钱的诱惑,参与到组织出卖器官的犯罪中。在上述案例中,法院将被告人作为供体参与的案件排除在对其定罪的事实之外。但是,在南京苏某某案中,苏某某原本计划出卖自己的肾脏,但看到其他供体在切除一个肾脏以后健康受损的状况,遂放弃出卖其肾脏的打算。

(2)实务难点

在司法实践中,本罪的认定主要有两大难点:

第一,证据获取难。首先,大部分案件被查获是由于供体向警方举报,供体举报的主要原因在于其与受体或者组织出卖者发生了经济纠纷,否则,网络的隐匿性导致警方难以主动发现犯罪。其次,供体通常假冒患者亲属的身份以“捐献”为名实为出卖，从医院留存的病历资料中难以查证到供体的真实身份，使警方无法找到供体进行取证。最后，一些购买器官的患者或患者亲属出于种种考虑，不愿意配合侦查机关的调查取证。

第二，“组织”行为认定难。本罪处罚的是出卖人体器官的“组织”行为，如何界定组织行为、厘清组织行为与一般中介行为、是否需要区分某些帮助行为是“组织”的帮助还是“出卖”的帮助，影响到案件的准确定性。例如，在西安王某甲案中，辩护人认为，组织出卖人体器官罪中的“组织”是指行为人发起、建立器官买卖交易的中介机构和场所，并且将这种买卖行为进行交易和控制。法院则认为，组织出卖人体器官罪，是指以领导、策划、指挥、招募、雇用、控制等方式，组织他人出卖人体器官的行为，并非只有通过成立一个严密的组织机构来实施才构成本罪，有时需要“供体中”、“受体中介”等黑市中介的相互配合，通过一种松散的组织形式来实施，被告人只要参与上述环节，就构成该罪。[①] 笔者认为，本案中，王某甲提供信息促成器官买卖的行为，是否符合刑法中“组织”的含义，值得商榷。类似地，广州番禺徐某案的定性也存在同样的问题。

3. 启示

对组织出卖人体器官罪刑事裁判文书展开实证研究，发现了实践中此类行为的严重危害性，证立了将该类行为入罪化的必要性，确证了人体器官不可买卖性是重要的、需要刑法保护的法益。通过总结组织出卖人体器官罪的实践特点，说明了净化网络、强化医疗机构监管和伦理审查、宣传摘除器官对健康的影响，都是有效的预防犯罪的手段。为了克服刑事司法实务中的难点问题，必须加强司法机关的证据能力，在刑法教义学上对“组织”作出精致地解读。

四、“直接”人体器官买卖的罪刑条文

通过解释论的研究，器官移植领域的大多数犯罪可以通过现有刑法规定得以有效规制。立法论的中心是器官交易犯罪，在《刑法修正案（八）》已经规定了“组织出卖人体器官罪”的情况下，立法只需增补直接器官交易行为的罪刑条文，需要论证犯罪数量、罪名、罪状、法定刑等要素。

---

① 陕西省西安市雁塔区人民法院作出的（2013）雁刑初字第00439号刑事判决书。

(一)犯罪数量

所谓犯罪数量,就是指在器官交易领域需要制定多少个罪名。有论者提出了数量庞大的解决方案,认为需要增设"非法购买人体器官罪"、"非法组织人体器官交易罪"、"非法销售人体器官罪"、"强迫出卖人体器官罪"、"非法持有器官罪"、"为非法人体器官交易提供便利罪"等。①

笔者认为,上述设想过于庞杂,不符合刑事立法化类型化的原则。以刑法体系的和谐和完整为出发点,制定一个犯罪足以规制各类器官交易行为。

(二)罪名确定

罪名的确定需要遵循合法性、科学性和简明性原则,前文为了论述的方便,将与"组织出卖"相对应的交易称为"直接的"或者"单纯的"交易,但是,这样的表述显然不宜作为罪名。笔者认为,罪名可以确定为"出卖、购买人体器官罪",理由如下:其一,"购买"和"出卖"非常明确具体,体现了器官商业化的本质,亦不至于如"交易"那般空泛。其二,"出卖"体现了与"组织出卖"不同的规制重心,有利于两罪的区分。其三,两罪均使用"出卖"一词,能够保持规范用语一致。

(三)罪状表述

罪刑条文的核心是罪状,如前分析,器官买卖中涉及多方参与的关联行为,除了卖和买的核心行为以外,还有中介、广告、手术等行为的参与。尽管这些关联行为可以通过共犯理论得到一定的规制,②但是,由于关联行为普遍存在于器官买卖中,具有重要的诱导和促成作用,因而有必要在罪状中予以明确的表述,从而将帮助等共犯行为予以正犯化,既有利于司法实践的认定,也更能够发挥刑事规范的引导作用。

英国、中国香港地区、韩国关于非法器官交易罪的规定提供了可资借鉴的范例。以韩国《器官移植法》为例,该法第 6 条第 1 款规定:"任何人不得给付、收受或者约定给付、收受金钱、财产性利益以及其他反对给付而实施下列各项规定的行为。1. 将他人的器官提供给第三者或者为了提供给第三者而收受的行为,或者对此做出约定的行为。2. 将自己的器官提供给第三者,或者为了给自己移植他人的器官而收受的行为,或者对此做出约定的行为。3. 教唆、斡旋、帮助第 1 项以及第 2 项行为的行为。"第 6 条第 2 款规定:"任何人不得

---

① 刘俊森等:"非法人体器官交易的刑事立法研究",载《医学与哲学》2006 年第 1 期。

② 杨丹著:《医疗刑法研究》,中国人民大学出版社 2010 年版,第 297 页。

教唆、斡旋、帮助违反第 1 款第 1 项以及第 2 项的行为。"第 6 条第 3 款规定："当知道存在违反第 1 款或者第 2 款规定的行为时，任何人不得摘取或移植与这些行为相关的器官。"该条力图网罗与器官买卖关联的一切行为类型，包括买卖、约定、居间、教唆、帮助、手术，等等。①

（四）法定刑配置

笔者认为，有必要对出卖、购买器官进行刑事规制，但是，应当作轻罪化处理。买方和卖方基于经济、健康等因素进行交易，有一定的可宽宥之处。第一，在主刑的轻重上，可以通过比较得出一个合理的范围。首先，与故意伤害罪相比较。尽管同样造成伤害的后果，但是因为对法益的处分权也属于法益的内容，既然出卖人承诺处分其法益，就表明了法益的侵害减少，违法性也相应减少，所以各国器官交易犯罪的法定刑普遍轻于故意伤害罪。② 其次，与"组织出卖人体器官罪"相比较。组织出卖行为的危害性远远大于单纯交易，因此，本罪的法定刑应当轻于组织出卖人体器官罪。第二，从刑种上看，本罪是牟利型犯罪，通常配置罚金刑。第三，广告等关联行为的危害性并不低于买和卖的核心行为，应当配置相同的法定刑。

综上所述，设计罪刑条文如下：

[出卖、购买人体器官罪]

违反人体器官移植的规定，出卖人体器官，收受报酬的，或者购买人体器官，支付报酬的，处三年以下有期徒刑，并处罚金。

为出卖、购买人体器官提供中介服务的，或者发布出卖、购买人体器官广告的，依照前款的规定处罚。

明知是买卖的人体器官，而实施移植手术的，依照第一款的规定处罚。

本条所称报酬，是指以器官为标的而收受或者支付的财物，但不包括因实施移植手术而发生的必要费用。

---

① 莫洪宪、李颖峰："韩国器官移植法对我国的启示"，载《复旦学报》（社会科学版）2010 年第 5 期。

② 张明楷："组织出卖人体器官罪的基本问题"，载《吉林大学社会科学学报》2011 年第 5 期。

第九章　变性手术的规制及正当性分析

性别,既是自然的生成,又包括文化和社会的心理塑造,在现代法律体系中与很多重要制度紧密关联。改变性别的外科手术极其精细和复杂,代表了一国整形外科的最高水平,因涉及伦理、法律、社会、宗教、婚姻、家庭等诸多领域,又被誉为“变性工程”。本节首先介绍变性手术及其面临的医学问题,整理各国关于变性的立法及主要规范;其次,针对变性手术本身,先从伦理、宪法的角度入手,再落脚于刑法是否构成伤害罪的讨论,论证刑法无须介入该类尖端医疗技术。

第一节　变性手术的应用及其规制状况

一、变性手术概述

(一)性别、性别认同障碍和变性手术

性别包括生物学上的性别和心理学上的性别。生物学上的性别又称为性征(Sexual Identity),主要以染色体为判定依据,还包括外生殖器、性腺、性荷尔蒙、第二性征等因素;心理学上的性别又称为社会性别,是指性的自我认同(Gender Identity),即个体对本人所属性别主观的自我概念。[1] 通常情况下,生物性

---

① 张滨主编:《性医学》,广东教育出版社2008年版,第5页。

别和社会性别是一致的，但是，当个体对本人性别的认同与其生物学性别发生偏差时，即产生了性别认同障碍（Gender Identity Disorder）。

性别认同障碍，我国称为“易性癖病”（《变性手术技术管理规范（试行）》），是指期望作为异性生活并被人们接受，通常伴有对自己生物性别的不适感和不恰当感，期满通过治疗使自己的身体尽可能和所偏爱的性别一致。[①] 日本《性同一性障碍者性别特例法》（同一性障害者の性別の取及ぃの特例に関する法律）将该病称为“性同一性障碍”，该法第 2 条作出了明确定义，即“不论生物学的性别是否明确，但在心理层面持续相信其为不同性别”。

关于性别认同障碍产生的原因至今尚无定论，一般认为可能的病因包括遗传、激素水平、家庭因素、社会环境，等等。[②] 通常的治疗方法有心理治疗、激素治疗和外科手术治疗。20 世纪 70 年代以后，医学界逐渐达成共识，若确诊为易性癖病患者，实施变性手术是能够让患者消除性别认同障碍的唯一方法。[③]

变性手术，根据我国《变性手术技术管理规范（试行）》的界定，是指通过整形外科手段（组织移植和器官再造），使易性癖病患者的生理性别与其心理性别相符，即切除其原有的性器官，重建新性别的体表性器官和第二性征。

（二）变性涉及的核心医学问题

变性手术切除患者的健康器官，导致其丧失生育能力，而且这种后果是不可逆转的，因此作出变性的医疗选择必须非常严谨和审慎。在医学层面准确诊断病症、评估手术适应症、评估术后效果等，是保障变性手术正当性的基本要素。

首先，诊断标准。确诊为易性癖病是实施手术的基本前提，是长期跟踪患者作出的心理和生理的复杂诊断。国际上目前主要通行的是美国精神病学会精神障碍诊断与统计手册（Diagnostic and Statistical Manual of Mental Disorders-DSM）第四版（DSM—IV）的诊断标准：（1）患者具有强烈而持久的相反性别认同；（2）相反性别认同的产生并未因为认为另一种性别可以获得更多的文化上优势；（3）持久地对自己的性别感到不舒服，或感到自己的性别角色不适当；（4）身体不是同时存在雌雄同体；（5）障碍引起具有临床意义的苦恼，或者社

---

① 张滨主编：《性医学》，广东教育出版社 2008 年版，第 444 页。

② 刘泰一：“性别认同疾患‘正身’初探”，载《谘商与辅导》第 230 期（2005 年 2 月）。

③ 熊永明著：《现代生命科技犯罪及其刑法规制》，法律出版社 2012 年版，第 207 页。

交、职业或其他重要功能的损害。[①] 国际疾病分类第十版(UCD—10)则分别针对成人、男孩、女孩确立了不同的诊断标准。例如,确诊成人的标准包括心理、时间和排除要素三个方面:(1)期望作为异性生活并被别人所接受,常常伴有想以外科手术或者激素治疗而使自己的身体尽可能与所认同的性别一致的愿望;(2)转换性别的心理持续存在至少两年;(3)不是其他精神障碍,如精神分裂症的症状,也未伴有染色体异常。在我国,中国精神障碍分类与诊断标准第三版(CCMD—3)确立的诊断标准与 UCD—10 基本一致。[②]

其次,手术的条件。在确诊的前提下,实施手术应当具备手术适应证和其他相关要素。手术适应证是纯粹医学的考量,国际性焦虑协会(HBIGDA)推荐的手术适应证包括:(1)法定年龄的成年病人;(2)曾经连续接受激素治疗一年以上;(3)对自己的解剖生理性别感到不适应,并连续以异性身份在社会上成功地生活了一年以上;(4)如果心理医生要求,病人可以接受病人和心理医生共同参与的贯穿于整个真实社会生活的精神治疗,但这种精神治疗并不是手术的前提;(5)充分了解和认同手术的费用、住院时间、术后并发症;(6)由多学科医生共同讨论并达成共识。除了医学上的手术适应证以外,还须考虑社会、家庭、管制等原因。例如,父母或者家人同意、婚姻状态、提交户籍证明,这些条件通常以行政命令和法律的方式加以规定。[③]

最后,手术的效果。变性手术根本的益处在于满足患者的性别认同,副作用则包括不能改变患者的荷尔蒙水平,不能再造内生殖器官,不能具备生殖能力。因此,对于患者在手术后生活质量进行流行病学的调查,能够说明变性手术在医学上的必要性,进行证明其伦理上的正当性。我国目前尚未见到相关的统计数据,国外则有较为丰富的调查可供佐证。例如,德国在《变性人法》(Transsexuellengesetz-TSG)施行 10 周年之际,由 Weitze 等研究者以流行病学的方法展开了较大规模的经验研究,调查《变性人法》的实施状况。调查显

---

① American Psychiatry Association,《DSM-IV 精神疾病诊断准则手册》,孔繁钟、孔繁锦译,台湾合记图书出版社 1996 年版,第 120 页。

② 张滨主编:《性医学》,广东教育出版社 2008 年版,第 447 ~ 448 页。

③ 各个国家规定的要素是不同的。例如,德国最初制定的《变性人法》(Transsexuellengesetz-TSG)规定,申请手术须符合年满二十五周岁以上、没有婚姻关系两项条件,但是,联邦宪法法院宣告这两项条件违宪。此后,《变性人法》进行修改,删除了这两个要素的规定。张永明:“德国变性人法案与著名宪法裁判简介”,载《台湾法学》第 118 期(2008 年 12 月)。我国《变性手术技术管理规范(试行)》规定的条件包括,患者年龄在 20 岁以上、未在婚姻状态,且须提交无在案犯罪记录和家属的证明。

示,从1981年至1990年10年间,德国法院一共裁定了733件实施变性手术的申请,申请裁定率为每10万德国人中提起申请的为2.4件,被法院驳回的占10.9%;术后效果的调查显示,只有一位变性者对实施变性手术感到后悔,其余人均表示生活质量得到改善。① 小规模的调查有,Zielinski报道了位于Lodz的SRS中心从1983年到1997年诊断的252例女性易性癖病,其中209例进行了变性手术,从整体上看,69.8%的病人手术结果良好。Barrett和Kuipe对40例实施了变性手术的人进行随访,97%的病人对术后外观表示满意。Rakic等研究者对32例术后患者随访6个月到4年,调查他们对生活的态度、与他人关系、生活情况和工作情况等,结果显示病人的术后生活质量均得到了明显改善。②

二、各国规制状况

对于变性人的规制,仅有少数国家在法律的层面专门作出规定。例如,瑞典、德国、日本、荷兰。其余则通过行业规章、行政命令等方式予以规制,或者在刑法、出生登记法、反歧视法等其他部门法中有所涉及。下文简要介绍英国、德国、美国、日本、中国的立法状况。

(一)英国:《性别承认法案》(Gender Recognition Act 2004)

欧洲人权法院自1990年受理Van Oosterwijck v. Belgium开始,审理了一系列变性人提起的诉讼,对变性人的态度经历了从不承认到承认、从不保护到保护的转变。欧洲人权委员会的报告和人权法院的判决,推动欧盟成员国制定了保护变性人权利的国内立法。③ 2002年7月11日,欧洲人权法院对Christine Goodwin v. United Kingdom一案做出判决,依据《欧洲人权公约》第8条和第12条判决变性人胜诉。该判决是保护变性人的权利的首份判决,具有历史转折的意义,直接促进了英国《性别承认法案》的制定。

英国于2004年通过了《性别承认法案》,该法案共计29条,其中,第1条至第9条规定了申请性别确认证明的条件、资料、机构等,第10条至第22条

---

① Weitze C., Osburg S., "Transsexualism in Germany: Empirical Data on Epidemiology and Application of the Germany Transsexual's Act during its First Ten Years", *Archives of Sexual Behavior*, 23(4), Aug. 1996.

② 张滨主编:《性医学》,广东教育出版社2008年版,第454页。

③ 关于欧洲人权法院审理变性人诉讼系列案件的详情,刘燕:"性别变更的法律问题研究",复旦大学2010年博士学位论文,第11~17页。

规定了变性人的权利，包括婚姻、亲子关系、社会保障、不受歧视、继承、爵位、信托和遗嘱代理、运动、外国人、隐私，等等。第23条至第29条规定了修改法律的权力、生效时间、过渡期的适用、条例和规则、效力范围、短标题，等等。其中，涉及犯罪的是第20条"性别特定犯罪"(Gender-specific Offence)，该条规定了后天的性别(Acquired gender)①不能阻却特定犯罪的实施和预谋，界定了"性别特定犯罪"的要件：行为人是特定的性别或者行为对象是特定的性别(或二者兼具)，犯罪行为与被告人实施的性行为有关。

(二)德国：《特别案例中更改名字与确认性别认同法》(Gesetz über die Änderung der Vornamen und die Feststellung der Geschlechtszugehörigkeit in besonderen Fällen)

德国联邦众议会于1980年通过了《特别案例中更改名字与确认性别认同法》，又称为《变性人法》(Transsexuellengesetz-TSG)，此后历经多次修正，最近的一次修正于2009年7月17日作出。历次修正主要集中于修改申请变性的条件，是"德国宪法解释机关引领立法和修法程序，而达成保障少数特殊族群目的之典型代表作"，也是"全世界少数国家中制定关于变性人的专法，具有典范的作用"。②

德国《变性人法》分为7章共计15条，第1章规定了更改名字的要件、程序和效力，第2章规定了确认性别认同的要件、程序、效力，对现有法律关系的影响等；第3章是修改法律的程序，该条已被删除；第4章是过渡和最后条款。

该法以是否实施变性手术为标准，设计了大小两套解决方案。小的解决方案(klein Lösung)是指性别认同障碍患者无须经过手术，可以通过更改名字来改变官方的性别征表，实现与内心性别相一致的生活。③ 大的解决方案是(gorße Lösung)性别认同障碍患者实施了变性手术，拥有明显接近另一性别的外部性征以后，可以向法院申请确认新的性别归属。申请变更性别，需要提交两份互无隶属关系的医学专家的鉴定报告，申请者必须亲自出席法院的庭审程序，由法院以裁判形式做出准许或者驳回的裁定。变性人与父母、子女之

① 根据该法案1(b)的规定，后天的性别(Acquired Gender)是指(1)以与自己生物性别相反的另一种性别生活；(2)已经在国外变更了性别，再在英国提交申请获得确认。

② 张永明："德国变性人法案与著名宪法裁判简介"，载《台湾法学》第118期(2008年12月)。

③ 在德国乃至很多西方国家，男性和女性的名字具有严格的区分，也就是说，从名字可以明显地识别性别。

间的关系、退休金领取权等均不受影响。

（三）美国：各州分散规定

美国在联邦层面没有制定专门的变性人法案，由各州法律加以规定。有学者考察了6个州的法律，总结出涉及变性人的条文主要分散在出生证明法、身份文件法、反歧视法、医疗法、家庭法等领域。出生证明法主要规定了性别变更的条件和程序；身份文件法规定，社会安全卡上的性别变更不影响已经成立的法律关系，护照上的性别变更依“未完成变性者”和“已完成变性者”而有所不同，驾驶执照上的性别变更大多需要医生出具证明；反歧视法禁止基于性别认同障碍而产生的歧视；医疗法方面，变性手术的费用不能纳入医保范围；家庭法领域，各州均肯定只要双方结婚时为相异的性别，婚后的变性手术不影响婚姻的效力。①

（四）日本：《性同一性障碍者性别特例法》（同一性障害者の性別の取扱いの特例に関する法律）

日本于2003年通过了《性同一性障碍者性别特例法》，并于2008年作出了修正。该法共计5条，分别是立法目的、“性同一性障碍”的定义、性别变更的条件、审判、家事审判法的适用。

该法规定了申请变更性别登记的条件，必须年满20岁，现状无婚姻关系、现状无未成年子女、具备与其他性别性器官近似的外观。申请时必须提交两名具备必要知识和经验的医师诊断证明，由家事法院作出是否许可的裁判。

（五）中国

1.《变性手术技术管理规范（试行）》

我国早在1980年即实施了首例变性手术，至今有资料显示的手术已有上千例，但对变性手术的规制长期处于法律的盲区。实践中，医院根据相关诊断和证明决定是否实施变性手术，公安机关再根据手术证明变更户籍性别。在首例变性登记案中，公安部曾经对四川省公安厅做出答复，“自愿作变性手术是公民的个人权利，相应户籍等证件更换由当地公安部门直接办理”。② 2002年，河南省公安厅、卫生厅就办理变性人性别项目的变更手续作出了具体规定。③

---

① 张永明：“变性是医疗问题还是法律问题”，载《月旦法学教室》第109期（2011年11月）。

② 李政：“身份证男变女，全国首例变性女变证惊动公安部”，载《天府早报》2000年4月21日第06版。

③ 邓志辉：“变性之后期待社会认同”，载《人民公安》2003年第1期。

2009年11月13日,卫生部发布了《变性手术技术管理规范(试行)》,以行政部门发布技术规范的形式确立了实施变性手术的医疗机构、医疗人员、技术管理的基本要求。

2.台湾地区

台湾地区至今没有直接规定变性的相关规定,唯一涉及变性手术规定的是“全民健康保险法”,该“法”将变性手术明确排除在健康保险给付的项目外。此外,台湾地区“内政部”发布的相关准则规定了户政机关受理性别变更登记的两项要件。

综上所述,目前世界上对于变性手术制定专项法律的国家为数甚少,各国立法及其他文件中涉及变性手术主要规范事项,包括变性申请的条件和程序、手术的技术管理、许可机关、变性以后的婚姻关系、父母子女关系、反歧视、社会保障、身份变更登记,等等。

第二节　变性手术的正当性及关联犯罪

在规范的层面,变性手术的规制的重心分别落实在术前申请和术后登记两个阶段;从权利的角度观之,涉及人有没有变性的权利,以及变性以后的人享有什么样的权利。上述规范和权利以变性手术的实施为连接点。作为一种不可逆转地切除人的健康器官的处置措施,变性手术在刑法上的正当性是尖端医疗刑法关注的重大问题。此外,本领域还涉及变性人权利的刑事保护。

一、变性手术的刑事正当性研究

从形式上看,变性手术切除的是患者生理上健康的性器官,导致其生育能力丧失,并且,该后果一旦形成就无法逆转,足以达到“重伤”的程度。因此,实施变性手术是否构成故意伤害罪,成为刑法是否介入变性手术的首要和核心问题。

(一)比较法的考察

综观各国及地区规定,对变性手术是否构成犯罪存在肯定和否定两种立场。

1.肯定变性手术构成犯罪的立法和案例

亚洲一部分国家的刑法明确规定了,损害正常器官的,判处三年到四年的有期徒刑。[①] 在阿根廷、葡萄牙等国家，法律禁止实施变性手术，即使患者表示了同意，也被认为是患者的病态表现，属于无效的意愿，实践中有医生因实施变性手术被判成立人身伤害罪。[②] 中国台湾地区有学者认为，变性手术切除了健康的生殖器官，损害了生殖机能，符合刑法上重伤的规定，手术者成立加工重伤罪。[③]

日本东京地方裁判所于 1969 年 2 月 15 日作出了一个认定实施变性手术构成犯罪的刑事判决。在该案中，医师为三名男性实施了变性手术，法院认为其违反了《日本优生保护法》、《刑法》和《麻醉药取缔法》，判处其有期徒刑两年，缓刑三年，并科 40 万日元罚金。该医师及其辩护人提出的辩护理由是：变性手术是正当医疗行为。该案是日本法制史上第一个关于变性手术的刑事判决，争议的焦点在于，变性手术是否得到了广泛承认，是否属于正当的医疗行为。判决中写道："变性手术……的确能够减少病人精神上的痛苦，达到身心平衡，认为这是一种医疗行为是值得考虑的。但是，不承认变性手术是医疗行为的医师也并非没有，除了引用社会相当性、伦理性作为批判理由之外，医学上认为，变性手术满足的是患者的精神欲望……很难认定为治疗，即使实施了变性手术，变性后仍然不能赋予生殖能力，无异于中性之人，在医学伦理上是难以承认的。"[④]判决还引用了美国霍普金斯医学研究所规定的实施变性手术必须遵守的条件，认为本案中医师在实施手术前未履行上述条件，很难认定其行为是正当的。一审判决以行为人违反《母体保护法》和《麻醉药取缔法》为由，数罪并罚，但是，没有论及刑法上的伤害罪的问题。[⑤] 需要注意的是，该判决没有直接指出变性手术本身的违法性，而是以医师在实施手术时没有履行必要的条件作为认定犯罪的理由。此后，日本精神神经学会于 1997 年制定了变性手术的指导方针，将变性手术合法化。

2. 否定变性手术构成犯罪的立法

在对变性手术制定专门规范的国家及地区，通过明确申请变性手术的条件和保护变性人的权利，确认了变性手术的合法性。例如，瑞典、比利时、加拿大、英国、德国、丹麦、挪威、日本。如果全面的医疗评价表明变性手术具有积

---

① 陈焕然等："变性手术立法刍议"，载《科技与法律》2002 年第 1 期。
② 杨平等："变性手术法律问题研究"，载《河北法学》2007 年第 2 期。
③ 蔡墩铭：《医事刑法要论》，台湾翰芦图书出版有限公司 2005 年第 2 版，第 182 页。
④ 转引自黄丁全：《医疗、法律与生命伦理》，法律出版社 2007 年修订版，第 744 页。
⑤ 黄丁全：《医疗、法律与生命伦理》，法律出版社 2007 年修订版，第 744 页。

极的治疗意义，并且，该手术被认真而适当地实施，符合法律规定的条件，就被认为是合法的。[①]

我国台湾地区学者经过比较法的考察，认为变性手术在多数国家具有容许性，以故意伤害罪定罪的已属罕见。根据台湾地区“刑法”的规定，可以将变性手术作为医疗行为认定为业务上的正当行为，从而阻却犯罪的成立。[②]

（二）我国理论界的争议及实务样态

在我国理论界，对于变性实施是否构成故意伤害也存在肯定说和否定说的对立。

在持肯定说的观点中，一种论证路径是否定变性手术属于医疗行为。该观点认为，患者几乎都拥有生理上健康的生殖器官，他们需要的是心理治疗。变性手术不能解除患者的痛苦，反倒切除了健康的器官，不应当属于医疗行为。另一种论证路径则从被害人承诺入手，认为该承诺造成了重伤的后果，超出了可以承诺的法益范围，承诺无效。因此，实施变性手术的医生涉嫌故意伤害罪。[③]

持否定说的学者则认为，变性手术是医疗行为，医生实施手术的目的是减轻患者的痛苦，让他们生活得更幸福，并不具有伤害的故意，因而不构成故意伤害罪。[④] 还有研究认为，若将易性病癖定位为疾病，医生的行为就是合法的医疗行为，若不是，则构成故意伤害罪。[⑤]

（三）本书的观点

笔者认为，变性手术不构成故意伤害罪，应当在医学判断的基础之上作出规范的判断。

1. 医学判断

判断变性手术是否属于医疗行为，是确定其正当与否的前提，应当遵循医学科学的结论。如前文“变性手术面临的医学核心问题”中所述，医学上的研究已经证明了：首先，易性癖病（GID）已经被确定为一种疾病；其次，对于诊断该疾病制定了相应的临床标准；再次，对于确诊的易性癖病患者，治疗方法主要有心理治疗、激素治疗和外科手术；最后，术后效果评估显示，变性手术是治

① 陈焕然等：“变性手术立法刍议”，载《科技与法律》2002 年第 1 期。
② 蔡秀男：“变性人之医疗、法律与伦理分析”，载《台湾法学》第 118 期。
③ 转引自熊永明：《现代生命科技犯罪及其刑法规制》，法律出版社 2012 年版，第 221 页。
④ 同上。
⑤ 任慧、李敏：“变性手术的法律分析”，载《太原师范学报》（社会科学版）2009 年第 2 期。

疗易性癖病的唯一有效方法，患者的生活质量得以明显改善。因此，变性手术具有医学上的适应性和医学效果的正面性，当然属于医疗行为，国际社会以及很多国家的医疗组织在疾病分类、诊断标准、手术标准和术后评估等领域均将易性癖病和变性手术等纳入其中，说明了医学领域已经确认了变性手术是一种医疗行为。

2. 规范判断

在确认变性手术属于医疗行为的前提下，通过规范的分析来证成其“正当性”，可以从伦理原则、宪法根据、刑法分析三个层面依次推进。

首先，变性手术在伦理上是正当的。前文第二章介绍了生命伦理的基本议题，尊重自主原则、不伤害原则、行善原则和公正原则构成了生命伦理原则的框架体系。在变性手术这一个特定议题中，具体分解为患者、家属、医生、社会大众、行政机关等要素，可以将这些要素与上述伦理原则相互对应，形成伦理矩阵，展开平面的分析。[①] 尊重患者对于性别决定的自主，该手术并未对任何人造成伤害，并且积极改善了患者的生活质量，国家机关应当平等保护变性人的权利。因此，变性手术是对“人”的自由和自治的尊重，将人作为目的本身，符合生命伦理的基本立场，具有伦理上的正当性。

其次，人享有性别决定自主权，这是宪法保护的基本权利。性癖病患者有权申请实施变性手术可以在宪法上找到有力的依据。在德国，性别决定权是个人身份发展权利的一部分，属于一般人格权保护的范畴。德国《基本法》第2条第1款是一般人格权条款，依据一般人格权的规定，个人有权发展、改变其身份，即享有个人身份发展的权利（Des Recht auf Entwicklung der eigenen Identität）。在性别归属问题上，个人的性别不能仅仅依据身体上的客观性别特征来确定，而应当主要取决于心理状态和主观感受。因此，个人有权根据自己的主观感受来确定自己的性别，由此决定使用男性还是女性的名字，以及是否需要申请变性手术。[②] 一般人格权条款与德国《基本法》第1条第1款“人的尊严”相结合，可以推导出国家不得任意干预个人身份发展权利，有义务制

---

① 蔡秀男：“变性人之医疗、法律与伦理分析”，载《台湾法学》第118期（2008年12月）。

② 谢立斌：“中德比较宪法视野下的人格尊严——兼与林来梵教授商榷”，载《政法论坛》2010年第4期。

定实现患者心理性别与生理性别相一致的法律。[①] 美国宪法则将性别身份自我决定权视为一种未明示的宪法权利。研究者认为,联邦宪法上的隐私权(right to privacy)、表达自由权(right to freedom of expression)、身体完整权(right to bodily integrity)构成了保证自主权的框架。该权利框架为性别身份自我决定权(right to self-determination of sexual identity)创造了宪法空间,性别身份自我决定权构成了变性权的基础,这是宪法未明确宣示的权利。[②] 在我国,通过扩大解释《宪法》第38条"人格尊严"条款的内涵,结合宪法基本权利需由部门法律加以具体化这一命题,可以将性别的自我决定权视为一般人格权。

最后,聚焦于刑法理论的微观考察,变性手术不符合故意伤害罪的成立要件,不构成刑法上的犯罪。尽管变性手术形式上造成了重伤害的后果,但因被害人的承诺而阻却违法。

第一,变性手术是医疗行为,属于刑法上业务行为的一类。

第二,医疗行为正当性的核心是患者的同意,是刑法理论中被害人承诺的具体体现。被害人承诺的一般理论认为,承诺的法益通常以轻伤为限,但是,医疗行为承诺的法益范围可以更加宽泛,即使造成重伤的后果也是允许的,这在普通医疗领域早已达成了共识。例如,为了防止癌细胞转移切除健康的肢体。在尖端医疗领域,我国学者在器官移植的刑法学研究中详细地论证了,器官移植造成的供体健康损害,应当构成被害人承诺法益限制的例外。[③] 换言之,造成重伤的被害人承诺仍然是有效的,阻却犯罪的成立,这一原理同样适用于变性手术。而且,从变性手术的性质上看,变性的承诺体现了人对性别的自我决定权,彰显了人的自我发展权利,既没有侵犯人的自我发展的基础,也没有损害公序良俗,当然是有效的承诺。

第三,从比较法的考察看,有的国家的刑法立法将变性手术纳入被害人承

---

① 德国已经根据该条款制定了《变性人法》,而且,关于申请手术的条件中,原本规定的年龄、婚姻状态等条件被视为任意的干预,联邦宪法院宣布违宪,导致《变性人法》作出修正删除了上述条件限制。

② Taylor Flynn,"The Ties that [don't] Bind:Transgender Family Law and the unmaking of Families,in Paisley currah, Richard M. Juang, and Shannon Price Minter", *Transgender Rights*, University of Minnesota Press,2006,p. 34.

③ 张明楷:"组织出卖人体器官罪的基本问题",载《吉林大学社会科学学报》2011年第5期。

诺的框架中,并且明示否定成立故意伤害罪。西班牙《刑法典》第3集"伤害罪"中第155条规定了被害人同意为刑罚减轻事由,紧接着第156条规定:"按照被害人自由、自愿明确要求而伤害被害人的,如下情况下可以免于刑事责任:法律保护的移植器官、学术自由的绝育、外科变性。"①

第四,从我国司法实务看,已有判决确认了变性手术的合法性。2005年,南京市中级人民法院对"高婷婷诉南京东方医院"一案做出终审判决,该案被称为我国"第一变性案"。② 一审法院以原告提交的证明不完善为由,驳回了原告的诉讼请求,对于东方医院要求解除合同的请求不予支持;二审判决则认为,东方医院构成违约,应当向原告支付5万元人民币的违约金,双方合同不再履行。本案争议的焦点主要在于离婚证明是不是变性手术的必备文件,对于变性手术本身的合法性不存在疑义。法院认为,虽然我国没有变性的法律规范,但是现行法律及行政法规对于变性并未做出禁止性规定,医学界本于人道主义精神,以手术方法来解除易性癖病的痛苦,体现了对特殊人群的关怀,对人权和人性尊严的尊重。③

第五,我国卫生部发布了的技术规范确认了变性手术的许可性。我国变性手术的实施长期处于法律的盲区,直至2009年11月13日,卫生部发布了《变性手术技术管理规范(试行)》。该规范明确了对于变性技术的管理规定,成为肯定变性手术合法性的直接证明。

综上所述,变性手术作为一类医疗行为,符合生命伦理的基本原则,彰显了人所享有的自我决定性别的权利,因有效的被害人承诺(患者同意)阻却违法而不该当任何犯罪的成立要件,因此是正当的行为,不属于刑法规制的对象,刑法无须也不能介入。

二、变性手术关联的犯罪行为

变性手术的合法性是本领域最关键的刑法问题,除此以外,刑法学研究还

---

① 《西班牙刑法典》,潘灯译,中国政法大学出版社2004年版,第60~61页。

② 2004年6月7日,生物性别为男性的高婷婷与被告南京东方医院签订了协议书,东方医院免费为他做变性手术,他配合医院接受媒体采访,保证医院的独家报道权,由于多家网站和媒体的报道,该手术在全国引起了很大反响。但是,医院在为高婷婷做了鼻子整形和激光脱胡须手术以后,就一直拖延其他项目的手术。8月18日,东方医院的办公室主任代表医院通知他,因种种原因,不再为他做变性手术了,并要求其当天就离开医院。高婷婷向法院提起诉讼,要求东方医院继续履行合同义务,尽快为他实施变性手术。

③ 文健:"准变性人起诉'半吊子'手术",载《政府法制》2005年第8期(下)。

涉及变性人的刑事规制和保护,主要与变性手术的结果有关,即在某些与性别有关的犯罪中,如何认定变性人的刑法地位。

(一)刑法解释论的分析

与性别有关的犯罪,在英国《性别确认法》中称为“特定性别的犯罪”(Gender-specific Offence),是指根据刑法的规定,犯罪主体或者犯罪对象必须由特定性别的人构成的犯罪。

与性别有关的犯罪主要与性行为有关,我国刑法规定的罪名主要有强奸罪和强制猥亵罪。通常认为,强奸罪的犯罪主体是男性、犯罪对象是女性。[①]如果变性人实施了强奸行为,或者成为强奸的对象,以变性后的性别作为认定的依据:即变性后为男性的,符合强奸罪的主体要件,在具备其他构成要件的情况下,可以构成犯罪;变性后为女性的,若遭到了强迫性侵害的,符合强奸罪的对象要件,在具备其他构成要件的情况下,行为人成立犯罪。换言之,若变性后的性别不符合相应的主体要件或者对象要件,则不构成犯罪。

1997年《刑法》规定了强制猥亵妇女、儿童罪,犯罪对象仅限定为妇女和儿童。但是,2015年11月1日正式施行的《刑法修正案(九)》第13条规定,将《刑法》第237条(强制猥亵妇女、儿童罪、侮辱妇女罪——笔者注)修改为:“以暴力、胁迫或者其他方法强制猥亵他人或者侮辱妇女的,处五年以下有期徒刑或者拘役。”“聚众或者在公共场所当众犯前款罪的,或者有其他恶劣情节的,处五年以上有期徒刑。”“猥亵儿童的,依照前两款的规定从重处罚。”此次修改将强制猥亵行为的对象扩大到他人,既包括男性也包括女性。因此,本罪罪名也相应地修改为“强制猥亵罪”。

除了性犯罪以外,我国刑法中的拐卖妇女罪也以特定的性别为犯罪对象。因此,若变性后为女性遭到拐卖的,行为人在符合其他构成要件的情况下,构成本罪。

(二)刑法立法论的展望

对于变性人的刑法规制和保护,以变性后的性别为依据,可以在现行刑法规定下得出恰当的解释。然而,上述犯罪并非与性别存在必然的关联,强奸罪等性犯罪侵犯的是被害人的性的自我决定权,拐卖罪侵犯的是人身的不可买卖性,无论是男性还是女性均平等享有上述权利,刑法不应当予以区别对待。

---

① 女性可以成为强奸罪的犯罪主体,实施教唆、帮助等非实行行为,或者实施暴力、胁迫等非性交的实行行为。

因此,我国有学者认为,强奸罪、强制猥亵妇女罪、拐卖妇女罪将犯罪对象限定为女性,有违刑法中的平等原则,应当予以修正。[①] 从立法论的角度来看,应当将上述犯罪的主体和对象扩大至所有人,实现人权的平等保护。各国立法也正在体现这一趋势。例如,英国过去在普通法中规定的"强奸罪"简单表述为"男性强奸女性的行为",然而,2003 年《性犯罪》修正了强奸罪的构成要件,将犯罪对象扩大至男性和女性,即任何人均可以成为强奸罪的对象。[②]可见,上述犯罪的修改并非因变性问题而产生,但会导致变性人的刑法规制和刑法保护发生变化,事实上,一旦刑法将犯罪主体或者犯罪对象扩大至一切人,性别不再成为关联要素,变性人的刑法规制和保护也就不再成为专门需要研究的问题。

我国最新的《刑法修正案(九)》将强制猥亵行为的对象从"妇女、儿童"扩大到"他人"即体现了平等保护一切人性权利的立法趋势。但是,强奸罪未能与强制猥亵罪同时进行相应的修改,是此次刑法修正的一个缺憾。

① 冯军、肖中华主编:《刑法总论》,中国人民大学出版社 2011 年第 2 版,第 54 页。

② 杜江:"中英刑法上强奸罪之比较",载《现代法学》2007 年第 3 期。

参考文献

一、外文文献

1. Tom L. Beauchamp, James F. Childress. *Principles of Biomedical Ethics*, NY: Oxford University Press, 7th ed., 2013.

2. J. K. Mason, R. A. McCall Smith, G. T. Laurie. *Law and Medical Ethics*, Butterworth: LexisNexis, 6th ed., 2002.

3. Marc Stauch, Kay Wheat, John Tingle. *Text, Cases and Materials on Medical Law and Ethics*, London and New York: Routledge Taylor Francis Group, 4th ed., 2011.

4. Jonathan Herring. *Medical Law and Ethics*, Cambridge: Oxford University Press, 3th ed., 2009.

5. Carl Wellman. *Medical Law and Moral Right*, Dordrecht: Spinger, 2005.

6. William C. Cockerham. *Medical Sociology*, Boston: Printice Hall, 12th ed., 2011.

7. Claus Roxin, Ulrich Schroth. *Handbuch des Medizinstrafrechts*, Richard Bookberg Verlag, 4, Aufl, 2010.

8. Hirokazu Kawaguchi. *Strafrechtliche Probleme Der Organtransplantation in Japan*, Freiburg, 2000.

9. Albin Eser. Perspektiven des Medizin (straf)

rechts. Wolfgang Frisch (Hrsg.): *Ge-genwartsfragen desMedizinstrafrechts: portugiesisch-deutsches Symposium zu Ehren von Albin Eser in Coimbra*. Baden-Baden: Nomos, 2006.

10. 甲斐克則编:『ポストゲノム社会と医事法』、東京:信山社、2009。

11. 甲斐克則著:『安樂死と刑法』、東京:成文堂、2003。

12. 佐久間修著:『最先端法領域の刑事規制:医療・経済・IT社会と刑法』、東京:立花書房、2003。

13. 總合研究開発機構、川井健共編:『生命科學の発展と法(生命倫理法試案)』、東京:有斐阁、2001。

14. 小林公夫著:『治療行為の正当化原理』、東京:日本評論社、2007。

15. Albin Eser:『先端医療と刑法』、上田健二、浅田和茂編訳、東京:成文堂、1996。

16. Albin Eser:『医事刑法から統合的医事法へ』、上田健二、浅田和茂編訳、東京:成文堂、2010。

17. 大谷實著:『医療行為と法(新版補正版)』、東京:弘文堂、1995。

18. 大谷實著:『いのちの法律学脳死・臓器移植・體外受精』、東京:筑摩書房、1985。

19. 齊藤诚二著:『医事刑法の基礎理論』、東京:多賀出版株式会社、1997。

20. 米田泰邦著:『医療行為と刑法』、東京:一粒社、1985。

21. 唄孝一:"科学と法と生命",载松尾孝嶺主编:『生命科学ノート』、東京:東京大學出版會、1974。

二、译文文献

1. [德]伊曼努尔・康德著:《道德形而上学原理》,苗力田译,上海世纪出版集团2012年版。

2. [德] 伊曼努尔・康德著:《法的形而上学原理——权利的科学》,沈叔平译,商务印书馆1991年版。

3. [德]黑格尔:《法哲学原理》,范扬、张企泰译,商务印书馆1982年版。

4. [美]迈克尔・桑德尔著:《公正:该如何是好?》,朱慧玲译,中信出版社2012年第2版。

5. [美]迈克尔・桑德尔著:《金钱不能买什么:金钱与公正的正面交锋》,

邓正来译,中信出版社 2012 年版。

6. [美]迈克尔·桑德尔著:《反对完美:科技与人性的正义之战》,黄慧慧译,中信出版社 2013 年版。

7. [英]边沁著:《道德与立法原理导论》,时殷弘译,商务印书馆 2002 年版。

8. [英]哈里·柯林斯、特雷弗·平奇:《勾勒姆医生:作为科学的医学与作为救助手段的医学》,雷瑞鹏译,上海世纪出版集团 2009 年版。

9. [美]阿拉斯代尔·麦金泰尔著:《伦理学简史》,龚群译,商务印书馆 2004 年版。

10. [奥]凯尔森著:《法与国家的一般理论》,沈宗灵译,商务印书馆 2013 年版。

11. [美]罗斯科·庞德著:《法律与道德》,陈林林译,中国政法大学出版社 2003 年版。

12. [英]H. L. A. 哈特著:《法律、自由与道德》,支振锋译,法律出版社 2006 年版。

13. [美]富勒著:《法律的道德性》,郑戈译,商务印书馆 2005 年版。

14. [美]E. 博登海默著:《法理学:法律哲学与法律方法》,邓正来译,中国政法大学出版社 1999 年版。

15. [美]H. T. 恩格尔哈特著:《生命伦理学基础》,范瑞平译,北京大学出版社 2006 年版。

16. [德]乌尔里希·贝克:《世界风险社会》,吴英姿、孙淑敏译,南京大学出版社 2004 年版。

17. [德]库尔特·拜尔茨著:《基因伦理学:人的繁殖技术化带来的问题》,马怀琪译,华夏出版社 2001 年版。

18. [美]马修·德夫林编:《哈贝马斯、现代性与法》,高鸿钧译,清华大学出版社 2008 年版。

19. [荷]米夏埃尔·富尔、[奥]赫尔穆特·考茨欧:《医疗事故侵权案例比较研究》,丁道勤、杨秀英译,中国法制出版社 2012 年版。

20. [日]佐伯仁志、道垣内弘人著:《刑法与民法的对话》,于改之、张小宁译,北京大学出版社 2012 年版。

21.《蒙古国刑法典》,徐留成译,北京大学出版社 2006 年版。

22.《芬兰刑法典》,肖怡译,北京大学出版社 2005 年版。

23.《西班牙刑法典》,潘灯译,中国政法大学出版社2004年版。

24.《法国新刑法典》,罗结珍译,中国法制出版社2003年版。

25.[德]Ulrich Schroth:"医疗专断行为中医师的说明义务与德国法上关于器官捐赠的说明义务",载《法学新论》2010年第26期。

三、中文文献

1. 邱仁宗著:《生命伦理学》,中国人民大学出版社2010年版。

2. 邱仁宗著:《对医学的本质和价值的探索》,知识出版社1986年版。

3. 郭永松著:《生命科学技术与社会文化:生命伦理学探究》,浙江大学出版社2009年版。

4. 曹刚著:《法律的道德批判》,江西人民出版社2001年版。

5. 甘绍平著:《应用伦理学前沿问题研究》,江西人民出版社2002年版。

6. 童世骏著:《批判与实践——评哈贝马斯的批判理论》,三联书店2007年版。

7. 林火旺著:《伦理学入门》,上海古籍出版社2005年版。

8. 颜厥安著:《鼠肝与虫臂的管制——法理学与生命伦理探究》,北京大学出版社2002年版。

9. 熊永明著:《现代生命科技犯罪及其刑法规制》,法律出版社2012年版。

10. 刘长秋著:《生命科技法比较研究——以器官移植法与人工生殖法为视角》,法律出版社2012年版。

11. 刘长秋著:《生命科技犯罪与现代刑事责任理论与制度研究》,上海世纪出版集团2011年版。

12. 刘长秋著:《生命科技犯罪及其刑法应对策略研究》,法律出版社2006年版。

13. 刘维新著:《医事刑法初论》,中国人民公安大学出版社2009年版。

14. 郭自力著:《生物医学的法律和伦理问题》,北京大学出版社2002年版。

15. 朱庆育:《民法总论》,北京大学出版社2013年版。

16. 张翔主编:《德国宪法法院案例选释·第1辑·基本权利总论》,法律出版社2012年版。

17. 韩大元著:《生命权的宪法逻辑》,译林出版社2012年版。

18. 李累著:《宪法上的人的尊严》,四川人民出版社 2010 年版。

19. 刘爱龙著:《立法的伦理分析》,法律出版社 2008 年版。

20. 贾学胜著:《非犯罪化研究》,法律出版社 2011 年版。

21. 冯军著:《刑法问题的规范理解》,北京大学出版社 2009 年版。

22. 康均心主编:《人类生死与刑事法律改革》,中国人民公安大学出版社 2005 年版。

23. 梁根林著:《刑事法网:扩张与限缩》,法律出版社 2005 年版。

24. 魏东主编:《现代刑法的犯罪化根据》,中国民主法制出版社 2004 年版。

25. 肖柳珍著:《美国医疗过失诉讼对健康保险的影响与借鉴》,中国政法大学出版社 2011 年版。

26. 王岳、邓虹主编:《外国医事法研究》,法律出版社 2011 年版。

27. 倪正茂、刘长秋主编:《生命法学论要——2007 年"生命科技发展与法制建设"国际研讨会论文集》,黑龙江人民出版社 2008 年版。

28. 黄丁全著:《医疗法律与生命伦理(修订版)》,法律出版社 2007 年版。

29. 张乃根、[法]戴尔玛斯·玛尔蒂主编:《克隆人:法律与社会(第三卷建议)》,复旦大学出版社 2006 年版。

30. 张燕玲著:《人工生殖法律问题研究》,法律出版社 2006 年版。

31. 刘长秋著:《器官移植法研究》,法律出版社 2005 年版。

32. 李善国、倪正茂、刘长秋著:《辅助生殖技术法研究》,法律出版社 2005 年版。

33. 刘长秋、刘迎霜著:《基因技术法研究》,法律出版社 2005 年版。

34. 斯特科·伯里斯、申卫星著:《中国卫生法学前沿问题研究》,北京大学出版社 2005 年版。

35. 满洪杰著:《人体试验法律问题研究》,中国法制出版社 2013 年版。

36. 刘明祥、曹菲、侯艳芳:《医学进步带来的刑法问题思考》,北京大学出版社 2014 年版。

37. 沈秀芹:"人体基因科技立法研究",山东大学 2010 年博士学位论文。

38. 刘燕著:"性别变更的法律问题研究",复旦大学 2010 年博士学位论文。

39. 张丽卿著:《医疗人权与刑法正义》,元照出版公司 2013 年版。

40. 陈聪富等著:《医疗法律》,元照出版公司 2012 年版。

41. 王皇玉著:《刑法上的生命、死亡与医疗》,承法数位文化 2011 年版。

42. 曾淑瑜著:《医疗伦理与法律十五讲》,元照出版公司 2010 年版。

43. 刘宏恩著:《基因科技伦理与法律——生物医学研究的自律、他律与国家规范》,五南图书出版公司 2009 年版。

44. 蔡墩铭著:《医事刑法要论》,翰芦图书出版公司 2005 年版。

图书在版编目(CIP)数据

尖端医疗领域刑法理论及立法对策研究 / 杨丹著.
—北京:法律出版社,2016.4
ISBN 978-7-5118-9414-4

Ⅰ.①尖… Ⅱ.①杨… Ⅲ.①医学工程—医药卫生管理—刑法—研究 Ⅳ.①D912.104②D914.04

中国版本图书馆 CIP 数据核字(2016)第082179号

尖端医疗领域刑法理论及立法对策研究 | 杨 丹 著 | 策划编辑 刘文科 责任编辑 刘文科 装帧设计 李 瞻

开本 720毫米×960毫米 1/16
印张 17 **字数** 273千
版本 2016年5月第1版
印次 2016年5月第1次印刷
出版 法律出版社
编辑统筹 财经出版分社
总发行 中国法律图书有限公司
经销 新华书店
印刷 北京京华虎彩印刷有限公司
责任印制 吕亚莉

法律出版社/北京市丰台区莲花池西里7号(100073)
电子邮件/info@ lawpress. com. cn
销售热线/010-63939792/9779
网址/www. lawpress. com. cn
咨询电话/010-63939796

中国法律图书有限公司/北京市丰台区莲花池西里7号(100073)
全国各地中法图分、子公司电话:
第一法律书店/010-63939781/9782
西安分公司/029-85388843
重庆公司/023-65382816/2908
上海公司/021-62071010/1636
北京分公司/010-62534456
深圳公司/0755-83072995

书号:ISBN 978-7-5118-9414-4
定价:48.00元
(如有缺页或倒装,中国法律图书有限公司负责退换)